JN296760

小学校家庭科概論

生活の学びを深めるために

加地芳子・大塚眞理子 編著

ミネルヴァ書房

は じ め に

　小学校では，家庭科の学習は5学年から始まる。多くの子どもたちにとって，家庭科は好きな教科となり，成人した後においても楽しかった授業の思い出が記憶に残っていたり，家庭科で学習したことを日常生活の場で活用していることに気付いたりする。このように，家庭科は身近で親しみのもてる教科である。これは，家庭科では身近な学習内容を体験的に学ぶということだけではなく，生活に役立つことを学んでいるという有効感を子どもたちが感じているからであろう。また，子どもたちは，学んでいる時に新しい発見があったり，自分が考えたり，感じたりしたことを大切にしながら学びあうことの楽しさや喜びを感じることができたからこそ，家庭科学習に満足できたのである。

　今後，少子高齢化がますます進んで家族のあり方が変化したり，育児・介護と福祉との新たな関係が展開されたり，また，安全で安心な衣食住の暮らしを脅かす消費者問題や環境との問題が発生したりすることが予測される中で，的確に問題解決しながら，より堅実な暮らしを営むことができる資質と能力をもった生活者を育てることが，家庭科教育に求められている。このように，よりよく生きるための術（すべ）を小・中・高等学校の家庭科の授業で学んでいく時の入り口として，小学校家庭科は大切な役割を果たすことになる。

　小学校家庭科の学習において，子どもたちは家族との家庭生活や衣食住の暮らしにあらためて出会うことになるが，子どもたちに，ここで，どのような出会わせ方をするかは重要である。その後の生活において，彼らの家庭生活に対する基本的な姿勢に少なからず影響を与えることになるからである。小学校家庭科では，入門ということで基礎的・基本的な知識や技能を中心にした学習内容に限られることになるので，ともすると安易な指導に陥りやすく軽視されがちになるが，これは誤りである。

　小学校家庭科では，基礎的・基本的な知識や技能の習得を通して，実践的な力を育てるとともに，それまでほとんど無意識にかかわり，一方的に恩恵を受

けてきた家族との家庭生活や衣食住の暮らしの意味に気付いたり，自分から積極的にかかわろうとする意欲を喚起したり実践的な態度を育てることに重要な意味がある。このような小学校家庭科を指導する教師として，指導の裏付けとなる力を十分身に付けておくことが求められる。

　教師として，小学校家庭科で指導する学習内容について熟知していることは当然のことである。さらに，その背後にある人間が家族と共に家庭生活を営んでいること，食物を食べて暮らしていること，衣服を着て暮らしていること，住居に住んでいること，環境に配慮しながら消費経済生活を営んでいることなどが，本来どのような意味をもち，どのような理論的背景に支えられているかを理解した上で指導に当たるなら，奥行きのある魅力的な授業が展開できるものと期待する。そこで，本著は，あえて小学校家庭科の学習内容の範囲を超えた内容にも若干言及するものになっている。

　本著は小学校家庭科の授業を行うために必要な専門性を深める内容となっているが，ここで学んだ教科の専門的内容を小学校家庭科教育の指導に活かしやすくするために，第2章以降の章立てを，「小学校学習指導要領　家庭」における「内容のまとまり」に連動させ，両者の関係が明確になるよう配慮してある。

　本著を，小学校家庭科指導のためだけでなく，読者自身の日常の家庭生活をより豊かなものにするためにも役立てていただけるなら幸甚である。

　最後に，多様な資料の扱いなどで多大なご苦労をおかけしたにもかかわらず，終始懇切丁寧に対応していただいたミネルヴァ書房編集部　浅井久仁人氏に深甚の感謝の意を表し申し上げる。

　　平成23年3月

　　　　　　　　　　　　　　　　　　　　　　　　　　　　編　者

小学校家庭科概論　目 次

はじめに
第1章　小学校家庭科について……………………………………… 1
　1　小学校家庭科の理想像に向けて………………………………… 1
　2　家庭科指導のために家庭科概論を学ぶことの意義…………… 3
　3　小学校学習指導要領における家庭科の内容…………………… 8
第2章　家庭生活と家族……………………………………………… 15
　1　家族と家庭生活を取り巻く現状………………………………… 15
　2　家庭生活と家族の大切さ………………………………………… 27
　3　家庭生活と仕事…………………………………………………… 32
　4　家族や近隣の人々とのかかわり………………………………… 36
第3章　日常の食事と調理の基礎…………………………………… 42
　1　食生活の現状と課題……………………………………………… 42
　2　食事の役割………………………………………………………… 50
　3　栄養を考えた食事………………………………………………… 56
　4　調理の基礎………………………………………………………… 87
第4章　快適な衣服と住まい（1）衣生活………………………… 106
　1　衣生活の現状と課題……………………………………………… 106
　2　衣服の働きと着用………………………………………………… 113
　3　衣服の手入れ……………………………………………………… 121
第5章　快適な衣服と住まい（2）住生活………………………… 133
　1　住生活の現状と課題……………………………………………… 133
　2　快適な住まい方の工夫…………………………………………… 148

3　住まいについて学ぶ意義……………………………………… *156*

第 6 章　快適な衣服と住まい（3）製作……………………………… *160*
　　1　布を用いた製作の現状と課題………………………………… *160*
　　2　生活に役立つ物の製作………………………………………… *164*

第 7 章　消費生活と環境……………………………………………… *180*
　　1　消費生活の現状と課題………………………………………… *180*
　　2　ものや金銭の使い方と買い物………………………………… *184*
　　3　環境に配慮した生活の工夫…………………………………… *193*

　資料編
　小学校学習指導要領　第 1 章　総則
　小学校学習指導要領　第 2 章　各教科　第 8 節　家庭

　索　　引

本書は，佛教大学通信教育部テキスト『新版 家庭科概論』にもとづいて作成されました。

第1章

小学校家庭科について

1 小学校家庭科の理想像に向けて

(1) 小学校家庭科の役割

　これからの激しい変動が予測される社会を生き抜いていくために，教育によって子どもたちに「生きる力」を育てることが求められている。家庭科においても，日常的な衣食住の家庭生活や家族との生活において，自らの力で課題を解決したり，生活することに喜びを感じたりして前向きに生きることができるような力を育みたい。子どもが，本来，内にたたえている「学ぶ力」や「学びたいという思い」を子ども自身から引き出しながら，しかもその力を生きて働く「活性化した力」に育てることができるような家庭科教育が最も望ましい姿である。そういうあり方を可能にするためには，どうすればよいかということについて考えてみよう。

　小・中・高と進む一連の学びを一貫性のある流れとしてとらえるとき，小学校家庭科で学ぶことの役割は，中学校・高等学校へと進んだ段階での高度になる家庭科学習内容に対応できるための学びの土台を築いておくことである。

　家庭科の学習において，小・中・高と校種が進むにつれて，学習する範囲と内容とが徐々に広がり，量的・質的に拡大する。特に，質的拡大とは，身に付けた知識・技能や身辺にある幅広い情報などを使いこなして，必要に応じて創意工夫し，生き方までも自己流に創造することができることである。このような活き活きとした力を発揮できるように，小学校家庭科では，生活者としての土台を豊かにすることに力を入れたい。高校（あるいは生涯教育）までの長い目で子どもの成長を見通したうえで，児童の"今"にもっとも寄り添った適時性のある教育を考えたいという主張である。

　幸いなことに，小学校の時期は，身近な発見にも感動し，感性豊かに，興味

や関心が広がっていく時期でもある。そして，たとえば自分が家族への思いをもって工夫した成果が受け入れられた経験などに対して，率直に肯定的な評価をする時期である。このような時期には，自分や家族のために工夫し心を込めて行うなど，自分の考えで工夫し学ぶことの楽しさを感じ，自分の力で何かを成し遂げた手応えを実感する経験を重ねさせたい。それは，自分が生きるためにこの学習が必要であるという家庭科学習への信頼感をもつことにもなる。人は，自分が意義を認めたことを成し遂げることによって自信をもち，この自信は，自分の力を十分に発揮する原動力となる。このような発展的・意欲的な力を引き出す体験に結びつく家庭科学習とは，どのようなものか，その一端を述べてみたい。

（2） 感性と知識理解との融合

　現代のわれわれの家庭生活は，便利になり物質的に豊かになったが，時間や機械などに追われて慌ただしくなった。そして，その分だけ，生活を支える衣食住などの物とのかかわりが薄れて，生活実感が希薄になったり，家族と一緒に何かに取り組む機会も少なくなり，人とのかかわりが苦手な子どもの出現を招いたという指摘がある。実は，この失われた部分を埋める努力が必要なのである。これら家庭科の学習対象となる物や事象を子どもの視点で五感を通して確かめ，自分の頭で考え，自分の感覚で感じる学習を大切にしたい。知的な学習と同時に，このような実感を伴う学びの体験を繰り返すことによって，実践的な力を育てることにもなる。

　たとえば，冬の温かい衣服について学ぶとき，布の保温性について理論的に理解することの前に，四季折々に自分が着ている衣服にあらためて触れたり比較することによって，自分なりの方法で衣服の温かさを納得することを大切にしたい。実際に夏服と冬服とを比べてみることで，冬服のフカフカした素材感や襟ぐりの詰まり具合に注目して暖かく着るための保温性の意味に気づく児童もいれば，暖かさを感じさせる色彩に注目する児童，組成表示から暖かい服に共通する素材に注目する児童，衣服の大きさや重さに注目する児童など，学び合いの中で次々といろいろな視点が出てくるであろう。このような見方の多さ

へ驚き，今まで何となく着ていた衣服の奥深さへ気づいた経験によって，身の回りの事象に注意を払い，自分なりの発見をする面白さを知った児童は，その後の生活を見る目が柔軟に，意欲的になるであろう。

このことは，その後の学習において，自分らしい創意工夫や意思決定などが求められた時，立ち戻って考えることができる「豊かな基地」をもつことになる。結局は，このような体験的な学びの中で体得した物の見方が育てば，自分の生活課題を発見したり解決したりする力を備えることができ，学んだ知識を活用しながら自分の考えで行動や判断ができるようになる。

(3) 使いこなせる基礎・基本を身に付ける

日常生活に必要な基礎的な力の一つに技能がある。これは，より良い家庭生活を実践するための手段の獲得という点から重要である。応用転移可能な基礎的技能として定着させるには，子どもの願いに沿って基礎的技能を活用する学習の場を設け，使いこなす醍醐味を何度も実感させることが有効である。型通りの学習で基礎的技能を習得するよりは，使いこなしたり，成果を振り返る場面を設定したりすることによって，技能の基礎的要素を再認識し，より確実な技能の定着に意図的に取り組むことになる。このような中で，技能は定着し，応用可能な力となるのである。

以上その一端であったが，述べてきたような，児童の学びの姿を実現するためには，どのような内容の題材が適切であるかが，教師に問われるのである。

2 家庭科指導のために家庭科概論を学ぶことの意義

度重なる学習指導要領改訂の歴史の中で，小学校家庭科においては，具体的な題材を指定していたが，平成10年の学習指導要領改訂では，新たな指導要領の趣旨を徹底するために，一部の例外を除いて，具体的な題材を指定しない方針になっている。これにはどのような背景があるのだろうか。また，このことにより，教師に求められる力や家庭科概論を学ぶことの意義はどのように変わったかについて考えてみたい。

（1） 学習指導要領における家庭科の「内容」の表現について

　小学校教育の中で行われる家庭科教育について，①家庭科の目標，②学年の目標（平成10，20年改訂では，家庭科が育成することを目指している学力），③指導すべき内容，④指導計画の作成や内容の取扱いなどは，文部科学省が告示する「学習指導要領」に示されている。

　この学習指導要領は，昭和22年以来，子どもの実態や社会の状況の変化に対応するために約10年ごとに見直されて改訂が重ねられてきた。その経緯を見ていると，「内容」の「示し方」について，平成10年改訂を境に以下の3点のように変化していることがわかる。

① 「内容」を示す形式の変化である。平成元年改訂までは，「被服領域」・「食物領域」・「家族の生活と住居領域」のように3〜4の「領域」別に内容が示されてきていた。ところが，平成10年改訂では，領域別ではなく，8つの「内容のまとまり」として示している。平成20年改訂には，中学校との連続性を考え，4つの「内容のまとまり」に整理されて示されている。

② 従来，5学年と6学年との内容がそれぞれ領域別に示されてきていたのが，平成10年改訂からは，2学年分を一括して「内容のまとまり」ごとに示されている。

③ 内容の中身の示し方の違いである。平成元年改訂までは，題材となる製作作品の名前が具体的に示されていたが，平成10年改訂以降は，具体的な作品名が示されていないことである。

　これらを，資料に沿って確認してみたい。例として，具体性があるためわかりやすい「布を用いた製作」と「調理実習」とについて検討する。表1-1は，「布を用いた製作に関する内容」を改訂年別に整理したものである。

　平成元年改訂では，5学年の「A被服」の内容として「簡単な小物及び袋」，6学年の「A被服」の内容として「簡単なエプロンやカバー類」のように，学年ごとに製作する題材が具体的に示されている。それに比べて平成10年・20年両改訂においては，2学年分をまとめて「生活に役立つ物を製作する」とのみ述べられ，大綱化した示し方になっている。

　同じように「調理」の内容について整理した表1-2についてみよう。

第1章　小学校家庭科について

表1-1　指導要領における「布を用いた〈製作〉に関する内容」（下線は筆者）

平成元年改訂	平成10年改訂	平成20年改訂
第5学年 A 被服 （3）簡単な<u>小物及び袋</u>を製作できるようにする。 　ア　使用目的に応じた形や大きさおよび材料の選び方が分かり、採寸や裁断ができること。 　イ・ウ・エ　省略 第6学年 A 被服 （3）簡単な<u>エプロンやカバー類</u>を工夫して製作できるようにする。 　ア　使用目的に応じた形や大きさの決め方が分かり、材料を選ぶことができること。 　イ・ウ　省略	第5・6学年 （3）生活に役立つ物を製作して活用できるようにする。 　ア　布を用いて製作する物を考え、製作計画を立てること。 　イ　形などを工夫し、手縫により目的に応じた簡単な縫い方を考えて製作ができること。また、ミシンを用いて直線縫いをすること。 　ウ　製作に必要な用具の安全な取扱いができること。	第5・6学年 C 快適な衣服と住まい （3）生活に役立つ物の製作について次の事項を指導する。 　ア　布を用いて製作する物を考え、形などを工夫し、製作計画を立てること。 　イ　手縫いや、ミシン縫いを用いた直線縫いにより目的に応じた縫い方を考えて製作し、活用できること。 　ウ　製作に必要な用具の安全な取扱いができること。

表1-2　指導要領における「〈調理〉の内容」（下線は筆者）

平成元年改訂	平成10年改訂	平成20年改訂
第5学年 B 食物 （2）野菜や卵を用いて簡単な調理ができるようにする。 　ウ　野菜を切ったりいためたりできること。また、卵をゆでたり焼いたりできること。 　ア・イ・エ　省略 第6学年 B 食物 （2）日常よく使用される食品を用いて簡単な調理ができるようにする。 　ア　<u>米飯、みそ汁、じゃがいも料理、魚や肉の加工品を使った料理、サンドイッチ、飲み物</u>などの調理ができること。 　イ・ウ　省略	第5・6学年 （5）日常よく使用される食品を用いて簡単な調理ができるようにする。 　ア　調理に必要な材料の分量が分かり、手順を考えて調理計画を立てること。 　ウ　ゆでたり、いためたりして調理することができること。 　エ　米飯とみそ汁の調理ができること。 　オ　盛り付けや配膳を考え、楽しく食事ができること。 　カ　調理に必要な用具や食器の安全で衛生的な取扱いができること。第5・6学年	B 日常の食事と調理の基礎 （3）調理の基礎について、次の事項を指導する。 　ア　調理に関心をもち、必要な材料の分量や手順を考えて、調理計画を立てること。 　イ　材料の洗い方、切り方、味の付け方、盛り付け方、配膳及び後片付けが適切にできること。 　ウ　ゆでたり、いためたりして調理できること。 　エ　米飯及びみそ汁の調理ができること。 　オ　調理に必要な用具や食器の安全で衛生的な扱い及びこんろの安全な取扱いができること。

5

平成元年改訂においては，5学年では「野菜や卵を用いた簡単な調理」を，6学年では「米飯，みそ汁，じゃがいも料理，魚や肉の加工品を使った料理，サンドイッチ，飲み物の調理」として，学年別に料理名や食材などを具体的に示している。これに比べて，平成10年・20年両改訂においては，具体的な料理名や食材を示していない。（例外的に，唯一，日本人の食生活の基本である「米飯とみそ汁」のみは，題材を指定している。）基本的には，具体的な料理名や食材などは示さず，「ゆでたり，いためたり」という調理技法のみを示すにとどまっている。調理に用いる食品については，「指導計画の作成と内容の取扱い」において，「調理に用いる食品については，生の魚や肉は扱わないなど，安全・衛生に留意すること」とのみ述べている。

(2)　内容の示し方の変化が意味すること

　このように2つの表から，平成10年改訂以降においては，基本的には題材を具体的には指定せず，大綱化して示していることが読み取れる。各学校が独自に題材を作成することになったのである。すなわち，児童の実態などに応じて，各学校の責任で2年間を見通した指導計画を作成し，それに沿って各学年の指導を行うことになった。しかし，そこで，何に基づいて題材を選定するかということが問題となる。日本の公教育として考えた時に，基準が必要となる。その基準となるものが，「学年の目標」として示されている「どのような資質・能力を育てたいのか」ということである。すなわち，目指す資質・能力を育てるために，目の前にいる児童にとって最も適していると考えられる題材を自由に選ぶことができることになった。当然，題材を選定し，2年間の計画に即した教育を行う責任を各学校が負うことにもなったのである。

　このように，平成10年改訂を境にして，指定され与えられた題材を教える教育から，学校の責任で題材を選び設定する教育へと変化したことになるが，その背景について述べてみたい。

　それは，平成元年の学習指導要領改訂に伴い，「新しい学力観」に立った学習指導が強調されたことや，第15期中央教育審議会答申（第1次答申は平成8年7月）による「生きる力」の提言が，21世紀を生きるための学力の基礎とと

らえられたことに起因するといえる。

　この「生きる力」とは，「自分で課題を見つけ，自ら学び，自ら考え，主体的に判断し，行動し，よりよく問題を解決する能力」であり，「自らを律しつつ，他人とともに協調し，他人を思いやる心や感動する心など，豊かな人間性」であり「たくましく生きるための健康や体力」を身に付けることであると説明されている。

　このような動きを受けて，家庭科においても，「何を知っているか」，「どれだけ多く知っているか」，「どのような技能・技術を身に付けているか」を目的にする教育を乗り越えて，生活の状況が変化したとしても，身に付けた知識や技能・技術を活用して生活の課題を解決することができるためには，どのような資質・能力（学力）を育てることが必要かということに重点を置く教育へと変化することになったということである。さらに，このような教育を効果的に実現するために，児童の実態や地域性などに応じた題材を自由に選択できるようにしたのである。

　ここで，念のためにいえば，従来の家庭科においても，単なる知識や技能を断片的に学ぶようなことに終始してきたわけではなく，課題を解決する力の重要性などを早くから意識していたが，少なくとも学習指導要領において「どのような資質や能力を育てるか」という「学力」の側面から論じることに積極的ではなかった。平成10年改訂の学習指導要領において，「学年の目標」として，学力を意識して，どのような資質・能力を育てるべきであるかを示したのが最初である。これは，平成20年改訂でも踏襲されている。

　しかし，家庭科教育においては「学力」か「知識・技能を含めての具体的題材」かというような単純な二者択一の論議は適切ではない。家庭科教育においては，「目的」となる「学力」を育てるための「手段」として生活の具体性である「題材」を位置づけるということか，「題材」自身の内容を学ぶ「目的」とするのかということのどちらか一方だけを選択することはできない。家庭科においては，基本的な具体的内容を理解した上で，多様な生活課題に柔軟に対応できる資質・能力を身に付けていることが必要であるので，両者を切り離して考えることは不可能であり，不適切である。ここで，「生活の具体性」を

個々の知識や技能の集積としてとらえるのではなく，その根底にある「基本的概念」としてとらえるべきである。その上に立って，「育てるべき力」と「基本的概念」とを2次元の表としてとらえ，各座標に具体的な教材が位置する関係にあると考えることができる。状況の変化が激しい現在にあっては，この両軸の関係の中で，「学力（育てるべき力）」の軸の方に，やや重心が置かれてきたと考えればよいであろう。

（3） 教科書の題材がもつ意味と教師に求められる力

上述のように，指導要領において内容の示し方が変更されたことによって，検定教科書の記述内容の立場が変わることになる。即ち，教科書に載っている具体的な題材は，それをそのまま指導することが求められているのではなく，想定される題材の中の一例を示したものにすぎない。したがって，教師としては，教科書の例を参考にしながら，目の前にいる児童に対して最も適切な題材があれば，条件に合う範囲内で独自に題材を設定することができる。教育現場の自由度が高くなったのである。

このような状況の変化に合わせて，教師に求められる教科専門の学力も変化していることを自覚する必要がある。すなわち，従来は，与えられた教材について，教える内容を深く理解しておくために必要であった教科に関する専門の学力であったが，これからはそれを超えた力が求められることになった。すなわち，自らが，適切な題材を開発することができるために，幅広く内容を理解しておくことが必要となる。もちろん，専門性の深さだけでなく，児童の実態に合わせて適切な題材を見極める力も同時に要求されることになる。

3 小学校学習指導要領における家庭科の内容

（1） 内容の示し方

小学校と中学校とにおいて共通する4つの内容で示すことで体系化を図り，小学校から中学校への円滑な学習の接続が可能となるように，配慮されている。具体的には，小学校の「A家庭生活と家族」「B日常の食事と調理の基礎」「C

快適な衣服と住まい」「D身近かな消費生活と環境」に連動して，中学校技術・家庭科家庭分野では「A家族・家庭と子どもの成長」「B食生活と自立」「C衣生活・住生活と自立」「D身近な消費生活と環境」の4内容となっている。これらの内容を題材に構成するときには，4つの内容を各々独立した題材に構成するだけではなく，むしろ，内容間の関連を図った構成にしたい。また生活における自分の成長を衣食住や家族の生活などの学習全体を貫く視点としてとらえるとともに，家庭生活と家族に関する内容，衣食住に関する内容，消費・環境に関する内容を大きな枠組みとしてとらえ，家族生活を基盤としながら相互に関連を図って題材を構成することで，家庭生活を総合的にとらえられるようにしている。このことは，児童が家族や近隣の人々とかかわりながら，心身ともに健康で豊かに生活するための自立の基礎を培い，家庭生活を大切にする心情を育むとともに，社会の変化に主体的に対応できるようになることを意図している。

以下，学習指導要領の4つの内容（線で囲っている）が何を目指しているかを中心に概略を紹介する。

(2) 4つの学習内容

```
A　家庭生活と家族
(1) 自分の成長と家族について，次の事項を指導する。
  ア　自分の成長を自覚することを通して，家庭生活と家族の大切さに気付くこと。
(2) 家庭生活と仕事について，次の事項を指導する。
  ア　家庭には自分や家族の生活を支える仕事があることが分かり，自分の分担する仕事ができること。
  イ　生活時間の有効な使い方を工夫し，家族に協力すること。
(3) 家族や近隣の人々とのかかわりについて，次の事項を指導する。
  ア　家族との触れ合いや団らんを楽しくする工夫をすること。
  イ　近隣の人々とのかかわりを考え，自分の家庭生活を工夫すること。
```

ここでは，自分の成長や，家庭の仕事と生活時間などの学習を通して，家庭生活への関心を高め，衣食住などを中心とした生活の営みの大切さに気づくと

ともに,仕事や生活時間,家族などとのかかわり方についての基礎的・基本的な知識及び技能を身に付け,家庭生活をよりよくしようと工夫する能力と実践的な態度を育てることをねらいとしている。

3項目で構成されており,「(1)自分の成長と家族」では,成長する自分を自覚することを通して,家族とのかかわりの大切さを知り,衣食住などの生活の営みに関心をもつことにより,家庭生活と家族の大切さに気づくことをねらいとしている。

「(2)家庭生活と仕事」では,家庭の仕事や生活時間の使い方などに関する実践的・体験的な活動を通して,自分や家族が家庭でどのように生活しているか関心をもって見つめることにより,家庭生活への理解が深まるようにする。さらに,健康で快適に生きるためには,家庭生活をよりよくすることが大切であることにも気づくようにする。

その上で,家族の一員として家庭の仕事や生活時間を工夫し仕事を分担できるようにするとともに,家庭生活をよりよくするために自ら考え実践することの楽しさを実感し,主体的に家族に協力しようとする意欲や態度を育てることをねらいとしている。

「(3)家族や近隣の人々とのかかわり」では,家族の触れ合いや団らん,近隣の人々とのかかわりなどの学習を通して,人とかかわることへの関心を高めるとともに,生活をよりよくするためには家族や近隣の人々とのかかわりが大切であることを知り,自分の家庭生活を工夫してよりよくしようとする意欲や態度を育てることをねらいとしている。

B 日常の食事と調理の基礎
(1) 食事の役割について,次の事項を指導する。
　ア 食事の役割を知り,日常の食事の大切さに気付くこと。
　イ 楽しく食事をするための工夫をすること。
(2) 栄養を考えた食事について,次の事項を指導する。
　ア 体に必要な栄養素の種類と働きについて知ること。
　イ 食品の栄養的な特徴を知り,食品を組み合わせてとる必要があることが分かること。

> ウ　1食分の献立を考えること。
> （3）　調理の基礎について，次の事項を指導する。
> 　ア　調理に関心をもち，必要な材料の分量や手順を考えて，調理計画を立てること。
> 　イ　材料の洗い方，切り方，味の付け方，盛り付け，配膳（ぜん）及び後片付けが適切にできること。
> 　ウ　ゆでたり，いためたりして調理ができること。
> 　エ　米飯及びみそ汁の調理ができること。
> 　オ　調理に必要な用具や食器の安全で衛生的な取扱い及びこんろの安全な取扱いができること。

　ここでは，日常の食事と調理の基礎の学習を通して，日常の食事への関心を高め，食事の大切さに気づくとともに，調和の良い食事と調理に関する基礎的・基本的な知識及び技能を身に付け，食生活をよりよくしようと工夫する能力と実践的な態度を育てることをねらいとしている。

　3項目で構成されており，「(1) 食事の役割」では，食事の振り返りや実習を通して，日常の食事への関心を高め，食事の役割を知り，その大切さに気づくとともに，楽しく食事をするための工夫について考え，実践できるようにすることをねらいとしている。

　「(2) 栄養を考えた食事」では，五大栄養素と食品の体内での主な働き，食品の栄養的特徴を知り，1食分の献立を考え，工夫することを通して，栄養を考えた食事に関する基礎的・基本的な知識及び技能を身に付けるとともに，日常生活で活用する能力を育てることをねらいとしている。

　「(3) 調理の基礎」では，ゆでたり，いためたりする調理や米飯及びみそ汁の調理を計画し実習することを通して，調理に関心をもち，調理の基礎的・基本的な知識及び技能を身に付けるとともに，調理の良さや作る楽しさを実感し，日常生活で工夫し活用する能力を育てることをねらいとしている。

C　快適な衣服と住まい

> （1）　衣服の着用と手入れについて，次の事項を指導する。
> 　ア　衣服の働きが分かり，衣服に関心をもって日常着の快適な着方を工夫できる

こと。
　　イ　日常着の手入れが必要であることが分かり，ボタン付けや洗濯ができること。
　(2)　快適な住まい方について，次の事項を指導する。
　　ア　住まい方に関心をもって，整理・整頓（せいとん）や清掃の仕方が分かり工夫できること。
　　イ　季節の変化に合わせた生活の大切さが分かり，快適な住まい方を工夫できること。
　(3)　生活に役立つ物の製作について，次の事項を指導する。
　　ア　布を用いて製作する物を考え，形などを工夫し，製作計画を立てること。
　　イ　手縫いや，ミシンを用いた直線縫いにより目的に応じた縫い方を考えて製作し，活用できること。
　　ウ　製作に必要な用具の安全な取扱いができること。

　ここでは，衣服の着用と手入れ，快適な住まい方及び製作の学習を通して，身の回りの快適さへの関心を高め，その大切さに気づくとともに，衣服，住まい及び製作に関する基礎的・基本的な知識及び技能を身に付け，衣生活や住生活をよりよくしようと工夫する能力と実践的な態度を育てることをねらいとしている。

　3項目で構成されており，「(1)衣服の着用と手入れ」では，日常着の着方と手入れに関する実習などを通して，衣服への関心を高め，着方や手入れの基礎的・基本的な知識及び技能を身に付け，目的に応じた快適な着方を考え工夫する能力を育てることをねらいとしている。

　「(2)快適な住まい方」では，整理・整とんや清掃，季節の変化に合わせた住まい方に関する学習を通して，日常の住まい方への関心を高め，住まい方に関する基礎的・基本的な知識及び技能を身に付け，快適な住まい方を考え工夫する能力を育てることをねらいとしている。

　「(3)生活に役立つ物の製作」では，形などを工夫し布を用いて物を製作することを通して，布や生活に役立つ物の製作に関心をもち，製作に関する基礎的・基本的な知識及び技能を身に付けるとともに，作る楽しさを実感し，日常生活で活用する能力を育てることをねらいとしている。

> **D 身近な消費生活と環境**
> （1） 物や金銭の使い方と買物について，次の事項を指導する。
>   ア 物や金銭の大切さに気付き，計画的な使い方を考えること。
>   イ 身近な物の選び方，買い方を考え，適切に購入できること。
> （2） 環境に配慮した生活の工夫について，次の事項を指導する。
>   ア 自分の生活と身近な環境とのかかわりに気付き，物の使い方などを工夫できること。

　ここでは，身近な生活における消費と環境の学習を通して，物や金銭の使い方への関心を高め，環境に配慮することの大切さに気づくとともに，物の選択，購入及び活用に関する基礎的・基本的な知識及び技能を身に付け，身近な消費生活や環境をよりよくしようと工夫する能力と実践的な態度を育てることをねらいとしている。

　2項目で構成されており，「（1）物や金銭の使い方と買物」では，物や金銭の使い方と買物などの学習を通して，家族の生活を支えている物や金銭への大切さへの関心を高め，物の選び方や買い方に関する基礎的・基本的な知識及び技能を身に付けるとともに，計画的な使い方を考え購入できる能力や実践的な態度を育てることをねらいとしている。

　「（2）環境に配慮した生活の工夫」では，物の活用などに関する学習を通して，自分の生活と身近な環境とのかかわりに関心をもち，環境に配慮した生活を工夫するための基礎的・基本的な知識及び技能を身に付けるようにする。また，近隣の人々と共に地域で快適に生活していくために家庭生活のさまざまな場面で物の使い方などを考え実践しようとする態度を育てることをねらいとしている。

学習課題

1. 小学校家庭科を指導するために背景にある学問（家庭科概論）について学ぶことの意義について考えてみよう。
2. 家庭科の背景にある学問（家庭科概論）の学習で得たものを，家庭科指導に反映するとき配慮すべき事項を考えてみよう。

参考文献

加地芳子他「一貫性を考慮した家庭科カリキュラム構想とその改善に関する研究」
　　（第１～３報）京都教育大学教育実践研究年報16号，2000年
文部科学省『小学校学習指導要領解説　家庭編』東洋館出版，2008年
文部省『小学校学習指導要領解説　家庭編』開隆堂出版，1999年
文部省『小学校指導書　家庭編』開隆堂出版，1989年

　　　　　　　　　　　　　　　　　　　　　　　　　　（加地芳子）

第2章
家庭生活と家族

1　家族と家庭生活を取り巻く現状

　近年,家族や地域,社会との関係が閉ざされ,人との絆(つながり)をもたず,孤独な最期を迎える人が少なからずいる,というような生活実態がクローズアップされている。また,親から虐待され,子どもが命を落とすという事件や,子どもが親の命を奪うという事件など,家族間の人間関係に閉塞感が漂っている現状が数多く報道されている。

　脱・地縁血縁社会は,伝統や束縛,しがらみなどから解放され,個人の自由,自立が保障されたかのように見えたが,その結果,家族や地域から孤立し,孤独な毎日を送る人々,生きづらさを抱える人々が急増した。その背景には,一人暮らし世帯の増加や,一人親家庭の増加,雇用環境の悪化などの要因もあるが,人とのかかわりが苦手,面倒であると感じる人々が増えてきていることも見逃せない。家庭や地域,および社会の一員としての自覚をもって,他人を支えたり,自分を支えてもらったりというような経験,人とふれあいのある生活が「人間らしく生きる」ために必要であるということを再認識させられる。

　ここでは,現在の「家族と家庭生活」を取り巻く現状を,①少子高齢化,②ワークライフバランス,③子どもの生活課題,という流れで整理してみたい。

(1)　少子高齢化
①　加速する少子高齢化
　現在,わが国の人口は1億2741万3千人(総務省統計局,2010)であり,2007年より人口が減り続く「人口減少社会」が到来している。65歳以上の人口の割合は22.7%を占め,5人に1人が高齢者という超高齢社会である(日本は,1970年に65歳以上の人口が総人口の7%を超え,高齢化社会になり,その後わ

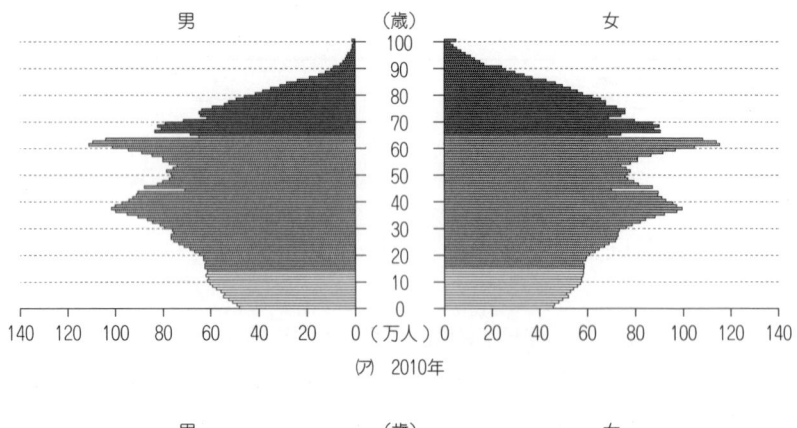

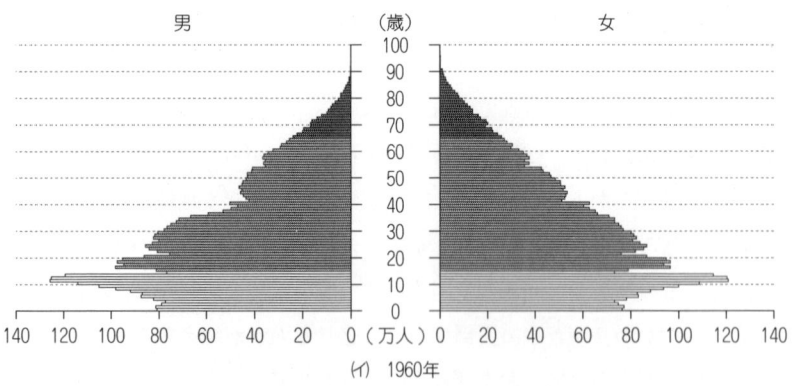

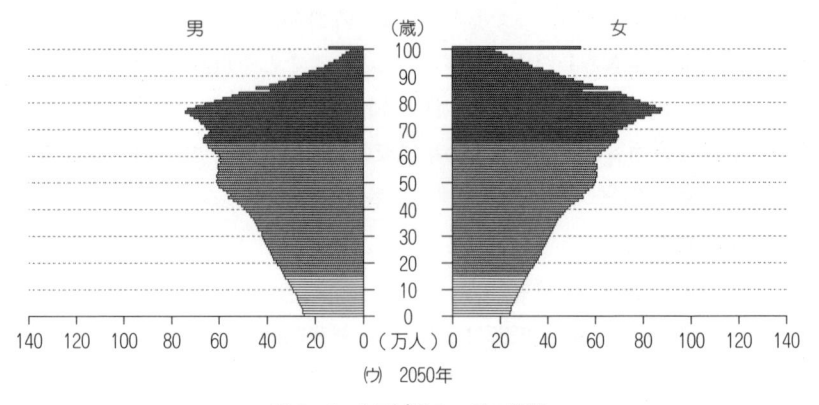

図2-1 人口ピラミッドの推移

出所:総務庁 統計局ホームページ。

ずか24年で14％を超え，高齢社会に移行している。「高齢化」のスピードは世界で最も速い）。

　一方，15歳未満の人口の割合は13.3％であり，年々子どもの割合は減少している。このことは，人口ピラミッド（年齢別人口構成図）からも読み取ることができる（図2-1）。

　(ア)の特徴を見ると，30代後半とその親世代と思われる60代前半にふくらみをもち，15歳以下の底辺がすぼまって不安定な形となっている。ピラミッド型に見えるのは65歳以上の部分のみである。

　それでは，今から50年前，高齢化社会以前の1960年頃の人口構成はどのようになっていたのだろうか。(イ)を見ると，ほぼ三角形のピラミッド型で15歳未満の部分が大きな土台となり，安定した形に見える。65歳以上の割合は5.7％と少なく，80歳以上の占める割合はわずか0.7％である。

　一方，今から40年後の2050年にはどのようになるのだろうか。

　(ウ)を見ると，つぼ型，あるいはろうそく型のような逆三角形の長細い形となっていることがわかる。65歳以上の割合が約3分の1を占め，特に70代後半に最大のふくらみをもち，75歳以上の割合が多いことがわかる。15歳未満の割合はさらに減少し，今後少子高齢化が加速することが予測できる。2055年には，65歳以上の割合が40％を超えると推計されている。

　つまり，今後の社会において，今までの人口構成とは大きく異なるため，家族や家庭生活のあり方も変化することが予想される。このようなかつて経験したことのない少子高齢社会を見据え，社会的政策の充実や人々の意識改革は，喫緊の課題である。

② 未婚・非婚・晩婚

　これら少子高齢化の背景には，若者の未婚・非婚・晩婚が大きく影響している。

　図2-2は，年齢別未婚率の推移を示している。2005年の総務省「国勢調査」によると，25～39歳の未婚率は上昇し，男性では，25～29歳で71.4％，30～34歳で47.1％，35～39歳で30.0％，女性では，25～29歳で59.0％，30～34歳で32.0％，35～39歳で18.4％となっている。さらに，図2-3を見ると，生涯未

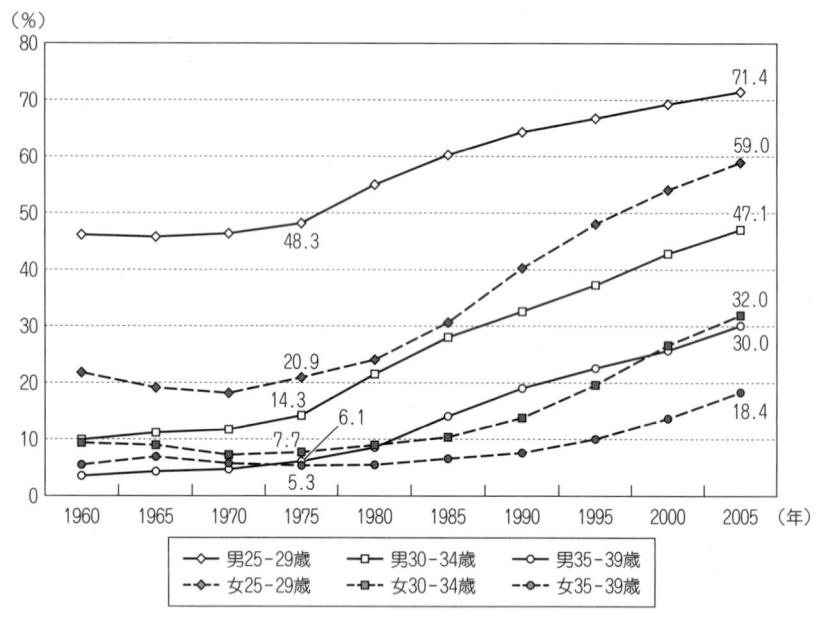

図 2-2 年齢別未婚率の推移

出所：内閣府「平成22年版 子ども・子育て白書」2010年。

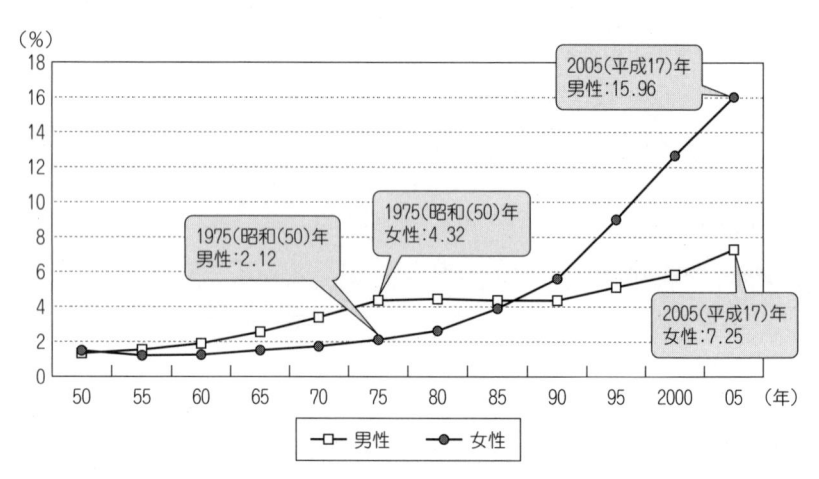

図 2-3 生涯未婚率の年次推移

注：45～49歳と50から54歳未婚率の平均値としている。1950～70年は沖縄県を含まない。
出所：内閣府「平成22年版 子ども・子育て白書」2010年。

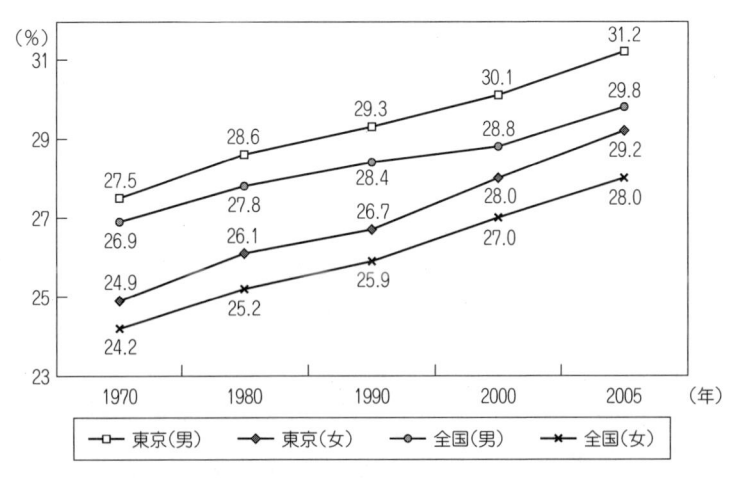

図2-4 平均初婚年齢の推移（都・全国）(1970〜2005年)

注1：平均初婚年齢とは，結婚式を挙げたときまたは同居を始めたときの早い方の年齢の各届出年における平均値。
注2：2000年までは10年間隔，2000-2005年は5年間隔。
資料：厚生労働省「人口動態統計」。

婚率は，男性15.96％，女性7.25％（2005年）であり，1990年以降急激に上昇していることがわかる。

　平均初婚年齢を見ると図2-4が示すように，東京での晩婚化が目立ち，2005年では，男性31.2歳，女性29.2歳となっている。

　このような若者の未婚・非婚・晩婚は，経済的な貧困とも無縁ではない。2007年調査で，日本の相対的貧困率は15.7％と発表（厚生労働省，2009）された。約6人に1人が「貧困」であるということになる。経済的な困窮により，結婚したくてもできない若者，出産したくても子どもをもつことのできない夫婦への雇用のあり方など，国民全体で少子高齢化対策に関心をもち，どのような社会を構築すべきか，真剣に考えていかねばならない。

(2) ワークライフバランス

　次に若者の未婚化・非婚化・晩婚化に及ぼす働き方の変化についてみていきたい。働く女性の増加により，未婚化が進んでいることが少子化の一因であるといわれているが，はたしてそうなのだろうか。

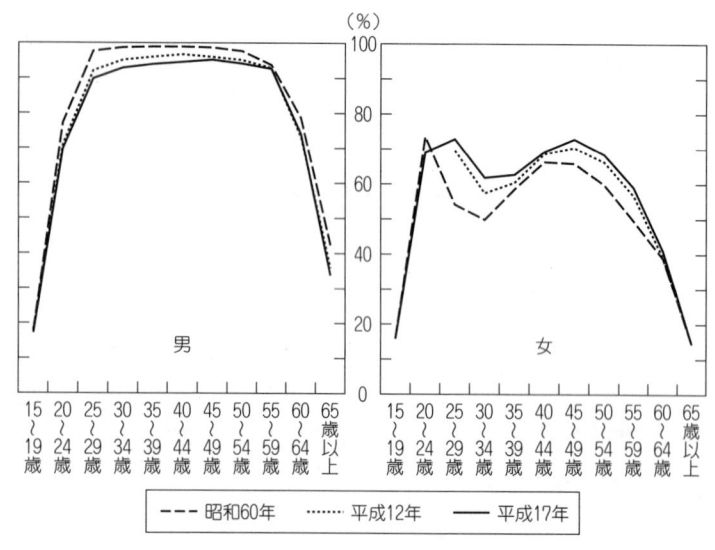

図2-5　男女年齢別労働力率（全国）（昭和60, 平成12, 17年）
出所：総務省　統計局「労働力調査」。

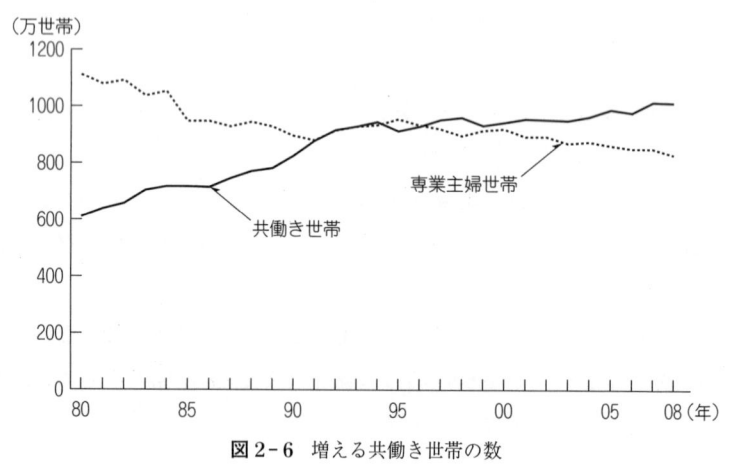

図2-6　増える共働き世帯の数
出所：内閣府「平成22年版　子ども・子育て白書」2010年。

　男女の年齢別労働力率（図2-5）を見ると，女性の労働力率は，1985（昭和60）年に比べると2005（平成17）年は全体に上昇していることがわかる。またＭ字型のＭの底の部分が浅くなり，以前は結婚・出産などで退職していたと

思われる年齢層の就業率が高くなり，最も低いところでも60％を超えている。このことは，未婚で働き続けている女性の増加ということと，出産・子育て期に仕事をやめずに，働き続けている女性が多いということもいえよう。

　一方，男性は，昭和60年に比べると全体的に平成17年は低下している。特に25〜29，30〜34歳の働き盛りの就業率の低下が顕著である。このことは，未婚のため，扶養する家族がいないから就業意識が低いということもできるが，働いていないために所得が低く結婚できないということもあろう。このことから，男性の未婚化と就業率の低さが関連していることがわかる。

　しかし図2-6の通り，1990年以降，共働き世帯と専業主婦世帯はほぼ同数になり，1997年以降，共働き世帯数が専業主婦世帯数を上回っている（内閣府，2010）ことからも，働く既婚女性が増加していることは周知の通りである。

　このように，男女共に就業のあり方が変化し，「男は仕事，女は家事・子育て」という性別による役割分業が明確でなくなってきているが，社会通念として，この性別役割分業意識は根強い。女性が男性並みに働くことを前提に，男女共同参画社会を実現しようとしているが，男女共に仕事と生活（家事・子育て）の調和の取れた働き方が実現できる社会を目指さなければならない。

　現在，長時間労働の抑制や，働き方の見直しに向けて環境整備が図られているが，育児休業の取得率を比較すると，男女差は激しく（図2-7），諸外国と比べて日本の男性の家事・子育て参加は依然として低い（図2-8）。

　このことは，夫婦，親子の共有時間の不足とも関連している。長時間労働が家族と過ごす時間の不足につながり，これらはまた子どものさまざまな生活課題にも深くかかわっている。

　以上のことから，男女共に仕事と生活（家事・子育て）のより良いバランス，すなわち「ワークライフバランス」を考えることは，子どもの生活課題とも密接な関係にあり，とても大切なことである。「ワークライフバランス」とは，「国民一人ひとりがやりがいや充実感を持ちながら働き，仕事上の責任を果たすと共に，家庭や地域生活においても子育て期や中高年期といった各ライフステージに応じて多様な生き方が選択・実現できること」を意味しており，1990年代に欧米で使われ始めた概念である。一人ひとりの意識改革によって，また

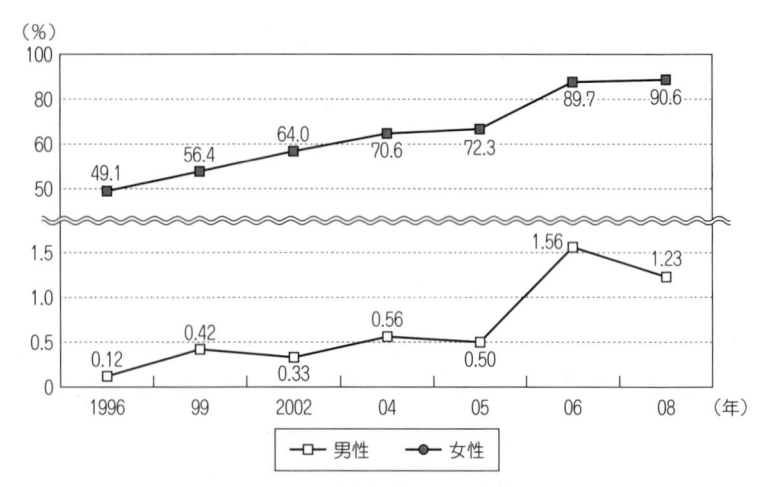

図 2-7 育児休業取得率の推移

出所：厚生労働省，2008 a より。
http://www.yomimuri.co.jp/nie/note/graph/210104

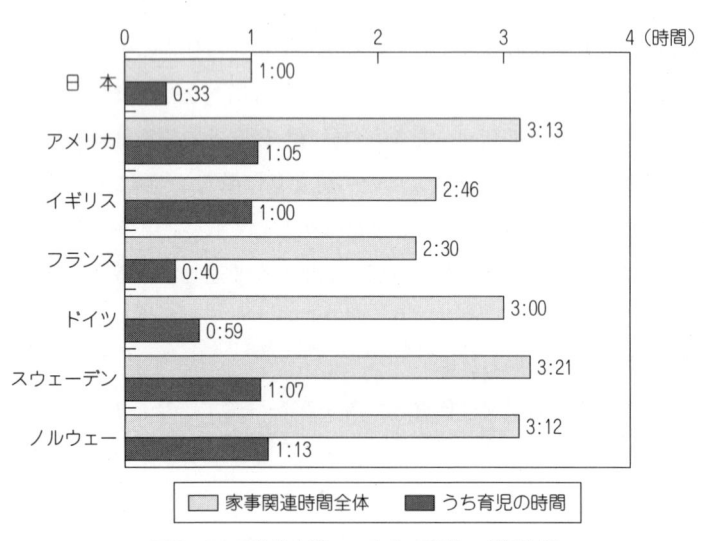

図 2-8 6歳児未満のいる夫の家事・育児時間

備考1：Eurostat, "How Europeans Spend Their Everyday Life of Women and Men" (2001). Bureau of Labor Statistics of the U.S. "America Time-Use Summary" (2006). 及び総務省「社会生活基本調査」(2006年) より作成。
備考2：日本の数値は、「夫婦と子どもの世帯」に限定した夫の時間である。
出所：厚生労働省『平成20年度版 少子化社会白書』2008年。

行政や企業による社会的制度の充実（保育政策や育児休業の保障など）により真の意味での「男女共同参画社会」を実現できることが期待できよう。

(3) 子どもの生活課題

次に子どもを取り巻く現代の生活課題をみていく。

先に見た「少子化」は，子どもにとって兄弟姉妹や近所の友だちなど，年齢の近い子ども同士で遊ぶ機会を減らし，「共働き世帯の増加」は，親など大人との接触時間を減らしている。つまり，子どもの「人とかかわる機会や時間」が減少し，コミュニケーション力や社会性などの育成に影響を与えていると考えられる。

内閣府の調査によると，平日の親子の接触時間（図2-9）は，父親は，「ほとんどない」が約23％，この「ほとんどない」と「15分くらい」「30分くらい」を合計すると，約6割が30分以下である。一方母親は，24.2％が「30分くらい」以下で，このデータからは，父親・母親共に子どもとの接触時間が短い家庭が多いことが読み取れる。

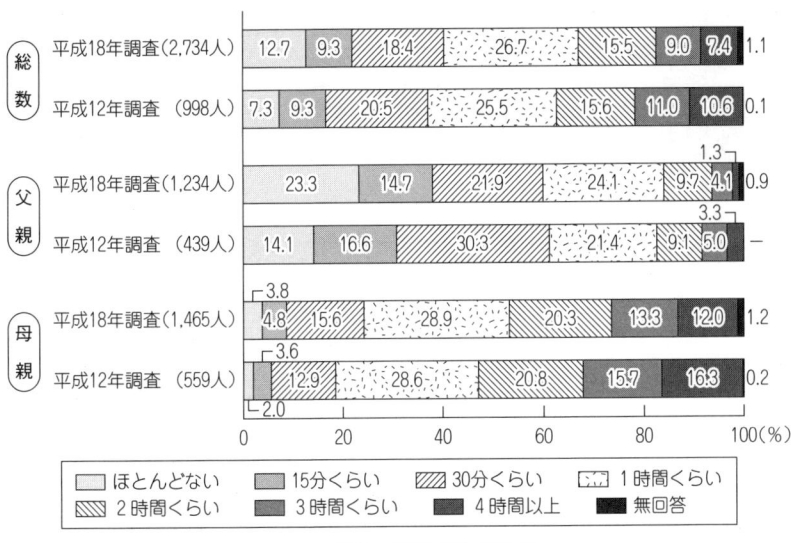

図2-9 親子の接触時間〔平日〕

出所：内閣府『低年齢少年の生活と意識に関する調査報告書』2007年。

さらに、ネット社会の到来により、家族員それぞれが家族以外の誰とでも自由にアクセスできるようになり、家族が共に一つ屋根の下にいたとしても、家族とゆっくりと会話を楽しんだり、食事をしたりする機会が失われている家庭も多い。

　2007年のインターネット調査＊では、母親が子どもと食事をする時間が、平日の夜は「20分未満」と答えたものが約7割を占めている（図2-10）。中でも10分未満が2割を占める。小学生にとって、夕食をとりながらその日に学校であったことなどを話す時間は親子共に大切にしたい時間であるが、「10分未満」では、そのような時間が十分確保されているとはいえないであろう。

　＊小学生の母親300人と学校栄養士275人にインターネットとファックスで調査

　このような親子の接触時間の課題に加え、子どもの生活環境の格差、貧困問題が大きな社会問題になっている。

　子どもの相対的貧困率（17歳以下の子ども全体で親の所得が中央値に満たな

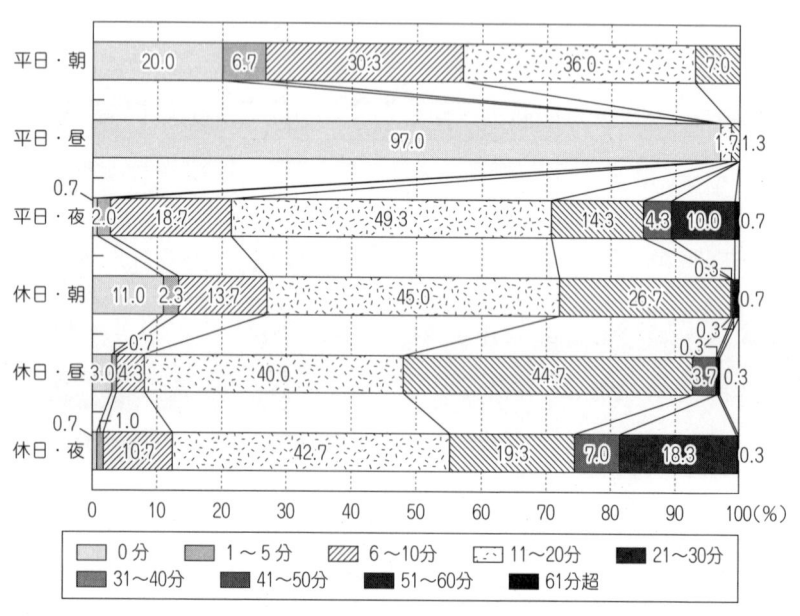

図2-10　母親が子どもと食事をする時間

出所：http://www.fgn.jp/mpac/sample/__datas__/impacter/200709_08.html

第2章　家庭生活と家族

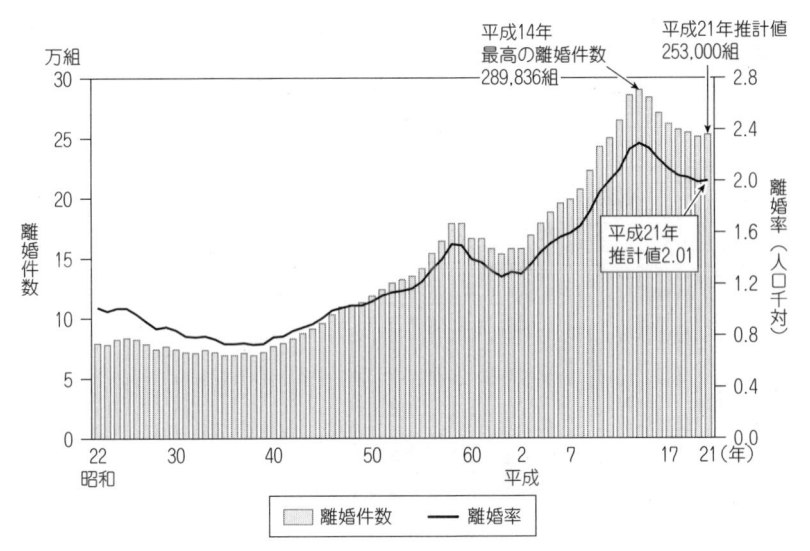

図2-11　離婚件数及び離婚率の年次推移
出所：厚生労働省「平成21年人口動態統計の年間推計」2009年。
http://www.mhlw.go.jp/toukei/saikin/hw/jinkou/suikei09/index.html

い子どもの割合）は，14.2％で，約7人に1人が「貧困」状況にある（厚生労働省，2009）。特に母子世帯など，ひとり親世帯の相対的貧困率は54.3％である。生活の困難さが国民全体に広がっている上に離婚率の上昇によりひとり親世帯が増加しているため，子どもの「貧困」が急増している（図2-11）。

　家庭の経済状況や家族のあり方がストレートに子どもの生活環境に影響を与えているが，親の貧困を子どもの育ちに連鎖させない教育的な配慮や社会的保障が必要である。

　一方で経済的に恵まれた家庭の子どもたちは，幼い頃から習い事や塾通いに

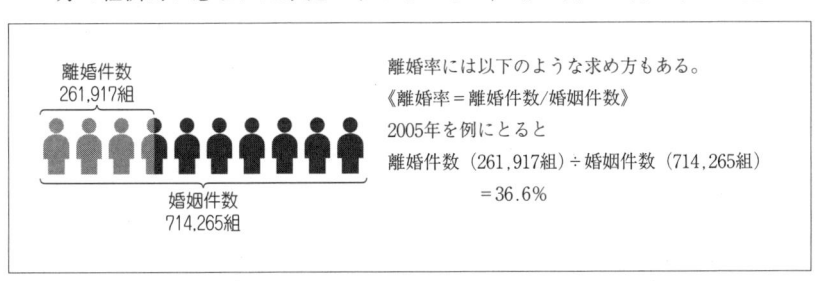

離婚率には以下のような求め方もある。
《離婚率＝離婚件数/婚姻件数》
2005年を例にとると
離婚件数（261,917組）÷婚姻件数（714,265組）
　　＝36.6％

資料2-1 「分裂にっぽん」

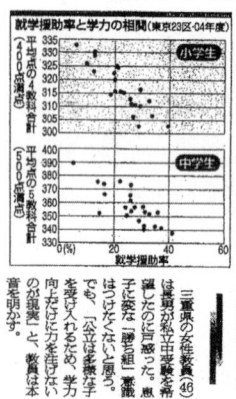

分裂にっぽん
子どもたちの足元から（下）

80点と30点二極化

出所：朝日新聞，2006年3月25日。

忙しく，子どもたちに必要な「外遊びや自由遊び」が十分でなかったり，周りの大人から必要以上の期待を受けて育つ，過保護に育つなどの課題があり，子どもの生活環境の二極化がみられる。親の経済格差によって，子どもの生活環境（子どもが健全に育つ権利）が阻害されてはならない。

「朝日新聞」朝刊記事「分裂にっぽん」（2006年3月25日）では，子どもの学力の二極化が取り上げられ，経済的，文化的な教育の格差が学力の差に結びつく度合いが近年高まっていることが指摘されている。

多様な家族のあり方が社会的に容認され，子育てについても個別家庭の価値観や方針に委ねられている傾向にあるが，「子どもの保育・教育・福祉」という観点から，家族のあり方，子どもの育つ環境としての家庭生活のあり方を再考しなければいけない時期にきているのではないだろうか。

2　家庭生活と家族の大切さ

　平成20年告示の学習指導要領において,「家庭生活と家族」に関する教育の充実が明示された。家庭科の目標の中で,これまでは,「家庭生活への関心を高めると共に,日常生活に必要な基礎的な知識と技能を身に付け,家族の一員として生活を工夫しようとする実践的な態度を育てる」と記述されていたが,「日常的に必要な基礎的・基本的な知識及び技能を身に付けるとともに,家庭生活を大切にする心情をはぐくみ」という表現に改められた。つまり,学習者の心に訴えかけ,子どもたちの心を揺さぶる学びによって,「家庭生活の大切さを実感させること」が目標に組み込まれている。

　このことは,単に家庭生活への関心を高めるだけでなく,衣食住などの具体的な生活の営みの大切さに気づくことも重視し,児童自らが「日々の生活の営みを大切にしたい」という思いを自発的にもたせることが重要である。この「日々の生活の営みを大切にしたい」という意欲や態度が家庭生活を支える基盤となり,より豊かな生活をつくり出す力となる。

　子どもたちに「日々の生活の営みを大切にしたい」という思いをもたせるためには,その子どもたちと共に生活している大人の生活を見直すことが必要である。親自身が,日常生活の中で規則正しく,日々の生活の営みを大切にする姿勢を見せることにより,子どもたちにもその思いは伝わる。規則正しい安定した生活は,子どもたちに安心感を与え,好ましい生活習慣も身に付きやすい。親は,そのような生活環境を子どもに保障しなければならない。親子共に「十分な睡眠をとる,3食をきちんと食べる」などの規則正しい生活実践の中から,日々の営みを大切にする習慣を子どもにきちんと身に付けさせたい。

(1)　家庭の機能と家族の役割

　夫と妻を基本とし,親と子,きょうだいなどで構成される生活の共同体やその構成員を「家族」という。この生活共同体を構成する家族が生活を共にしている場,またはその生活の状態を「家庭」という。「世帯」は,家族や,また

表2-1 家庭の機能

社会に対して	子どもの社会化　　生命の再生産 労働力・資本の提供　生活文化の伝承
家族に対して	情緒的な安定・心のやすらぎ　生活の保障 養育・保育・介護・看護　　　健康の維持・向上

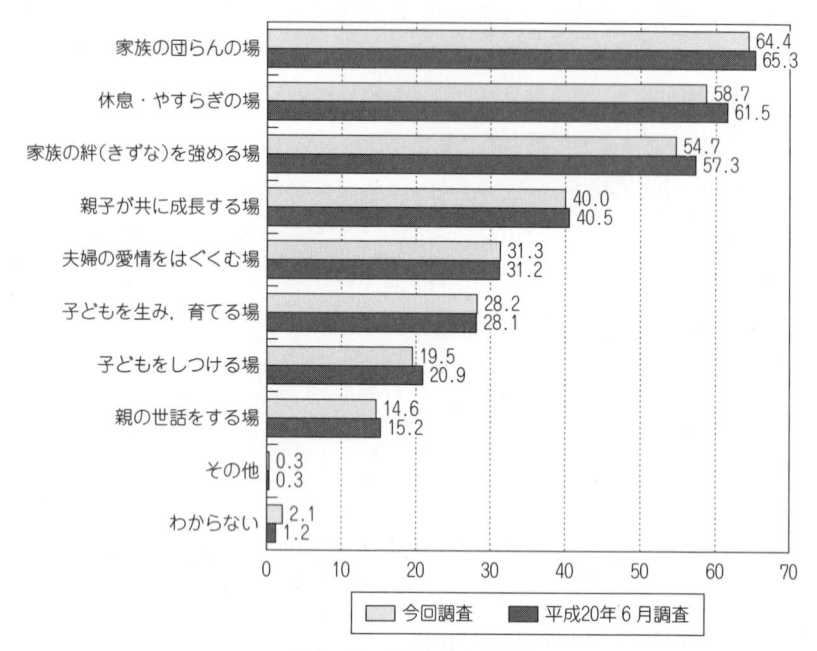

項目	今回調査	平成20年6月調査
家族の団らんの場	64.4	65.3
休息・やすらぎの場	58.7	61.5
家族の絆(きずな)を強める場	54.7	57.3
親子が共に成長する場	40.0	40.5
夫婦の愛情をはぐくむ場	31.3	31.2
子どもを生み,育てる場	28.2	28.1
子どもをしつける場	19.5	20.9
親の世話をする場	14.6	15.2
その他	0.3	0.3
わからない	2.1	1.2

図2-12 家庭に求める役割

出所:内閣府「国民生活に関する世論調査」2009年。

家族でなくても,生計と居住を共にしている場合をいい,集団や一人暮らしも含まれる。「家族」と「世帯」は必ずしも一致しない。たとえば,外見上一つにみえる住宅に住む拡大家族でも,親子世代が別生計であれば,2世帯となる。

家庭は,人とのかかわり方から,物事の考え方,価値観まで,生活の基盤を培う場所である。家族は,社会の中での最小の集団であり,人が生まれてまず最初に属する集団である。家庭は,家族集団の中での人とのかかわり方,自分自身の役割などを学ぶ大切な場となる。つまり「子どもの社会化」に大きな意味をもつ。その他,家庭にはさまざまな機能があり,社会に対する機能と家族

に対する機能を整理すると表2-1のようになる。

　このような家庭の機能は社会状況と共に変化し、縮小されてきているが、「情緒的な安定、心のやすらぎ」は社会が代替することは難しく、「家庭」がやすらぎの機能を失わないように家庭生活を営むことが重要である。

　図2-12は、内閣府「国民生活に関する世論調査」(2009年)において、家庭に求める役割を複数回答で尋ねた結果である。「家族の団らんの場」が64.4%と最も高く、続いて「休息・やすらぎの場」「家族のきずなを強める場」の順となっている。家庭がそのような場になるためには、「会話を楽しむ、余暇を共に過ごす、家事を一緒にする」等の家族のふれあいは不可欠であり、それぞれの家族に適したコミュニケーションを考え、家族のふれあいを大切にしたい。

　表2-2は、家族の役割をまとめている。一般的には、夫と妻が分担していることが多いが、子どもも年齢を重ね、成長とともに家庭で担える役割は増える。家庭の中で行われている生活行為を家族全員が把握し、その時々の家族員の状況に合わせて役割を分担できることが望ましい。

　家族の一員として、家庭の仕事（家事）を分担し、生活的自立の基礎を身に付けることは、子どもの自尊感情を高めたり、責任感を育成することにつながる。親は、子どもの成長に合わせて、役割を分担させ、その仕事が継続できるよう配慮すべきである。家族で分担する家事労働、家族一緒の余暇、食事や日常の会話など、さまざまな家庭生活を通して、家族の心は行き交う。行動や気持ちの共有は、お互いを理解することにつながる。

　つまり、家庭の仕事をメンバーが「分担してそれぞれの役割を果たす、それぞれが協力して仕事を完了する」ということは、家族への連帯感や絆を強めることにつながっている。

　以上のような観点から、家庭生活を支える仕事を家族が分担する意義をしっかりとおさえ、家庭生活と家族の大切さを理解させたい。

表2-2　家族の役割

・生活費の獲得
・家庭の経営と管理
・子どもを産み育てる
・生活文化の創造・伝承
・家庭の仕事（衣・食・住）の遂行など

（2） 家族をみつめる・多様な家族を知る

　「あなたの家族は？」と聞かれたら，あなたはいったい誰を思い浮かべるだろう。「一緒に暮らしているメンバーのみ」を家族と思う者もいれば，遠く離れて住む祖父母も家族と思っている者もいる。ペットを家族だという者もいる。血縁関係になくても，一緒に暮らしているものを家族という者もいる一方で，血のつながりのある同居している実の親を「家族でない」という者もいる。

　以上のことから，家族の範囲は個人の主観によって規定されることが多いといえよう。このような「自分にとっての家族はこのメンバーである」という認識をファミリー・アイデンティティーといい，本人の成育歴や家族歴などの生活実態に深くかかわって形成されている。

　つまり，私たちが認識している家族は，必ずしも法的に規定されている家族ではないということや，人によって家族ととらえる中身がかなり異なるということをここではしっかりとおさえておきたい。

　さらに，家族のあり方は，時代や社会によってもさまざまに変化している。近年では，婚姻関係や血縁関係はないが，生計を共にしているもの，事実婚，単身赴任，別居結婚，別姓の夫婦など家族の結びつき方や住まい方も多様になっている。

　家族とは何か，今後どのような家族をつくっていくかは，一人ひとりが考え，選択していくことになる。

　自分の育った家族環境以外のさまざまな家族のあり方，住まい方，暮らし方などを知ることが，選択肢を増やすことにもなるので，そのような教材を家族学習で活用することも大切である。

　一方で，今ある「家族」をしっかりとみつめさせることも大切にしたい。今までの家族学習では，家族の誰かに感謝の手紙を書くというような実践も見られたが，家族の誰かになりきって，「今の自分に宛てて手紙を書く」という設定も家族が自分をどのように見ているのかということをあらためて考えさせるきっかけになる。

　今ある「家族」のそれぞれのメンバーがより良い関係を築き，より良い家庭生活を営むことができるよう，また思いやりの気持ちをもって生活を営むため

には，自分の家庭生活をどのように工夫したらよいのかを考え，それぞれが実践できるような力を育てる学習を展開したい。

　たとえば，子どもたちが直面している，家族にかかわる問題をテーマにした児童文学や絵本を，家族学習の教材として活用することも時に有効である。一般的な統計やデータからわが国の家族の現状をとらえることにとどまらず，優れた文学作品や絵本など子どもの心情に揺さぶりをかけ，家族の本質に迫る学習も可能ではないだろうか。

　小学校低学年の国語の教科書にも取り上げられているハンス・ウイルヘルム作の『ずーっとずっとだいすきだよ』(評論社，1988年)は，何気なく一緒に暮らしている家族にもいつかは死や別れが来るということや，自分の気持ちを言葉にして伝えることの大切さを教えてくれる。

　ドイツの詩人，ペーター・ヘルトリング作の『おばあちゃん』(偕成社，1979年)は，世代を超えて結び合う信頼や鮮やかな「老い」を描いた作品である。同じく，『ヨーンじいちゃん』(偕成社，1985年)は，頑固で心優しいおじいちゃんを見守る娘一家の愛とユーモアたっぷりに老人の命の輝きが描かれている。

　また，1976年に北海道大学の本田錦一郎教授が翻訳し，2010年新たに村上春樹訳の話題の名作絵本，シェル・シルヴァスタイン作の『大きな木』(あすなろ書房，2010年)は，さまざまな立場から「親子の愛・無償の愛」について考えさせられる絵本である。

　さらに，家族の器である「住居」を切り口として，家族の住まい方や家族のあり方を考えさせる学習も可能である。

　たとえば，日本をはじめ，世界30カ国の平均的家族の住まい，家具などの全持ち物，暮らしぶりをレポートした『地球家族』(TOTO出版，1994年)という写真集がある。ビデオも作成されている。日本やアメリカは，アフリカなどの国に比べ，家財道具が多く，私たちがいかに多くのものに囲まれて生活をしているかということに気づかされる。また，東京の一人の男性の24時間を追ってみると，早朝の電車で決まった時間に出勤する都会の一般的なサラリーマンの姿や家族思いの様子が描かれている。小・中・高等学校，どの校種でもさまざまな切り口から活用できる教材である。

このように映像化された視聴覚教材や写真集，絵本，文学作品などが「家族や家庭生活」を理解する，直接的，また間接的教材としての役割をもつ。

また，「ダイヤモンドランキング」の手法を用いて，「家族の暮らし」で大切にしたいものなどを考えさせ，お互いに発表しあう学習も，子どもたちが主体的に参加できる授業である。「シナリオ作成」や「ロールプレイ」等の手法もこの学習領域ではよく活用される。

家族・家庭生活の学習は，可能な限り，身近な事例を取り上げ，子どもたちに色々な思いを語らせ，多様なケース，多様な価値観が存在することを知らせたい。

3　家庭生活と仕事

(1) 家庭生活を支える仕事

家庭の経済や，家庭の仕事，家事のあり方，家族の生活時間などは相互に密接な関係がある。たとえば，夫婦が共に職業労働に従事すれば，収入は増えるが，家事労働を行う時間や労力が減少し，家族で共に過ごす時間の調整も難しくなる，家事代行サービスの利用や外食が増えれば，家事労働時間は減少するが支出は増加する，などである。

家庭生活を支える仕事（家事労働）は，①生活に必要な商品，サービスを購入する（買い物）②加工・再生する（調理，裁縫，洗濯など）③生活の場を整える（食事後の片付け，掃除，整理整頓，インテリアの工夫など）④家族の世話をする（育児・子どもの送迎・介護・看護）など，さまざまな内容を含んでいる。

特に疾病や障害，加齢などによって，高齢者や障害者になったものが，生活を営み，維持するために行われるさまざまな活動を援助するものを「介護労働」とし，「家事労働」と別にとらえる場合もある。

家庭電化製品の普及や進化，さまざまな分野のサービス業の成長などにより，家事労働の合理化，社会化（外部化）が進んでいる。これらは，時間的ゆとりを生むなどのプラス面と共に，家事の質が画一的になる，生活技術や生活文化

の伝承がなおざりになるなどのマイナス面も持つため，それぞれの家族，家庭の状況を十分に考慮して取り入れるのが良い。育児・介護・看護は，人間を相手にする労働のため，合理化や簡略化などがなじまない労働ではあるが，精神的なケアを充実させるために，また介護をする人の肉体的・精神的負担を軽減するために，外部のサービスを上手く活用し，精神的な余裕をもって育児・介護にかかわることも必要であろう。

　そもそも，家事労働にはどのような教育的機能があるのだろうか。

　一般に生活資源とは，「お金，もの，時間」等をさすが，家事労働とは，生活を営むために生活資源を活用して行われる労働行為のことである。つまり，この家事労働は，生活を支える「お金，もの，時間」の全てにかかわりをもつ重要な労働であるということをおさえておきたい。また，先にも述べたように，相手を思いやって行う家事労働は，サービスを受ける側に「感謝する心」をもたせることにもつながり，家族の連帯感を強める。さらに，日々の生活は，一日一日の積み重ねから成り立ち，この「日常を積み重ねる」ことは，日々の家事労働の積み重ねであることにも気づかせたい。

　つまりこの家事労働は，個人や家族の生命の維持，明日の活動のエネルギーを作り出す労働力の再生産，家族メンバーの人間としての成長発達に不可欠な労働なのである。

表2-3　家事労働と職業労働

	家事労働	職業労働
労働に対する賃金の有無	賃金が支払われない 無償	賃金が支払われる 収入を得ることが大きな目的
仕事の性格	多種多様 時間や方法を自由に決めることができる 勝手にやめることはできない 家族のライフスタイルによって内容や仕事量が異なる	仕事内容が決められている 時間や休日が決まっている やめることができる
代替性	すべてを他人に任せることはできないが選択的に部分的な代替は可能	代わってもらうことができる

従来、子どもは、この家事労働に参加することにより、家事処理能力を身に付けるだけでなく、家族と助け合うことによる連帯感や帰属意識を感じたり、働くことの喜びや苦しさを乗り越える厳しさ、我慢したりすることも含めて、労働が本来持っている意味について学んできている。しかし、今、その機会が縮小し、子どもの成長発達や、職業労働のあり方にも影響を与えている。

この家事労働を職業労働の特徴と比較すると表2-3のようになる。

家事労働は、社会的・経済的評価が得られにくいアンペイドワーク（unpaid work）で、内容は多種多様なものを含み、定期的な休日はなく、部分的な代替は可能であるが、全てを他人に任せることはできないという特殊な側面をもっている。

家事労働と職業労働の2つの労働は、個人や家族の生命や生活を維持するために、不可欠である。日々の生活だけでなく、長期の生活を展望する上で、家事労働と職業労働のバランスの取れた両立が必要である。しかし、職業生活と家庭生活の両立には、個人の努力や個別家庭の努力だけでは限界があり、今後社会的条件の整備が望まれる。

（2） 生活時間の使い方

時間は、全ての人に平等に与えられた生活資源である。

生活時間は一般に、生活行動（必需行動・拘束行動・自由行動）の種類によって、表2-4のように分類される。生理的生活時間は、生命や健康を維持するために必要な時間であり、極端に短縮するのは好ましくない。労働生活時間は、家庭生活を維持・向上させるための時間で拘束性・義務性が高い。社会的・文化的生活時間は、人間性を維持向上させるための時間で自由裁量性が高

表2-4 生活時間の分類

生理的生活時間 （生活必需時間）	睡眠・休憩・食事・身のまわりの用事・療養・静養など
労働生活時間 （社会生活時間）	職業労働・家事労働・学業・通勤・通学・社会参加など
社会的・文化的生活時間 （自由時間）	会話・交際・レジャー活動・マスメディア接触（テレビ・新聞・ビデオ）・休息など

い。近年，携帯電話やパソコンなどの普及により，「ながら」時間の増加や，生活時間の使い方に変化が見られる。特に，若年層では，テレビ視聴も含め，マスメディアへの接触時間が長くなっている（図2-13）。

1日24時間，1週間，1ヶ月，1年の生活時間がバランスよく配分されることが，充実した生活に結びつく。生活時間の実態は，性別，職業，家族の状況などによって異なる。一般的には，男性の家事労働時間は女性より短い（厚生労働省，2006）。

さらに海外の男性に比べても，先に見たとおり，日本の男性の家事，育児時間は極端に短い（厚生労働省，2008）のが特徴的である。ワークライフバランスの観点から，男女共に生活時間を調整し，バランスの良い生理的生活時間，職業労働時間，家事労働時間，自由時間の配分に気を配るのみならず，今後は，家族が共に過ごす時間の確保にも重点をおきたい。

ここで子どもの生活時間の使い方に焦点を当ててみていくことにする。

「放課後の生活時間調査」（ベネッセ教育開発研究センター，2008）によると現在，小学5，6年生の約8割が習いごとに行っている。習いごとの内容は，野球・サッカーなどの「スポーツ」が最も多く，次いで「楽器・音楽」「習字・硬筆」

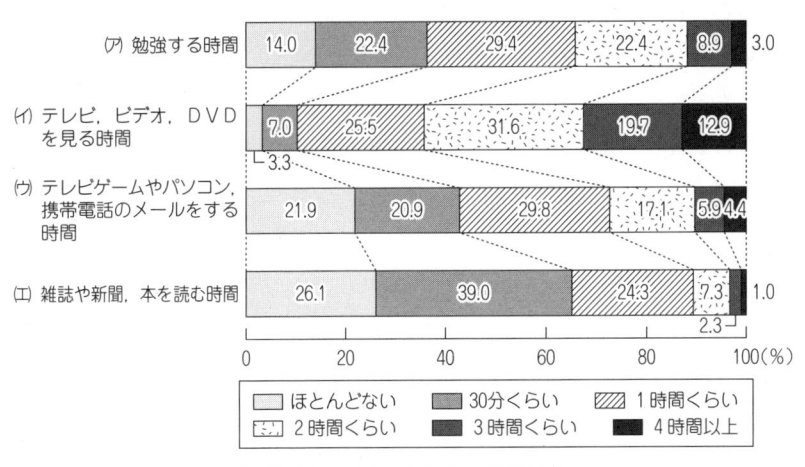

図2-13 子どもの自由時間の使い方

出所：内閣府「低年齢少年の生活と意識に関する報告書」2007年。

「英語・英会話」となっている（ベネッセ教育開発研究センター，2008）。放課後，塾に通う割合も高く（内閣府，2007），多忙な放課後を過ごしている子どもたちが多い。

　また，自由時間の使い方については，雑誌や新聞・本を読む時間は短く，テレビやビデオの視聴の他，テレビゲームやパソコン，携帯電話，メールなどの時間が長くなっている（図2-13）。

　子どもの生活の夜型化が指摘されて久しいが，このことは，親の帰宅時間が遅いことや，子ども自身の習い事や長時間の通学時間のみならず，このようなテレビやインターネットなどマスメディアとの接触時間，ゲームやメールなどに費やす時間などの増加等が大きな要因であると考えられる。

　早寝，早起き，規則正しい三度の食事など基本的な生活習慣が崩れている子どもたちや慢性的に睡眠時間が不足している子どもたちも多くみられる。

　一方，子どもたちの家事労働時間は平日平均5分と少なく（厚生労働省，2006），生活的自立の基礎を学ぶだけでなく，さまざまな教育的機能をもつ「家事労働」にあまり携わっていない子どもたちが多いといえる。

　家族と共に家事労働に参加し，家族のために自分ができることを担って，「分かち合い」や「支えあい」を体感することは，家族がお互いの気持ちを理解することにつながる。またこのような体験は，家族の中だけにとどまらず，家族以外の友人や学校の先生，地域の人とのかかわり方にも影響を与える。

　子どもの生活時間のあり方は，大人社会の問題でもある。子どもたちの健全な心身の成長に必要な「時間」をどのように保障するのか，各家庭に委ねるのではなく，社会全体で考えていかなければならない。

4　家族や近隣の人々とのかかわり

　私たちは，多くの人々とかかわりをもちながら暮らしている。家族・親族・友人・知人・近隣の人々……。

　困ったときに助け合い，共に支えあえる社会，あるいはさまざまな人が共に生きる社会とはどのようなものなのであろうか。あなたは地域社会や近隣の

人々とどのようなかかわりをもっているだろうか。地域での助け合いや，地域が主催している行事などに積極的に参加しているだろうか。

　家族とのふれあいや，団らんなど，家族とのかかわりについては，家族の接触時間などが減少する中で，かかわりあいがもてる場面や機会を意識的に設定することが重要であることは先に述べたとおりである。しかし，家庭生活は家族とのかかわりだけではなく，地域社会の人々とのかかわりなしでは成立しない。世帯規模が小さくなったり，高齢者が増加すればするほど，各世帯と地域の関係は以前にも増して重要になってきたといえる。また家族をもたない一人暮らしの人が増えれば，家族に代わる新しい「地域コミュニティー」のあり方を考える必要がある。ここでは主として近隣の人々とのかかわり，地域とのかかわりについてみていきたい。

（1）安全・安心な暮らし

　地球環境に配慮した生活は，個人の努力のみならず，地域でのゴミの分別の仕方や資源ゴミ回収のルール作りなど地域行政のあり方に大きく委ねられている。それぞれ個別の家庭内だけでは，省エネ，エコ生活，シンプルライフは完結しない。自然との共生もまちづくりと深くかかわっている。次世代に「持続可能な社会」を引き継ぐためにも「地球環境に配慮した，自然と共生できる生活」が地域社会全体で実践できているかどうか，自分の暮らしている地域を見直してみよう。

　一方，生活音や，ペットトラブル，車のから吹かし，不法駐車などの近隣トラブルが増加している。

　私たちが安心して暮らすためには，となり近所を含めた地域全体の人々とのつながりが気持ちよく保たれている必要がある。自分の生活だけではなく，地域の人々の生活も大切にできる思いやりをもって暮らしていきたい。

　さらに安心して快適な生活を営むためには，地域社会全体が安全で，バリアフリー化された環境である必要がある。多くの人が利用する施設などは，子どもや高齢者に使いやすいユニバーサルデザインが施されたものを普及させなければならない。

また近年全国各地で頻発している地震や大雨などの災害時には地域の協力は必要不可欠である。災害時のみならず，不審者対応や迷子など緊急時にも，地域住民の助け合いやかかわりあいが必要である。プライバシーの問題や個人情報保護法との兼ね合いを考慮し，必要最小限の「情報の公開」，親しい仲間内での「情報の共有」が重要な鍵となろう。

過干渉ではない，ゆるやかな見守りの目のある地域社会で孤立せずに，自分らしく安全・安心に暮らせることを多くの人は望んでいるのではないだろうか。

（2） 世代間交流・世代間協力

日本と同様に，少子高齢化が進むドイツでは，幅広い世代が同じ建物に住んで交流する「多世代共生型」の住宅が注目されている。

近隣とのかかわりや世代間の連携が見直されている事例として「ユング・ウント・アルト」を紹介する。

「ユング・ウント・アルト（若者と高齢者）」は，ドイツ，ワルトブルク市（人口約3000人）の福祉モデル事業として約20年前に始まった。

きっかけは，少子高齢化が進むことへの危機感からである。

「普通の生活を続けたい」「社会とつながっていたい」「独居が不安」という高齢者の声を反映して，食事や医療サービスを充実させた「介護型」ではなく，高齢者の「孤独解消」や「元気付け」を最優先した住宅である。社会福祉やコミュニケーションについて学んだ「マネージャー」と呼ばれる世話役がほぼ常駐し，住民の生活相談に乗ったり，住民の交流の手助けなどをしている。多世代共生型住宅は，高齢者の孤独を癒す一方で，高齢者が子どもの世話をしたり，知識や経験を若い世代に伝えたり，世代間の協力を促すのがねらいである。メルケル首相は，2007年に多世代共生型住宅の取り組みに国レベルの支援策を打ち出した。共用部屋の新設や増設，共用部屋の家具やパソコンなどの購入費，イベント費用などに補助金を出している。各地で入居待ちの状態が続いている。

多世代共生型住宅における子育て家族と高齢者世帯の交流により，孤独に悩まず若い人とのかかわりがもてる高齢者，子育てに智恵や手が借りたい若い親，双方にとってメリットのある「世代間交流・世代間協力」が実現している。

第2章 家庭生活と家族

　少子高齢化が進む日本でもこのような「世代間交流・世代間協力」は，安全・安心な暮らしに欠くことのできない「かかわり」である。
　次にこのような暮らし方をしている日本の事例を2つ紹介する。
　「かんかん森」(東京荒川区) は，2003年6月に完成した日本初のコレクティブハウスである。
　「コレクティブハウス」とは，住人がプライバシーを保ちながら生活の一部を共有する集合住宅である。80年代に北欧で生まれた。
　ワンルームから2LDKの28戸の居室とは別に，リビングやダイニングキッチン，ミシンや洗濯機のある家事室，菜園…などの共有スペースが約160㎡ある。「一人でいる気楽さも一緒にいる安堵感も得られる」「心地よい暮らしを賃貸でつくり出せる。家を買って生活を縛られるよりずっとリッチ」「年齢や性別を超え，血縁ではない他人と深い絆を結べるのは，多世代が集まるコレクティブハウスだからこそ」と居住者はいう。ここでは，週3回，「コモンミール」という当番制の食事が提供される。献立から買い物，調理まで住人が行う。家事や余暇の時間を共有し，家族のような助け合いにより，快適な生活とコミュニケーションが維持されている。
　「コレクティブハウス聖蹟」(東京都多摩市) は，2009年春完成。
　ワンルームから2LDKまで18世帯，31人が住んでいる。3人の子どもがいる主婦 (39) は「親が外出しても子どもを見守る人がいて助かる」，一人暮らしの女性 (65) は「周りの人と程よい距離で付き合える」，両親と死別した女性 (54) は「ドアを開けると子どもの声が聞こえる暮らし」がお気に入り。休日は部屋から出ない生活をしていた男性 (69) も今は「人々と触れ合う生活はいいもの」と語る。「住人が汗を流してより良い暮らしの場をつくり，それが住宅の価値を高める。こうした人々との出会いが一番の財産。」と居住者はいう。
　お金では買えない安心感があり，一人でも孤立しない暮らしがここにはある。
　2010年7月には，福祉のまちづくりを推進する東京練馬区のファンドを活用して，「コレクティブハウス大泉学園」が誕生した。
　このような暮らし方は，日本ではまだ少ないが，血縁でなくても助け合い，

安全で安心な暮らしを実現する一つの方法として，今後多様な形の「コレクティブハウス」が誕生することに注目したい。少子高齢社会・無縁社会に対処する新しい取り組みの一つである。

その他，血縁でなくても同世代で支えあいながら，人々がゆるやかなつながりをもつ暮らし方，住まい方がみられる。

若者の間で支持される「シェアハウス」もその一つであろう。

さらに，この「シェアハウス」をシングルマザーと一人暮らしの高齢者という異世代で希望する人々もみられ，自分たちが安心できる暮らしを自分たちで新しくつくっていこうとする動きも一部では見られる。

高齢者が家族や近隣の人々から孤立することなく，また子どもが家族や地域の多くの人々とのかかわりあいをもちながら，のびのびと育つことができる地域コミュニティーづくりを目指したい。

新しい世代は，家族の絆や地域コミュニティーのあたたかな見守りによって生まれ育つ。「家族」や「人と人とのかかわりあいのある生活」を充実させ，安定させることにより，少子高齢化に歯止めをかけたい。

「人とかかわらない生活」より，人とかかわりあいながら，面倒なことにもきちんと向き合い，自分たちの暮らしを自分たちでつくっていきたいと思う人が増えていくことを期待したい。そのような暮らしを実践する中で，「人とのかかわりが苦手，面倒である」と感じる人々が減少するのではないだろうか。

「家族や近隣の人々とのかかわり」についての学習は，5，6年生の家庭科全体を貫く柱として重視したい。

学習課題

1. 最近の新聞から「家族と家庭生活」に関する記事を切り抜き，自分の意見を200字以内でまとめてみよう。
2. 子どもが家事労働に参加する意義についてまとめてみよう。
3. 子どもの生活時間に関する調査結果から，子どもの生活課題をまとめてみよう。

〈発展〉
1. 親子関係や人間関係の大切さを学べる文学作品や絵本を探してみよう。
2. あなたの住んでいる地域（都道府県，または市町村）の高齢化率（65歳以上の

高齢者の割合）を調べてみよう。
3. 14歳以下の子どもの割合が65歳以上の高齢者より多い都道府県を調べてみよう。

参考文献
『朝日新聞』2006年3月25日付
ハンス・ウイルヘルム，久山太市訳『ずーっとずっとだいすきだよ』評論社，1988年
厚生労働省「人口動態統計」
厚生労働省「平成21年人口動態統計の年間推計」2010年
　　　http://www.mhlw.go.jp/toukei/saikin/hw/jinkou/suikei09/index.html
厚生労働省「相対的貧困率の公表について」2009年
　　　http://www.mhlw.go.jp/houdou/2009/10/h1020-3.html
厚生労働省「平成20年度　雇用均等基本調査」2008年 a
厚生労働省「平成20年度版少子化社会白書」2008年 b
厚生労働省「平成18年社会生活基本調査」2006年
シェル・シルヴァスタイン，本田錦一郎訳『大きな木』篠崎書林，1976年
シェル・シルヴァスタイン，村上春樹訳『大きな木』あすなろ書房，2010年
総務省　統計局「全国人口推計　平成22年5月1日確定値」2010年
総務省　統計局「労働力調査」
ニッセイ基礎研究所「今後の仕事と家庭の両立支援に関する調査」2008年
内閣府「平成22年版　子ども・子育て白書」2010年
内閣府「国民生活に関する世論調査」2009年
内閣府「低年齢少年の生活と意識に関する調査報告書」2007年
ペーター・ヘルトリング，上田真而子訳『おばあちゃん』偕成社，1979年
ペーター・ヘルトリング，上田真而子訳『ヨーンじいちゃん』偕成社，1985年
ベネッセ教育開発研究センター「放課後の生活時間調査」2008年
ピーター・メンツェル『地球家族　世界30か国のふつうの暮らし』TOTO出版，
　　　1994年

（大本久美子）

第3章

日常の食事と調理の基礎

1 食生活の現状と課題

(1) 食生活の変化

　我が国食生活は,「食べられたらよい」という時代から, 食品の工業化, 平和と経済的繁栄, サービス産業化により目を見張るように豊かになり,「飽食」の時代となった（表3-1）。生活が豊かでなかった時代には, 食事といえばほとんどが家庭の中で調理して食べるものであった。しかし, 現代のように豊かになると持ち帰りのすしや弁当, おにぎり, 惣菜, デリカ（洋風惣菜）などの調理食品や加工食品, インスタント食品, レトルト食品, 冷凍調理食品の消費が増え, 家庭で調理をする必要が少なくなってきている。一方ではレストランやそば屋, すし屋などでの外食の機会も増加し, 家族でレジャーをかねて外食を楽しむ行為も行われている。このように食の形態が多様化したことで, 家で

表3-1　時代別食生活の特徴と志向

時代	食生活のキーワード	食生活のポイント	食生活への志向
1945〜1950	飢餓時代	量の確保	食べられたらよい
1950〜1960	もはや戦後ではない	量から質へ	栄養性, 安全性, 嗜好性
1965〜1970	冷凍調理済み食品	調理離れ	食品の多様化, 簡便性
1970〜1980	飽食の時代	知名度, 銘柄, フィーリング, 外食産業, デリカ食品	社会性, 高級化, 食のエンジョイ型
1980〜1990	飽食, 健康食品, スポーツドリンク, 持ち帰り食品	食生活機能の多様化, 生活知識・生活情報の見直し	健康志向, 本物志向, 分散化, 孤食化, 個食化, 安全性の見直し
1990〜2000	コンビニエンスストア, 遺伝子組み換え, 特定保健用食品, サプリメント	食生活の外部化・サービス化, 中食, テイクアウト, 食情報	環境問題, 食の安全性
2000〜現在	食不安, 食の事件, 崩食	食中毒事件, BSE, 牛肉偽装事件, 鳥インフルエンザ, 中国餃子, 事故米不正転売事件, 家畜伝染病	食情報, 食不安, 安全性

第3章 日常の食事と調理の基礎

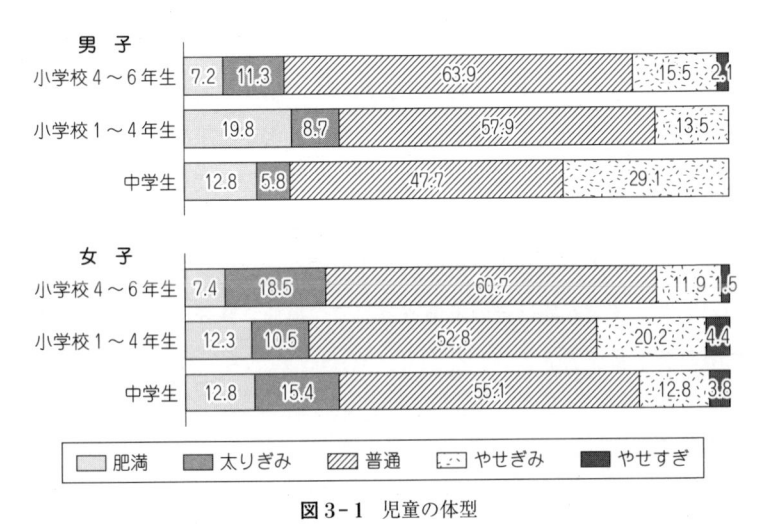

男子
- 小学校4～6年生：7.2 / 11.3 / 63.9 / 15.5 / 2.1
- 小学校1～4年生：19.8 / 8.7 / 57.9 / 13.5
- 中学生：12.8 / 5.8 / 47.7 / 29.1

女子
- 小学校4～6年生：7.4 / 18.5 / 60.7 / 11.9 / 1.5
- 小学校1～4年生：12.3 / 10.5 / 52.8 / 20.2 / 4.4
- 中学生：12.8 / 15.4 / 55.1 / 12.8 / 3.8

凡例：肥満／太りぎみ／普通／やせぎみ／やせすぎ

図3-1　児童の体型
出所：平成17年度国民健康・栄養調査をもとに作成。

作って食べる「内食（うちしょく）」や「外食」の他に，食事を購入して持ち帰り，家で食べる「中食（なかしょく）」と呼ばれる食事形態も出現した。

　食事形態の変化のみならず，豊かな食生活は諸問題をも生じさせている。便利な時代になって，家庭で手の込んだ料理の準備は必ずしも必要とされなくなり，摂取エネルギーの過不足や，栄養素の過不足を招き，子どもの肥満や体力低下にもつながっている。日常活動の軽減化による過剰栄養，加工食品への過度な依存，特定栄養食品への過剰な期待，無理なダイエット，誤った食生活情報の氾濫などといった問題もある。さらに，栄養学的にみると，1970年代に確立されたたんぱく質，脂質，炭水化物の比率が適正な「日本型食生活」は，崩れてきている。また，平成18年の国民健康・栄養調査によると20代の若い女性を除けば，どの年代も BMI（体格指数）は増加傾向にある。子どもにおいては図3-1に示すように，「太りぎみ」から「肥満」のものや，「やせぎみ」から「やせすぎ」のものがそれぞれ1～2割存在する。

　家族規模が縮小し，普通世帯の平均人数はおよそ2.58人（総務省統計局2005年データ）に減少し，その少なくなった家族が食事を共にすることも難しく，家族の一人ひとりがばらばらに食べる「孤食」が，子どもたちにおいても増加し

てきている。さらに家族の一人ひとりが異なった食事をする状態を指す「個食」の増加など，食卓を中心とした家族団らんの場が失われつつある。加えて，朝食を欠食する者の増加等食事摂取上の問題点，箸が上手に持てない，よく嚙めない等，食事摂取行動の未発達，加工食品・外食の増加などの食の外部化傾向を受けた子どもの調理能力低下などの問題が起こっている。さらに，我が国では，がん，心疾患，脳卒中，糖尿病，高血圧などの生活習慣病の増加が深刻な問題であり，子ども期はその予備軍として，塩分，糖分，脂肪分の過剰摂取が心配されている。

（2） 栄養の現状

　2006（平成18）年国民健康・栄養調査によると，成人のエネルギー摂取量の平均値は，10年前（1996〔平成8〕年）に比べ男女ともに漸減傾向にある。また，脂肪エネルギー比率が，平成18年度は，成人男性が18.1％，成人女性が27.2％であった。脂肪エネルギー比率が30％を超える人の比率は，男女とも漸増傾向にある。また，野菜の摂取量は，20代や30代の若い世代で低く，20〜40歳代の野菜の平均摂取量は300gに達していない。さらに，成人の食塩摂取量の平均値は，11.2g（男性12.2g，女性10.5g）であり，男性（目標値；10g以下/日）の6割，女性（目標値；8g以下/日）の7割は目標量を超えて摂取している。カルシウムについては，どの年齢層も食事摂取基準以下である。

（3） 食物の需給

　農林水産省の食糧需給表（平成21年度）によると，現在の日本の食料自給率は，供給熱量ベースの総合食料自給率（カロリーベース）は40％，主食用穀物自給率は58％，飼料用も合算した穀物自給率は26％である。日本の食糧自給率は他の先進諸国に比べてきわめて低い。またわが国の伝統食品であるうどん，そば，豆腐の材料となる小麦粉，大豆の自給率はそれぞれ11.0％，6.0％程度に過ぎず，ほとんどを輸入に頼っている。このように外国からの食糧に依存した食生活は，一見，豊かに見えても安定したものではない。食糧の輸入は，環境への影響も大きい。たとえば，大量の食料の輸入は，その生産に必要となる

水資源も間接的に大量消費する。また、食料輸送に伴うCO_2の排出量増加も懸念される。

(4) 子どもの食生活

　子どもの食生活は、身体の発達を促すだけでなく、心の育成や社会性の涵養にも密接に関連している。したがって、発達段階に応じた適切な栄養素やエネルギーの摂取が必要である。しかし、さまざまな子どもを取り巻く環境が、子どもの健康に影響を及ぼしている。たとえば、子どもにおいては、塩分や糖分の多い菓子類、洋風メニュー等に対する嗜好が高いが、このような嗜好に合わせたおやつ、軽食、清涼飲料水が手軽に、いつでもどこでも入手できる環境にある。

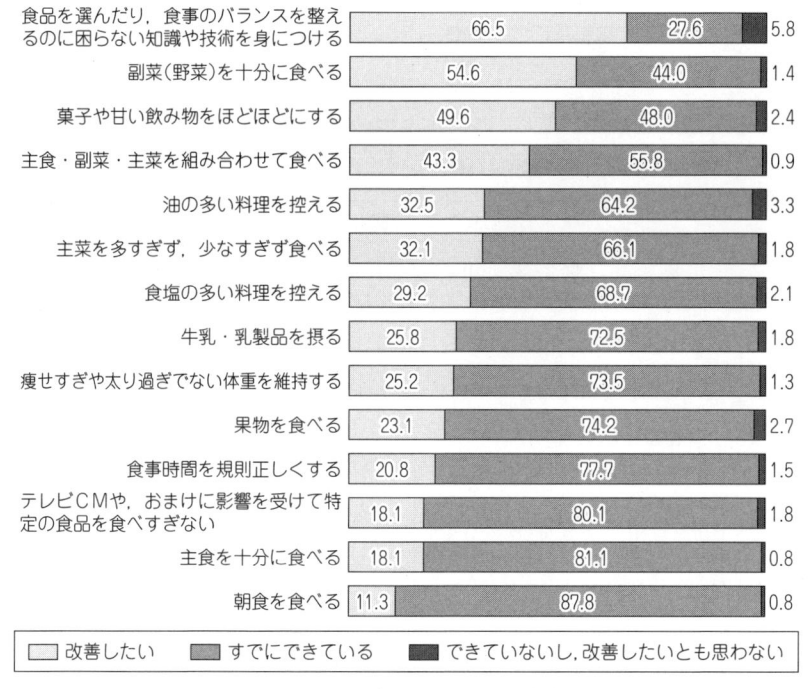

項目	改善したい	すでにできている	できていないし、改善したいとも思わない
食品を選んだり、食事のバランスを整えるのに困らない知識や技術を身につける	66.5	27.6	5.8
副菜（野菜）を十分に食べる	54.6	44.0	1.4
菓子や甘い飲み物をほどほどにする	49.6	48.0	2.4
主食・副菜・主菜を組み合わせて食べる	43.3	55.8	0.9
油の多い料理を控える	32.5	64.2	3.3
主菜を多すぎず、少なすぎず食べる	32.1	66.1	1.8
食塩の多い料理を控える	29.2	68.7	2.1
牛乳・乳製品を摂る	25.8	72.5	1.8
痩せすぎや太り過ぎでない体重を維持する	25.2	73.5	1.3
果物を食べる	23.1	74.2	2.7
食事時間を規則正しくする	20.8	77.7	1.5
テレビCMや、おまけに影響を受けて特定の食品を食べすぎない	18.1	80.1	1.8
主食を十分に食べる	18.1	81.1	0.8
朝食を食べる	11.3	87.8	0.8

図3-2　子どもの食習慣についての改善意識

出所：平成17年度国民健康・栄養調査をもとに作成。

① 子どもの食習慣

平成17年度の国民健康・栄養調査によると，子どもの食習慣の改善について，親側としては57.2%が「改善したい」と考えている。その「改善したい」項目を図3-2に示した。「食品を選んだり，食事のバランスを整えるのに困らない知識や技術を身に付ける」ことと考えている人は66.5%，次いで「副菜（野菜）を十分に食べる」ことと考えている人は54.6%，「菓子や甘い飲み物をほどほどにする」と考えている人は49.6%である。これらの結果から，子ども自身が食事バランスを考えて食品を選べるようになってほしい，野菜をたくさん摂り，菓子や甘い飲み物の摂取を控えさせたいと思っていることが分かる。しかし，子どもたちの食習慣は，以下に示すように，欠食や偏食がみられ，「こ食」の実態も問題視されている。

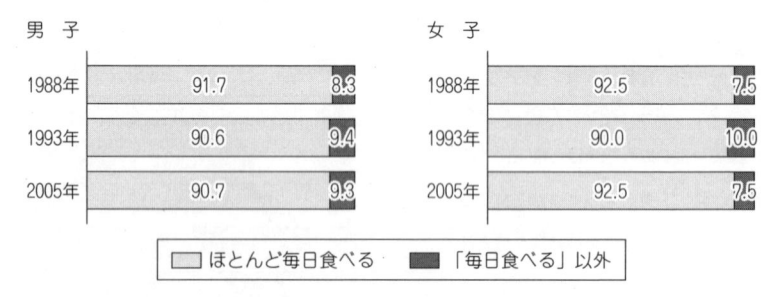

男子

年	ほとんど毎日食べる	「毎日食べる」以外
1988年	91.7	8.3
1993年	90.6	9.4
2005年	90.7	9.3

女子

年	ほとんど毎日食べる	「毎日食べる」以外
1988年	92.5	7.5
1993年	90.0	10.0
2005年	92.5	7.5

図3-3 小中学校の朝食欠食の年次推移
出所：平成17年度国民健康・栄養調査をもとに作成。

表3-2 「こ食」

孤食	ひとりで食べること
小食	食べる量が少ないこと
個食	自分（個人）の好きなものを各々が食べること
粉食	麺類やパン類等，粉を主原料とした主食となる食品を好んで食べる現象のこと
固食	固定したもの，すなわち，自分の好きな決まった食品しか食べないこと
濃食	味の濃い食べ物を好んで食べること

出所：足立，2000，62頁

② 欠食・偏食・こ食

「欠食」とは「3度の食事の1回ないしはそれ以上を摂取しない」ことである。生活習慣の夜型化も原因してか，およそ1割の子どもが朝食を欠食している（図3-3）。「偏食」とは，「一定の食べ物を嫌がって食べず，ある特定の食べ物ばかりを食べる」ことである。また，「こ食」

第3章　日常の食事と調理の基礎

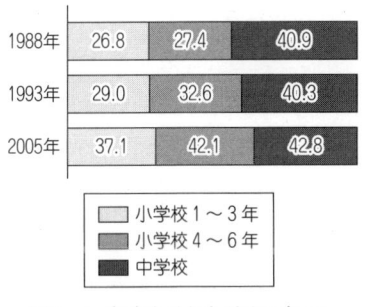

図3-4 朝食を子どもだけで食べる比率の推移

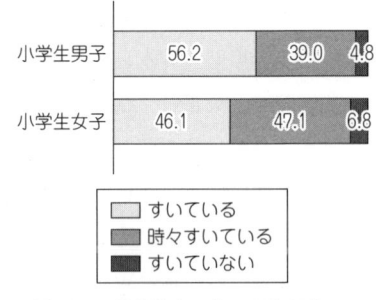

年	小学校1〜3年	小学校4〜6年	中学校
1988年	26.8	27.4	40.9
1993年	29.0	32.6	40.3
2005年	37.1	42.1	42.8

図3-5 学校給食の前にお腹がすいていますか

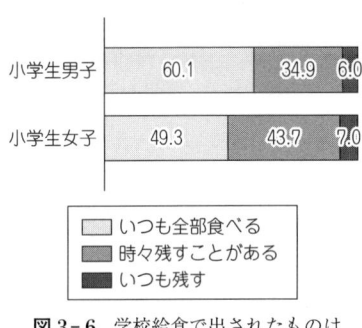

	すいている	時々すいている	すいていない
小学生男子	56.2	39.0	4.8
小学生女子	46.1	47.1	6.8

図3-6 学校給食で出されたものは全部食べますか

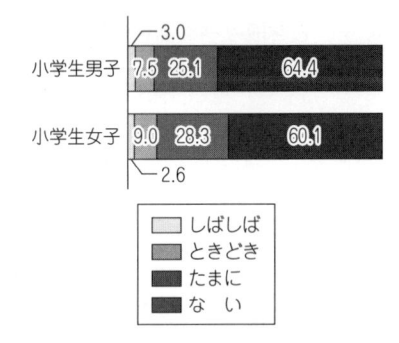

	いつも全部食べる	時々残すことがある	いつも残す
小学生男子	60.1	34.9	6.0
小学生女子	49.3	43.7	7.0

図3-7 朝なかなか起きられず，午前中，身体の調子が悪い時がありますか

	しばしば	ときどき	たまに	ない
小学生男子	3.0	7.5	25.1	64.4
小学生女子	2.6	9.0	28.3	60.1

出所：独立行政法人日本スポーツ振興センター平成19年度児童生徒の食事状況等調査報告書食生活調査編。
http://naash.go.jp/anzen/Portals/0/anzen/kenko/siryou/chosa/syokuji/_h19/pdf/h19life-4.pdf より作成。

とは，「孤食」「小食」「個食」「粉食」「固食」「濃食」（表3-2）などをいう。

　子どもたちの食生活は，「孤食」の比率が高くなっている（図3-4）。子ども自身が一人で食べることを望み，家族とは別に食事を摂りたいと思う傾向もみられる。このようなひとり食べが日常化している子どもの場合は，共食観が貧困であり，その子どもの両親の共食観もまた貧困である。

　家族との食事よりも学校給食を楽しみにしている子どもも存在する。その一方で，給食を食べる際，お腹のすいていない子どもや（図3-5），給食を残す

子ども（図3-6）がそれぞれ4〜5割いることが報告されている。さらに，食事を楽しいと感じていない子どもや，「朝なかなか起きることができず，午前中，身体の調子が悪い」と感じているなど，心身の症状に異常を訴えていることが報告されている（図3-7）。学童期後半・思春期は，身体的発育が急速に進み，自主性の確立が進む時期であり，自ら，食品を選ぶことも多くなる。また，塾等の課外活動が原因で，家族とは異なる時間に食事を摂ることによって，不適切な食事内容や食生活リズムを引き起こすことになる。運動不足や過食による肥満傾向，欠食や少食による痩せ傾向にもなりやすい。特に女児では，ダイエットを行うものも少なくない。

③ 子どもを取り巻く環境

　子どもたちは，いつでもどこでも，好きなものを食べることが可能な環境にいる。インスタント食品や冷凍食品があふれ，塩分，糖分，脂肪分の多い子どもたちの目を引くカラフルな菓子が，スーパーやコンビニエンスストアで販売されている。また，ファーストフード店は子どもだけでも簡単に利用できる。さらには，家族一緒に食卓を囲むことによって育まれてきた，調理技術や食文化の伝承も薄れてきている。

(5) 食　育

　食育（広義の栄養教育，食）とは，「人々に対し，人々がそれぞれの生活の質（Quality of Life ; QOL）の向上につながるような望ましい食生活を営む力とライフスタイルを形成するための学習の機会を提供すること（教育的アプローチ），ならびに，そうした食生活を実践しやすい食環境（フードシステムや栄養・食情報システム）づくり（環境的アプローチ）の双方からのアプローチを，栄養学や関連する学問などの成果を活用しつつ，すすめるプロセス」（足立・後藤，2005）である。

　日本政府は，食に関する問題点を解決していくために，2004年に「食育基本法」を制定し，行政，地域，学校，家庭が一致団結して食育を進めることとし，「食育を生きる上での基本であって，知育，徳育および体育の基礎となるべきもの」と位置づけた。表3-3に食育の考え方を示した。また，学校現場では，

第3章 日常の食事と調理の基礎

表3-3 食育の考え方（食育の理念・分野等）

理念		分野	望まれる日常の行為・態様	涵養（例）	是正対象	主な関連施策等
食に係る人間形成	豊かな人間形成（知育・徳育・体育の基礎）	食に関する基礎の習得	食を通じたコミュニケーション	・食卓を囲む家族の団らん ・食の楽しさの実感 ・地域での共食	・精神的豊かさ	・孤食 ・個食	(教職の場づくり) ・親子で参加する料理教室 ・食事についての望ましい習慣を学ぶ機会の提供
			食に関する基本所作	・正しいマナー・作法による食事 ・食事のマナー（姿勢，順序，等） ・配膳，箸，等	・規範厳守意識		
				・食前食後のあいさつ習慣（「いただきます」「ごちそうさま」）	・自然の恩恵（動植物の命を含む），生産者などへの感謝の念		
		食に関する基礎の理解	自然の恩恵等への感謝，環境との調和	・地場産の食材などを利用した食事の摂取・提供（地産地消） ・環境に配慮した食糧の生産消費（食材の定量の購入等） ・調理の実践・体験	・『もったいない精神』 ・豊かな味覚	・食べ残し ・安易な食材の廃棄 ・偏食	・消費者と生産者の交流 ・食に関する様々な体験活動（教育ファーム等） ・農林水産物の地域内消費の促進
			食文化	・郷土料理，行事食による食事	・食文化，伝統に関する歴史観等		・普及啓発　ほか
			食糧事情ほか	・世界の食糧事情や我が国の食糧問題への関心	・食に関する国際感覚 ・食糧に関する問題意識		
	心身の健康の増進	食に関する知識と選択力の習得・健全な食生活の実践	食の安全	・科学に基づく食品の安全性に関する理解	・食品の安全性に関する問題意識		・食に関する幅広い情報提供 ・意見交換（リスクコミュニケーション）
			食生活・栄養のバランス	・食材，調理方法の適切な選択による調理 ・中食の適切な選択 ・外食での適切な選択 ・日本型食生活の実践	・栄養のバランスに関する食の判断力，選択力	・肥満，メタボリックシンドローム ・過度の痩身志向 ・偏食 ・フードファディズム	・健全な食生活に関する指針の活用 ・栄養成分表示等
			食生活リズム	・規則正しい食生活のリズム（毎朝食の摂取，間食，夜食の抑制） ・口腔衛生	・健全な生活リズム	・朝食の欠食	・食事についての望ましい習慣を学ぶ機会の提供（「早寝早起き朝ごはん」運動の推進）（8030運動の実践）

出所：内閣府食育推進室，リーフレット「わたしたちは家庭での食育を応援します！」．
http://www8.cao.go.jp/syokuiku/data/h19leaf/index.html

食育基本法の制定と同時期に「食に関する指導」の重要性から，栄養教諭制度が導入された。栄養教諭は食に関する指導の充実のために，他の教職員や家庭，地域との連携・調整を行うなどの役割が期待されている。

2007年には，「新健康フロンティア戦略」において，「食育の推進（食の選択力）」として引き継がれ，「国民一人ひとりが子どものころから，食育に取り組むことにより，食に関する知識と食を選択できる力を習得し，健やかな生活習慣を身に付け，食卓を通して家族が触れ合う機会を広げることが重要である。」とされた。以上のように，国をあげて食育推進が叫ばれている。

2　食事の役割

（1）食事の役割

「食事」すなわち「食べること」は，人にとって，「生理的な役割」と「精神的な役割」を果たしている。

「生理的な役割」とは，その人の生命の維持，発育，健康の維持増進等に役立っているということである。日常の食事は，生活習慣病や疾病の予防・治療に大きくかかわっているだけでなく，健康で活力に満ちた豊かな人生を送ること，健全な子孫を残していくことに寄与している。規則正しく食事をすることが生活リズムを作ることにつながり，毎日朝食を摂ることが，学習や活動のための体の準備を可能にするのである。

「精神的な役割」とは，食事が人の心を育て，時には食べる人の心を癒し，憩いの場を作り出すことにある。家族や友人，近隣の人たちと親睦を深め，社交や政治や外交等においてコミュニケーションの媒体ともなり得る。食事を共にすることは，人と楽しくかかわり，それらを通して和やかな気持ちを得ることができるのである。

① 朝食摂取や規則正しい食事

朝食を欠食すると，「低体温」になり，それが原因で，「朝礼時に倒れる」「気持ちが悪くなる」「不定愁訴」等の問題が起こる。食事から摂取する各栄養素は，身体の機能を正常化するばかりではなく，脳の働き，学習効果，精神安

定に大きく関与している。

　朝食欠食は，子ども自身の問題ばかりではなく，食事の準備ができていないなど，家庭の問題もある。朝食の重要性を子どもたちに教えても，家庭の協力が得られなければ解決できない。さらに，両親が夜更かしの場合，子どもも夜更かしになりやすい。夜更かしは，朝の目覚めを悪くさせ，睡眠不足となりやすい。夜更かしや睡眠不足は，朝食時の食欲低下や，朝食を摂る時間の不足を引き起こし，子どもの成長，体調，活動に悪影響を与えかねない。

② ファーストフードとスローフード

　ファーストフードには，ハンバーガーや，フライドチキン，カレーライス，スパゲティー，ピザなどがあり，子どもたちの好きな食品が多い。これらの食品は，使用されている食材の種類が少なく，野菜類の使用量が少ないのに対し，脂質含有量が多い。そのために，ファーストフードに頼る食生活は，食物繊維や，野菜由来のビタミン，ミネラルの摂取量が不足となり，エネルギー量が高く，肥満，高脂血症，内臓脂肪増加の要因となる。

　これに対して，家庭料理や伝統料理のように時間をかけて作る食べ物のことをスローフードという。スローフード運動の強調点は，①伝統的な料理，質の高い人工的な手を加えない食品を守ること，②安全・安心が認められる食材やそれらの生産者を守ること，③消費者に，本当のおいしさや新鮮さを教えること，④食品や食事，生産者に感謝の念をもつようにすることなどである。

③ 共　食

　食事は家族のだんらん，円滑な家族関係を取り結んでいくのに重要な場である。子どもにとって，材料の買出し，調理，食卓の準備という食事の用意段階から，食事中，後かたづけに至るまでの過程が，食事を自分で考え，選ぶことができるようになる能力を体験しながら学ぶ場である。家族そろっての食事は，精神的・身体的健康の正常化，家族のコミュニケーションの正常化に寄与する。各家庭の固有の味や，伝統の味，食習慣，食文化などを伝える場としても家族が揃う食卓は重要な意味をもっている。

④ 伝統料理や郷土料理

　料理には，地域ごとに育まれた伝統料理や郷土料理がある。伝統料理とは，

表 3-4 人生の儀式と食の習わし

誕　　生	お食い初め(赤飯, お膳に小石を並べる, 健やかに成長することを願う)
雛祭り (3月3日)	人形を飾り, 白酒, 菱餅, 桃の花などを備え, 女の子の幸福を祈る
端午の節句 (5月5日)	男の子の節句で, 邪気をはらうために, 菖蒲やヨモギを軒にさし, ちまきや柏餅を食べ, 鯉のぼりを立て, よろい, かぶと, 刀剣等を飾って, 子の成長を祝う。
七五三 (11月15日)	子どもの成長を祈る祝い。祝儀の膳には, 本膳は, 7菜, 2の膳は5菜, 3の膳は3菜をつける
初　　潮	赤色のご飯
結　　婚	引き出物(鰹節, 焼いた鯛, 鯛の形をした落雁など)。結納(するめ, 昆布, アワビ(のし鮑))。祝い膳(祝儀肴, 八寸, 座付き椀, 焼き物, 蒸し物, 油もの, 酢の物, 止め椀, 公のもの, 赤飯, 水菓子)。
長寿の祝い	酒
葬　　式	精進料理, 塩

出所: 中村・田中, 2007, 143頁。

表 3-5 季節ごとの行事などに関連する料理と食べ物

季節	料理と食べ物
正月	鏡餅, 屠蘇, 雑煮, 餅, おせち
春	七草粥, 節分(豆まき), 彼岸(ぼた餅)
夏	七夕(素麺), 土用の丑の日(うなぎ), 中元
秋	月見(団子), 新嘗祭
冬	冬至(かぼちゃ, こんにゃく)
年の瀬	年越し蕎麦

出所: 中村・田中, 2007, 142頁。

伝統的な年中行事や人生儀礼と結び付いた食の習わし(表3-4)や, 季節ごとの行事などに関連する食べ物(表3-5)などである。これらは, 現代社会において, 生活にゆとりと食事の文化を大切にするために必要な料理である。魚や野菜には, 旬があり, 季節感を表す役割をしている。人生の儀式においては喜びや祝福を伝え, 成長を祝うなどの意味が込められている。さらにこれらの料理を作り, 共に食べることは, 親から子への食文化伝承の役割をも果たす。

(2) 食事のマナー

楽しく食事をするには, 箸や器の持ち方, 食べる速さ, 食事のあいさつ, 会話等, 食事マナーへの配慮が必要である。食事マナーとは, ①見た目の美しさ

(姿勢を良くする，肘をつかない，箸を正しく持つ），②他人への配慮（ゲップをしない，さじやフォークの音を立てない，音を立てて飲食しない，口にものを入れてしゃべらない，周囲と食べる速さを合わせる），③健康管理（良く噛む，食べ残さない，食べる前に手を洗う），④倫理性（食器を片づける，挨拶をする）などに分類できる。

　食事マナーは，時代とともに変容するが，食卓は，家族のコミュニケーションを図る場であり，見た目の美しさや他人への配慮を小さい時から習慣づけるとよい。

① 箸と茶碗の持ち方

　箸と茶碗の持ち方を図3-8に，箸使いのタブーを表3-6示した。箸は右手で上からとり，左手を下から添え右手に持ち替える。持った形は中指を2本の箸の間に入れ，親指，人差し指，中指で1本の箸を自由に動かし，親指の付け根と薬指とで他の1本を固定し，両方で自由に動かして使う。茶碗は，4本の指を揃えて糸底に当て，親指を軽く縁にかけるように持つ。

② 食 べ 方

　飯椀は左手に持ち，右手に箸を持って，姿勢をまっすぐにして食べる。飯椀や汁椀は，手に持って食べる。また，汁の落ちるものも器をもって食べる。

　日本型の食事は，ご飯とおかずという形式を特徴としているため，ご飯とおかず（主菜や副菜）を交互に食べて，「口中調味（ご飯が口の中でおかずの味と混ざり合った食べられること）」する場合が多い。最近では，おかずをそれだけで食べる「棒食い」や「一品食べ」，あるいは，同じものばかり続けて食べる「ばっかり食べ」のような食べ方がみられる。しかし，これらは，和食のマナーとして行儀が悪い食べ方である。ご飯とおかずを交互に食べ，最後にすべてが同じ歩調で終わるようにするのがよい。また，必要な分だけをとるなど，残さないようにする工夫も大切である。なお，国によってマナーは異なるので，洋食や中華は，和食とは異なるマナーが必要となる。

③ 挨　拶

　「いただきます」「ごちそうさま」の挨拶は，食事ができること，生産者，料理をした人へ感謝の心を表すことである。「いただきます」とは仏教の教えか

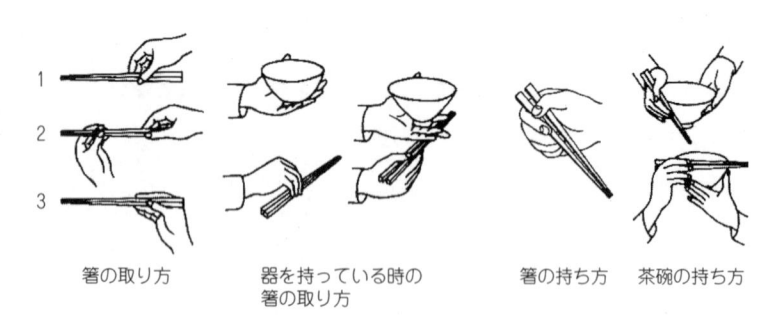

1			
2			
3			
箸の取り方	器を持っている時の箸の取り方	箸の持ち方	茶碗の持ち方

図3-8 箸と茶碗の持ち方

出所：早坂，2006，18頁。

表3-6 タブーな箸使いの例

移り箸	「菜の菜」ともいう。おかずを一口食べたら，その次にはご飯を食べずに，おかずからおかずに箸をつけること
菜越し	おかずを持ち出された順に食べずに，前にある皿を越して，向こうにあるおかずに箸をつけること
まどい箸	おかずを食べるのに，これと定めずに，あれこれと箸をつけ，迷いうろたえること
箸なまり	ひとつのおかずをいつまでも食べ，拉致の明かないこと
もろおこし	食べ始めのときに，お椀と箸を一度に手に取ること
ちょうぶく箸	食べ終わって箸を置くときにそれを逆に置くこと
よこ箸（もぎり箸）	箸についたご飯やおかずを箸を横にして口で舐めること
うら箸（かし箸）	食べようと箸をつけながら止めること
さぐり箸	食器の中に，何か自分の好物はないかと箸で探ること
にぎりこ箸	箸についたものを，片一方の箸で取り除くこと
込み箸	口にいっぱい料理を箸で押し込むこと
膳なし箸	膳の向こうにあるおかずを器に取らないで食べること
もじ箸	煮物などを膳の上で箸を使い，ほじって食べること
刺し箸	食べ物にお箸を突き刺すこと
寄せ箸	遠くにある器をお箸で引き寄せること
涙箸	お箸から汁気をたらすこと
突き立て箸	ご飯にお箸を突き立てる
かみ箸	箸の先を嚙む

出所：中村・田中，2007，147頁をもとに作成。

らきている言葉で，食べ物として供された動物や植物の命をいただき，そのおかげで，人間は，命をつないでいるのである。

第3章　日常の食事と調理の基礎

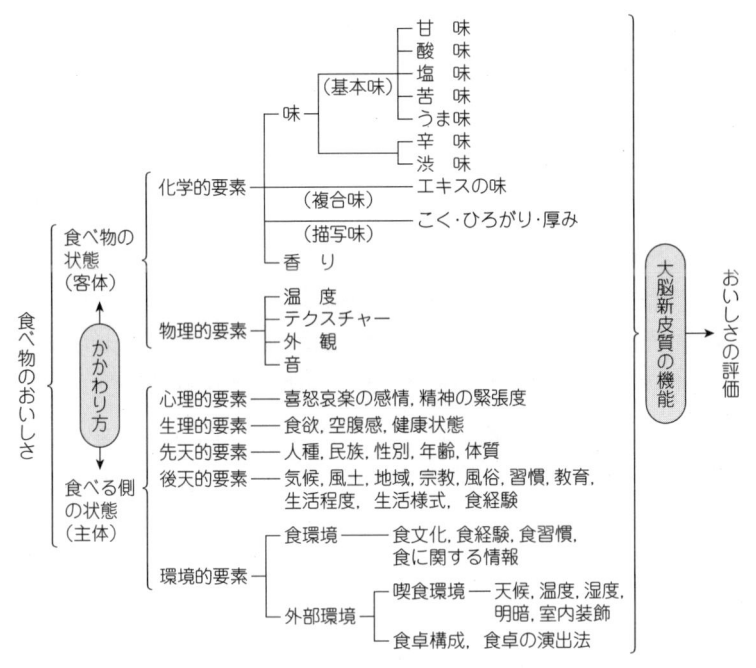

```
                                          ┌─ 甘　味
                                          ├─ 酸　味
                                 ┌(基本味)─┼─ 塩　味
                                 │        ├─ 苦　味
                           ┌─ 味 ┤        └─ うま味
                           │     │        ┌─ 辛　味
                           │     │        └─ 渋　味
                ┌ 化学的要素┤     ├(複合味)── エキスの味
                │          │     │
        ┌食べ物の│          │     └(描写味)── こく・ひろがり・厚み
        │ 状態  │          └─ 香　り
        │(客体) │          ┌─ 温　度
        │      │          ├─ テクスチャー
        │      └ 物理的要素┤
        │                 ├─ 外　観
        │                 └─ 音
 食べ物の│  かかわり方
 おいしさ│          ┌─ 心理的要素 ── 喜怒哀楽の感情, 精神の緊張度          → 大脳新皮質の機能 → おいしさの評価
        │          ├─ 生理的要素 ── 食欲, 空腹感, 健康状態
        │          ├─ 先天的要素 ── 人種, 民族, 性別, 年齢, 体質
        │          ├─ 後天的要素 ── 気候, 風土, 地域, 宗教, 風俗, 習慣, 教育,
        │食べる側の│                生活程度, 生活様式, 食経験
        └ 状態    │          ┌─ 食環境 ── 食文化, 食経験, 食習慣,
          (主体) │          │           食に関する情報
                 └ 環境的要素┤          ┌─ 喫食環境 ── 天候, 温度, 湿度,
                            └─ 外部環境┤              明暗, 室内装飾
                                       └─ 食卓構成, 食卓の演出法
```

図3-9　食べ物のおいしさが成立する要素

出所：川端晶子「食の感性哲学――美味礼讃と無味礼讃」『調理科学会誌』35(3)，2002年，317-324頁。

（3）　食物のおいしさ

　食物や食事は，生命維持や健康ばかりでなく，団らんや楽しみも食事の目的であるので，季節にあった献立や，食器も料理を引き立てるものを選び，食卓に花を添えるなどして，楽しい食事のできる工夫も必要である。

　とりわけ，食物においてはおいしいことが，最も大切なことである。おいしさは，舌で感じる塩辛い，甘い，すっぱい，苦い，旨みの5基本味と，におい，色，口触りや温度，さらに，食べる人の，空腹，疲労，年齢などの身体や心理状態，その場の雰囲気や気候状況，過去の経験や習慣，情報，食文化などが，おいしさに影響する（図3-9）。

3　栄養を考えた食事

(1)　日常生活における食物や栄養の意義

　人間にとって食物や栄養の意義を広義でとらえると，個人の食事・栄養にとどまらず，生物が生存するために不可欠な自然環境（宇宙の果てから身近な自然環境），社会の機構や働き，家族や仲間集団との関係，個の身体や心理的作用，身体の代謝，細胞の構造や機能など多義にわたっている。これらは食物や栄養としてさまざまな影響を人間に及ぼしながら人間の健康を高める機能を発揮している。すなわち，栄養とは，すべての生活活動を営む現象をいう。

　狭義では，栄養とは食物を通して人間の健康度を高めることであり，食物の意義は，①生命を維持し，成長し，活動を営むために必要なエネルギーを供給するもの，②成長に必要な成分，組織の消耗を補充するために必要な成分を供給するもの，③からだの働きを調整し，代謝を円滑に行うのに必要な成分を供給するもの，④嗜好を満足させて生活を豊かにするのに役立つものである。

　したがって，栄養素とは，わたしたちが生きていくために必要とされる食物中の成分のことをいう。食べ物の中に含まれているのは，「栄養」ではなく，「栄養素」である。

(2)　人体の構成

　人は，食物を摂取することによって，たんぱく質，脂肪，無機質，糖質，ビタミンなどの栄養素を取り入れる。これらの各栄養素はおもに，炭素，水素，酸素，窒素の4種の元素で成り立っており，種々の化学物質の形で体組織を維持している。人体を構成する元素（表3-7）は，炭素，水素，酸素，窒素の4種が全体で96％を占める。しかし，毎日の食事は多くの食品を組み合わせたものであり，その栄養素の組成と人体の構成成分とはかなりの違いがある。

(3)　栄養素の種類と働き

　食品中の栄養素は，体内で消化・吸収後，それぞれ重要な働きをする。その

表3-7 人体を構成する必須元素とその割合

元素	割合（%）	元素	割合（%）
酸　素(O)	65	塩　素(Cl)	0.15
炭　素(C)	18	ナトリウム(Na)	0.15
水　素(H)	10	マグネシウム(Mg)	0.05
窒　素(N)	3	鉄(Fe)	0.004
カルシウム(Ca)	1.5～2.2	マンガン(Mn)	0.00004
リ　ン(P)	0.8～1.2	ヨウ素(I)	0.00004
カリウム(K)	0.35	コバルト(Co)	微量
硫　黄(S)	0.25	亜　鉛(Zn)	微量

出所：荒川・大塚，2000，37頁。

働きは大きく分けて①エネルギーを供給する（熱量素），②体構成成分となる（構成素），③体内の物質代謝を円滑に調節する（保全素）などの三つに分けられる。炭水化物，脂肪，たんぱく質は三大栄養素と呼ばれ，三つの働きのいずれにもそれぞれ何らかの関与をしている（図3-10）。

① 炭水化物

炭水化物とは，糖質と食物繊維の総称である。

〈糖質〉

糖質は1gあたり4キロカロリーのエネルギーを生成する。成人は体温維持や日常生活活動のエネルギー源として，1日2,000キロカロリー（8,368キロジュール）前後を消費する。平成20年国民健康・栄養調査結果によると，現在の日本人の食事の炭水化物エネルギー比率は60.4％という状況にある。

一方，人体内にある炭水化物は極端に少なく，体重の0.5％にすぎない。つまり摂取した糖質の約半分は，エネルギー源となるが，残りは脂肪に合成されて蓄えられ，必要に応じてエネルギー源として利用されている。体内の糖質は，血糖としてブドウ糖の形で血液中に，またブドウ糖が多数結合したグリコーゲンの形で肝臓や筋肉中にある。血糖は常にほぼ一定の範囲80～110mg／dLの濃度に保持され，血流によりからだのすべての細胞に運ばれエネルギー源として利用される。糖質の過剰摂取は肥満の原因となるが，摂取不足も糖質代謝が円滑にできなくなったり，エネルギー源としてたんぱく質が消費され，たんぱく質の合成が阻害されたりするので糖質の適量摂取は大切であ

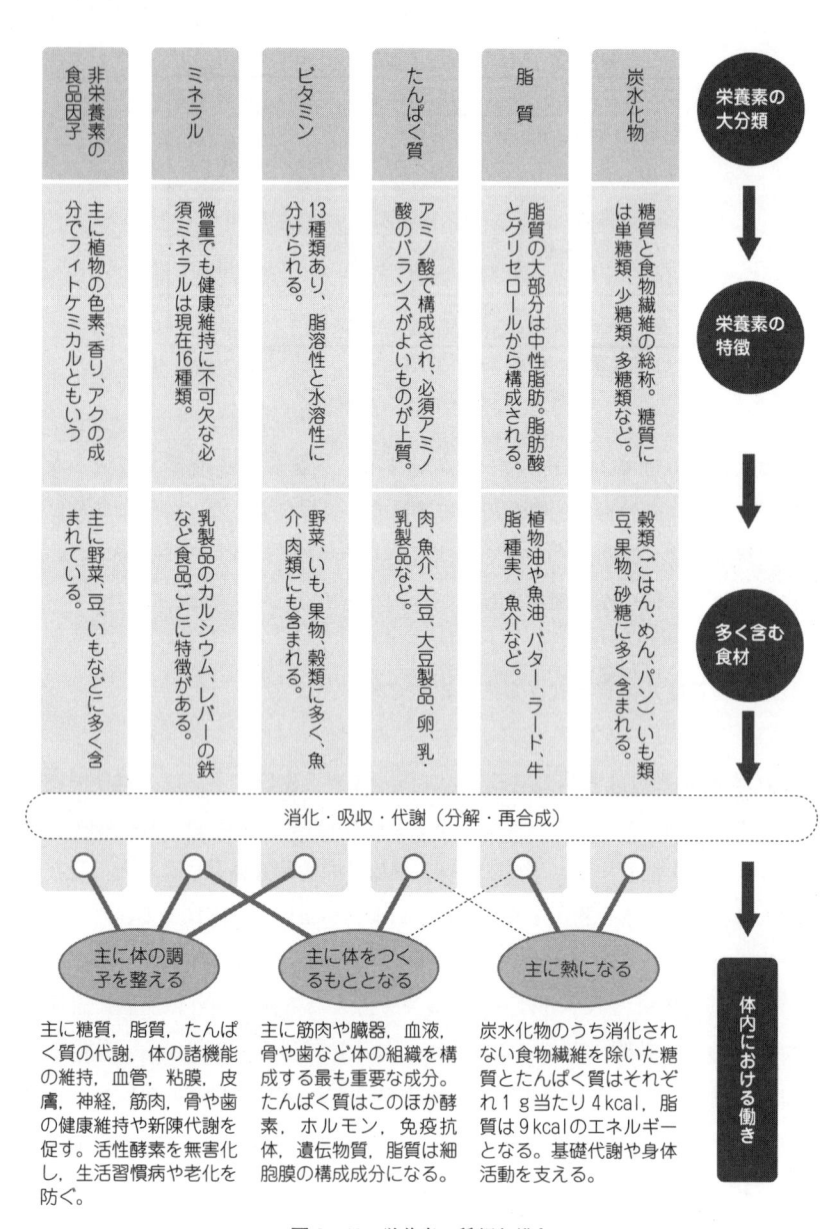

栄養素の大分類	栄養素の特徴	多く含む食材	体内における働き
炭水化物	糖質と食物繊維の総称。糖質には単糖類、少糖類、多糖類など。	穀類(ごはん、めん、パン)、いも類、豆、果物、砂糖に多く含まれる。	炭水化物のうち消化されない食物繊維を除いた糖質とたんぱく質はそれぞれ1g当たり4kcal、脂質は9kcalのエネルギーとなる。基礎代謝や身体活動を支える。(主に熱になる)
脂質	脂質の大部分は中性脂肪。脂肪酸とグリセロールから構成される。	植物油や魚油、バター、ラード、牛脂、種実、魚介など。	
たんぱく質	アミノ酸で構成され、必須アミノ酸のバランスがよいものが上質。	肉、魚介、大豆、大豆製品、卵、乳、乳製品など。	主に筋肉や臓器、血液、骨や歯など体の組織を構成する最も重要な成分。たんぱく質はこのほか酵素、ホルモン、免疫抗体、遺伝物質、脂質は細胞膜の構成成分になる。(主に体をつくるもととなる)
ビタミン	13種類あり、脂溶性と水溶性に分けられる。	野菜、いも、果物、穀類に多く、魚介、肉類にも含まれる。	主に糖質、脂質、たんぱく質の代謝、体の諸機能の維持、血管、粘膜、皮膚、神経、筋肉、骨や歯の健康維持や新陳代謝を促す。活性酵素を無害化し、生活習慣病や老化を防ぐ。(主に体の調子を整える)
ミネラル	微量でも健康維持に不可欠な必須ミネラルは現在16種類。	乳製品のカルシウム、レバーの鉄など食品ごとに特徴がある。	
非栄養素の食品因子	主に植物の色素、香り、アクの成分でフィトケミカルともいう。	主に野菜、豆、いもなどに多く含まれている。	

消化・吸収・代謝(分解・再合成)

図3-10 栄養素の種類と働き

出所:吉田・松田, 2008, 37頁。

る。

　脳や神経組織ではエネルギー源としてブドウ糖しか利用できないので，血糖の極端な低下は脳細胞の機能停止を意味する。また，血糖値が低下すると摂食中枢が刺激され食欲が生じ，食べ始めて摂取により血糖値が上昇すると，満腹中枢が刺激されて満腹感を生じ，食べるのをやめるなどの食物摂取に関する調節の役割も果たしている。

　日常，摂取する炭水化物のうち，最も多いものは，でんぷんで，次いでショ糖である。ショ糖はでんぷんと比べ，①血液中の脂質（中性脂肪やコレステロール）が上昇しやすい，②肝臓での脂肪の蓄積が多くなりやすい，③虫歯が発生しやすいなどが特徴としてあげられる。

〈食物繊維〉

　食物繊維とは「人の消化酵素では消化されない食物中の難消化成分」と定義されている。繊維はエネルギー源にはならない。食物繊維には水溶性繊維と不水溶性繊維があり，その栄養効果は一般に水溶性繊維のほうが有効であるといわれる。食物繊維の効果は咀嚼回数の増加による唾液の分泌の促進，吸水膨潤し容積が増加することによる満腹感の持続・腸内通過時間の短縮，それに伴う摂取エネルギー量の抑制・糖質の吸収の遅延・インスリンの必要量の節約，腸内細菌の増殖を促し排便回数を増加させることにより大腸がんの発生を抑制するなどである（表3-8）。生成した水溶性食物繊維あるいは難消化吸収性の小糖類や糖アルコールを一時に多量に摂取した場合には，一過性の下痢や軟便などの不快な状況になることもある。

　また，水溶性食物繊維を多量に摂取するとビタミンやミネラルなどの吸収を阻害する。したがって，1回の摂取量は指示量を遵守する必要がある。食事摂取基準（2010年度版）の食物繊維の目標摂取量は，成人としては男性19g/日以上（女性は17g/日以上）を目安とする。

② 脂　質

　脂質とは，単純脂質（脂肪など），複合脂質（リン脂質，糖脂質），誘導脂質などのことである。栄養学的には脂質と脂肪は同じ意味で使用されることが多い。脂質は，細胞膜の主要な構成成分であり，エネルギー算生の主要な基質で

表3-8 食物繊維を多く含む食品および食物繊維の効果

食物繊維		多く含む食品	効　果
不溶性	セルロース	緑黄色野菜，リンゴ，小麦ふすま，おから	保水性が強く，消化管の水分を吸収して，便の量を増す。腸を刺激する。腸内の有害物質を吸着して体外へ排出する。便秘，大腸憩室，大腸がんの予防
	ヘミセルロース	野菜，小麦ふすま，おから	
	リグニン	リンゴ，洋ナシ	
	キチン・キトサン	エビやカニの殻	
水溶性	ペクチン	リンゴ，オレンジ，ニンジン，おから	粘度が高いので，消化管を通過する時間が長くなり，小腸での糖分の吸収を遅らせ，急激な血糖上昇を抑制する。コレステロールや胆汁酸の吸収を阻害する。血圧上昇を抑制する。多量摂取はビタミン，ミネラルの吸収を阻害する
	ヘミセルロース	野菜，小麦ふすま，おから	
	アルギン酸	褐色の海藻（昆布やわかめ）	
	グルコマンナン	こんにゃくいも，ヤマイモ	

出所：加藤秀雄・三好康之・鈴木公・和田公美子『丸ごと学ぶ食生活と健康づくり』化学同人，2009，6頁を一部改変。

表3-9 脂肪酸の種類とその主な所在

	名　称	二重結合数	炭素数	主な所在	n系列
飽和脂肪酸	酪酸	0	4	バター・ヤシ油	
	カプロン酸（ヘキサン）	0	6	バター・ヤシ油	
	カプリン酸（デカン酸）	0	8	バター・ヤシ油	
	ラウリン酸	0	10	ヤシ油・鯨油	
	ミリスチン酸	0	12	ヤシ油・落花生油	
	パルミチン酸	0	14	豚脂・牛脂	
	ステアリン酸	0	16	豚脂・牛脂	
不飽和脂肪酸	オレイン酸	1	18	魚油・植物油	n-9系
	リノール酸	2	18	ごま油・大豆油	n-6系
	リノレン酸	3	18	菜種油などの植物油	n-3系
	アラキドン酸	4	20	肝油	n-6系
	イコサペンタエン酸	5	20	魚介類	n-3系
	ドコサヘキサエン酸	6	22	魚介類	n-3系

出所：荒川・大塚，2000，20頁。

ある。1gにつき9キロカロリーを生成し，炭水化物やたんぱく質に比べ効率のよいエネルギー貯蔵物質である。

　人体内の脂質のうち単純脂質は，脂肪組織として皮下や臓器の周囲を取り巻き，臓器の保護や，寒冷時の体温保持などの役割を果たしつつ，エネルギー貯蔵体として機能している。複合脂質の中のリン脂質はリポたんぱく質として，

細胞膜，脳・神経組織などの構成成分として存在する。誘導脂質は，ホルモンの合成材料となる。なかでもコレステロールは，細胞膜の成分として重要である。しかし，血液中のコレステロールが多くなり，血管壁にたまると動脈硬化や虚血性心疾患の原因になるので脂肪の摂取量には十分な注意が必要である。

　脂肪はグリセリンに1～3の脂肪酸が結合したものである。脂肪酸の種類とその主な所在を表3-9に示す。脂肪酸の分子内に二重結合がないものを飽和脂肪酸，あるものを不飽和脂肪酸という。不飽和脂肪酸には二重結合を1個持つ一価不飽和脂肪酸と，2個以上持つ多価不飽和脂肪酸がある。多価不飽和脂肪酸の中で魚類に含まれるエイコサペンタエン酸（EPA）やドコサヘキサエン酸（DHA）は，血液の凝固を防ぐ作用があり，血栓予防などの作用がある。リノール酸，リノレン酸およびアラキドン酸，EPA，DHAは，人の発育やからだの機能を正常に保つために必要な成分であるが，体内で生合成できない必須脂肪酸（不可欠脂肪酸）であるため，食品から摂取しなければならない。

　なお，食事摂取基準（2010年度版）で示された脂肪エネルギー比率（脂質の総エネルギー占める脂肪エネルギーの比率）の適正範囲は，20％以上30％未満（30歳以上の人では20％以上25％未満）である。

③ たんぱく質

　からだを作っている成分の中で，大きな比重を占め，骨，つめ，毛などの硬い組織部分や，筋肉，神経，血液，内臓を作るために重要な栄養素である。また，体内の新陳代謝に重要な役割を果たす，酵素やホルモン，遺伝子などもたんぱく質からできている。これらのたんぱく質は常に新しく取り替えられながら体を維持しており，必要に応じて，複雑な分解過程を経て，糖質や脂質と同様にエネルギー源ともなりうる。1gあたり4キロカロリーのエネルギーを生成する。

　たんぱく質の基本単位はアミノ酸で，アミノ酸だけから構成された単純たんぱく質とアミノ酸以外の成分を含む複合たんぱく質や誘導たんぱく質がある（表3-10）。たんぱく質を構成するアミノ酸は約20種類あり，そのうち体内で合成できないアミノ酸を必須アミノ酸（不可欠アミノ酸），合成できるアミノ酸を非必須アミノ酸（可欠アミノ酸）という（表3-11）。9種類の必須アミノ酸

表3-10 たんぱく質の分類と性質，主な所在

種　類	性　質	主な所在
単純たんぱく質		
アルブミン	水溶性，熱凝固	卵白，乳汁，筋肉
グロブリン	水に不溶，熱凝固	アルブミンと共存
ルテリン	水に不溶，アルカリに可溶	小麦（グルテン），米（オリゼリン）
プロラミン	水に不溶	トウモロコシ（ツェイン），小麦（グリアジン）
硬たんぱく質	不溶	骨（コラーゲン），毛（ケラチン）
複合たんぱく質		
リンたんぱく質	リン酸を含む	乳汁（カゼイン），卵黄（レシチン）
核たんぱく質	核散を含む	細胞核
糖たんぱく質	糖質を含む	唾液，消化液
色素たんぱく質	色素を含む	血液（ヘモグロビン），筋肉（ミオグロビン）
リポたんぱく質	脂質を含む	血漿
誘導たんぱく質		
ゼラチン	コラーゲンの変成したもの	牛，豚の骨や皮

出所：川端・和田，2004，3頁．

表3-11 アミノ酸の種類

必須アミノ酸	非必須アミノ酸
ヒスチジン	アルギニン
イソロイシン	グリシン
ロイシン	アラニン
リジン	セリン
メチオニン	シスチン
フェニルアラニン	チロシン
スレオニン	アスパラギン
トリプトファン	グルタミン酸
バリン	プロリン

出所：川端・和田，2004，33頁．

は，食物から取り入れる必要がある。

人体でたんぱく質が合成されるには必須アミノ酸がすべて適切な量的比率で含まれることが必要である。食品中の一番不足している必須アミノ酸を「第一制限アミノ酸」と呼び，これがたんぱく質の栄養価を決定する（図3-11）。良質でないたんぱく質は，必須アミノ酸のうちひとつあるいはいくつかが量的に少なく，バランスが悪い。しかし，そのようなたんぱく質でも，その少ないアミノ酸や，そのアミノ酸を豊富に含む他のたんぱく質を同時に取ると，必須アミノ酸のバランスが改善されて栄養価が高くなる。実際の食事には数種類のたんぱく質が含まれているので，それぞれのタンパク質中の必須アミノ酸を，互いに補足しあっているものと考えられる。したがって，たんぱく質の栄養価の低い食品は，その食品の制限アミノ酸を多く含む食品と組み合わせることによってたんぱく

第3章 日常の食事と調理の基礎

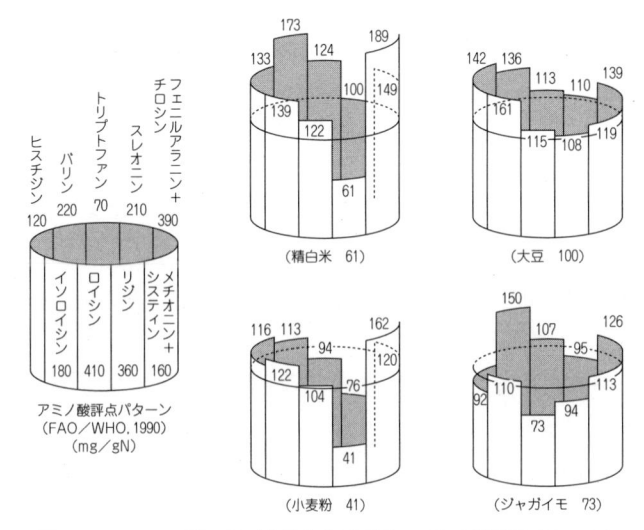

図3-11 アミノ酸の桶（食品たんぱく質のアミノ酸評点パターン）
出所：川端・和田，2004，33頁。

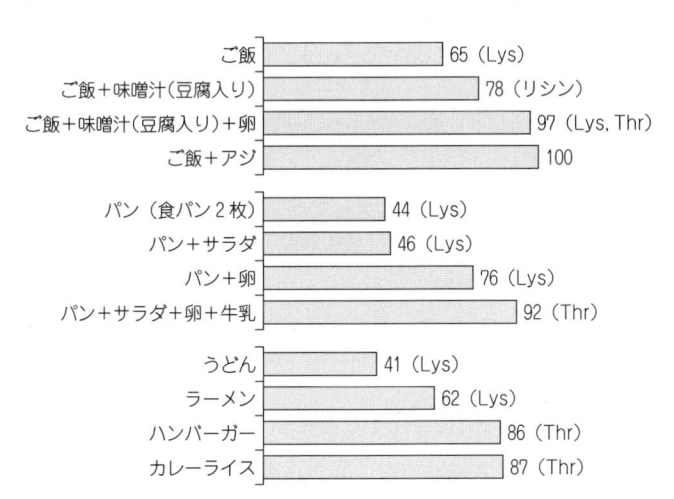

料理	アミノ酸価
ご飯	65（Lys）
ご飯＋味噌汁（豆腐入り）	78（リシン）
ご飯＋味噌汁（豆腐入り）＋卵	97（Lys，Thr）
ご飯＋アジ	100
パン（食パン2枚）	44（Lys）
パン＋サラダ	46（Lys）
パン＋卵	76（Lys）
パン＋サラダ＋卵＋牛乳	92（Thr）
うどん	41（Lys）
ラーメン	62（Lys）
ハンバーガー	86（Thr）
カレーライス	87（Thr）

図中の数字と（　）内のアミノ酸名は，アミノ酸価および第一制限アミノ酸名を示す。
Lys：リジン，Thr：トレオニン

図3-12 食品の組み合わせによるたんぱく質栄養価の改善
資料：加藤秀雄・三好康之・鈴木公・和田公美子『まるごと学ぶ食生活と健康づくり』
化学同人，2000年，15頁を一部改変。

63

質の栄養価を改善できる（図3-12）。

④ ビタミン

　ビタミンは，炭水化物や脂質，たんぱく質の働きとは異なり，これらの栄養素を体内で利用する際の反応の調節や，生体膜を正常に保つ作用など，代謝反応で潤滑油のような働きを行う成分である。ビタミンは極微量で働くが，一般には動物体内では合成されないため，食品から摂取しなければならない。ビタミンは現在約20種知られている。主なビタミンの種類とその働きを表3-12に示した。

　ビタミンは，水，油への溶解性によって脂溶性ビタミンと水溶性ビタミンに分けられる。脂溶性ビタミンはA，D，E，Kの4種類がある。その特徴は脂肪に溶け，脂肪と共に吸収され肝臓や脂肪組織に蓄積され，調理時の損失は少ない。体内に蓄積されることから過剰症に注意をする必要がある。

　水溶性ビタミンは，ビタミンB群（ビタミンB_1，ビタミンB_2，ナイアシン，パントテン酸，ビオチン，ビタミンB_6，葉酸，ビタミンB_{12}）とビタミンCの9種である。その特徴は，水に溶け，調理時の損失が大で，体内にはほとんど蓄積されない。ビタミンB群のほとんどは体内で活性型となり，酵素反応の補酵素として働く。

　水溶性ビタミンCと脂溶性ビタミンは，高次の生理機能物質としてさまざまな作用をしている。水溶性ビタミンは尿中に排泄されるので，毎日必要量を摂取しなければならないが，過剰症はあまりないと考えられている。しかし，最近ではサプリメント（栄養補助食品）などのビタミン強化食品やビタミン製剤からの多量摂取も無視できない。

　体内で変化を受けてビタミンに変化する物質をプロビタミンと呼ぶ。緑黄色野菜などに含まれるカロテンは，体内に取り込まれた後変換されてビタミンAとしての生理作用を有するのでプロビタミンAという。また，しいたけやきくらげなどに含まれるエルゴステロールや皮膚組織にある7—デヒドロコレステロールは日光の紫外線を受けるとビタミンDに変化するのでプロビタミンDという。

第3章 日常の食事と調理の基礎

表3-12 ビタミンの種類とその働き

脂溶性ビタミン

名称（別名）	性　質	生理作用	欠乏症状（●）・過剰症（★）	主な給源
ビタミンA（レチノール）	・紫外線により分解。酸素により酸化分解されやすい ・プロビタミンA（β-カロテン）は動物体内でカロテナーゼによりAに変化	・発育を促進する ・上皮細胞（皮膚、粘膜）の生理に関係し、健康を維持する ・それにより細胞に対する抵抗力を増す	●発育が遅れる ●伝染病、呼吸器病等に対する抵抗力が弱くなる ●乾燥性眼炎・角膜軟化症・夜盲症 ★急性中毒（脳脊髄液圧上昇）慢性中毒（脱毛、筋肉痛）	緑黄色野菜、レバー、卵黄、うなぎ、うに、バターなど
ビタミンD（カルシフェロール）	・加熱や酸化によって分解しにくい ・プロビタミンDとしてエルゴステロールや7-デヒドロコレステロールがあり、紫外線によりD₂やD₃に変化	・カルシウムとリンの吸収をよくする ・血液中のリン量を一定にする ・骨や歯にリン酸カルシウムの沈着を促し、丈夫にする	●小児ではクル病、成人では骨軟化症になる。骨粗鬆症。 ●虫歯ができやすくなる ★高カルシウム血漿、腎障害、軟組織の石灰化障害	肝油、レバー、卵黄、バター、青み魚、干ししいたけ
ビタミンE（トコフェロール）	・熱、光、酸素により分解しにくい ・水にとけず、油脂に溶解しやすい	・筋肉の委縮を防ぎ、働きを良くする ・ビタミンAと共存するとその酸化を防ぐ ・老化防止に効果がある	・胎児の栄養吸収の悪化 ・肝壊死、脳軟化症など	小麦胚芽油、卵黄、バター、豆類、種実類、緑黄色野菜
ビタミンK（フィロキノンなど）	・光により分解しやすい ・水に溶けず、油脂に溶解しやすい	・血液の凝固に必要な血液中のプロトロビンが、肝臓で作られる時必要である	・血液の凝固性が減じ、出血しやすくなる	キャベツ、ほうれん草、レバー

水溶性ビタミン

名称（別名）	性　質	生理作用	欠乏症状	主な給源
ビタミンB₁（チアミン）	・加熱によって、中性・アルカリ性では分解しやすく、酸性では安定。紫外線で分解	・糖質代謝に関係する ・消化液の分泌を促進し、食欲を増進する ・神経の働きを調整する	・食欲減退、消化不良、体重減少。疲労倦怠感が強い。 ・心臓肥大、血液異常、かっけ	大豆、落花生、レバー、卵黄、魚卵、豚肉
ビタミンB₂（リボフラミン）	・油脂に溶けず、水に溶けにくい。アルカリ性では、こわれやすい ・中性・酸性では熱に強く、酸化剤に安定	・発育に不可欠 ・細胞内の物質代謝に関係する	・舌炎・口唇炎・口角炎（皮膚粘膜移行部の炎症） ・脂肪の吸収低下	イースト、レバー、卵、チーズ、粉乳、葉菜類
ナイアシン	・温湯に溶ける。熱に強く、酸や酸化にも強いが、アルカリに不安定	・細胞内の物質代謝に関係する	・ペラグラ（症状は皮膚炎・下痢・痴呆など）	イースト、レバー、肉類、魚介類、豆類
ビタミンB₆（ピリドキシン）	・酸性で安定。中性、アルカリ性では光により分解 ・水・アルコールに溶けやすい	・体内のたんぱく質や必須脂肪酸の利用 ・中枢神経系の働きに必要 ・皮膚の健康保持	・皮膚炎、虫歯ができやすい。 ・小児の場合、痙攣	イースト、レバー、肉、魚、大豆、卵類
ビタミンB₁₂（シアノコバラミン）	・水やアルコールには溶けやすく、アセトン・エーテルには溶けない ・熱には壊れにくい	・抗貧血作用がある ・たんぱく質や核酸の体内合成に関係し、成長促進・肝臓疾患予防に効果がある	・貧血	レバー、貝類、チーズ、肉類、卵黄
葉酸（プテロイルグルタミン酸）	・水・有機溶媒に溶けない。熱湯にわずかに溶ける ・酸やアルカリに溶ける	・ヘモグロビンや核酸の生成に不可欠 ・腸内粘膜の機能を正常にする	・貧血・舌炎・口内炎・腸炎・下痢	レバー、小麦、チーズ、卵黄
パントテン酸	・水・アルコールに溶け、エーテルに溶けにくい。 ・酸・アルカリ・熱で分解しやすい	・熱量素の代謝に関係する ・解毒作用がある ・性ホルモンの生成に関係する	・栄養障害、四肢の激痛、動悸、悪心、頭痛	イースト、レバー、卵、チーズ、豆類、葉菜類
ビタミンC（アスコルビン酸）	・水に溶けやすい、熱に不安定、酸性液ではやや安定 ・紫外線や銅、鉄などの金属イオンにより分解しやすい	・コラーゲンの生成を増し、細胞間の結合組織を強化 ・病気に対する抵抗力を増す	・壊血病、皮下出血・骨折不全、貧血・成長不良	野菜、果物、いも類

出所：教育図書『栄養計算CD-RM付五訂増補ヘルシーデータ食品成分』教育図書，2009年，218頁。

⑤ 無機質（ミネラル）

　無機質は，骨や歯の構成成分，体液の浸透圧の調節，体液の酸・アルカリ平衡の維持，筋肉収縮，神経刺激の伝達，酵素の活性化，血液凝固，ヘモグロビンの生成などの働きをもつ。体内の無機質の種類とその働き，供給源食品などについては表3-13に示した。無機質は，体内で合成できないので食品として摂取しなければならない。大量に摂取した場合は毒性を有し，特にセレン，銅，ひ素のような無機質は少量でも毒性がある。一般に微量元素の場合には適正レベルの範囲が狭く，必要レベルと毒性レベルが接近しているので注意を要する。それゆえなるべく天然の食品から摂取することが望ましく，偏食をしなければ不足することはない。

カルシウム：カルシウムは国民健康・栄養調査においても長年不足している栄養素である。体重の1〜1.5％を占め，そのうち99％が骨と歯に，残りは血液中や筋肉，神経などに存在する。血液中のカルシウム濃度はホルモンによって10mg／100mLに調節されており，低下すると小腸からの吸収を高めたり，骨のカルシウムを溶かして補ったりする。食事からのカルシウムの吸収は，体の必要度に応じて調節され，成長期や妊娠・授乳期，食事中の濃度が少ないときなどには，吸収率が高くなる。その調節にはビタミンDがかかわっている。また乳糖などはカルシウムの吸収を促進し，一方，穀類中のフィチン酸や野菜のシュウ酸は，不溶性のカルシウム塩を作り，カルシウムの吸収を阻害する。成長期に不足すると骨の発育が不十分で成長が悪くなる。高齢者に多い骨粗鬆症の予防には若いときから十分なカルシウムを摂取して骨量を多くしておくことが大切である。

鉄：人体内の鉄の70％は赤血球の色素のヘモグロビン中にある。筋肉中にも肉の色素のミオグロビンの構成成分として，また，肝臓，ひ臓，骨髄には貯蔵鉄として存在する。鉄の体内量は排泄によってではなく吸収によって調節され，体内の鉄は無駄に捨てられることなく，効率よく利用されるが，長期にわたるダイエットや失血などが鉄不足の原因となっている。成長期は新しい体組織を作るのに多量の鉄が必要で，それをまかなうことができないと貧血となる。鉄の吸収率は低く10％くらいなので，摂取不足にならないよう毎日の食事に気を

表3-13 無機質の種類とその働き

名　称	人体内の所在	整理作用	欠乏症状(●)・過剰症(★)	主な給源
カルシウム(Ca)	・99%は、リン酸カルシウム・炭酸カルシウムとして、骨・歯の成分となっている。残りは血液・筋肉・神経などの組織にイオンとして含まれる	・骨・歯等の硬組織を作る ・血液の凝固作用に関係する ・心筋の収縮作用を増す ・刺激に対する神経の感受性を鎮静する ・酵素作用を活性化する	●十分に成長しない ●骨・歯が弱くなる(ビタミンDが不足すると、カルシウムの利用が悪くなり、欠乏症状を起こしやすい) ★泌尿器系、結石、他の無機質の吸収抑制 ★ミルクアルカリ症候群	いわし丸干し、煮干し、牛乳・乳製品(乳・乳製品に含まれるカルシウムは利用率が高い)、緑黄色野菜
リン(P)	・80%は、リン酸カルシウム・リン酸マグネシウムとして、骨・歯を作る ・残り20%は、体液、組織中に含まれる	・骨・歯などの硬組織を作る ・血液のpHや体液の浸透圧を調整する ・リン脂質・核酸の成分として働く ・補酵素となる ・糖質代謝を円滑に進める ・ATP等を作り、エネルギーを蓄える	●骨・歯が弱くなる ●骨折を起こしやすくなる (リンは日常食品中に十分含まれており、欠乏したり、不足したりすることはない)	加工食品、卵黄、するめ、煮干し
鉄(Fe)	・主に赤血球のヘモグロビン・筋肉のミオグロビンに含まれ、一部は全身の細胞に広く分布する	・ヘモグロビンの鉄は酸素の運搬に、ミオグロビンの鉄は血中の酸素を取り入れることに関係する ・ヘム酵素の合成に係る	●貧血になる ●疲れやすく、忘れっぽくなる ●乳児では発育が遅れる ★鉄の沈着症	レバー、卵、貝類、きな粉、納豆、煮干し、ほうれん草、のり
ナトリウム(Na)	・食塩・重炭酸塩・リン酸塩として体液中に含まれる	・筋肉・神経の興奮性を弱める ・血漿等細胞外液の浸透圧が一定に保たれるように調節する ・体液のアルカリ性を保つ ・筋肉の収縮や神経の興奮伝達にかかわる ・胆汁・腸液の材料となる	●長期に及ぶ欠乏の場合は、食欲が減退し、筋力が脱力し、倦怠、精神不安をきたす ●急激な欠乏の場合は、倦怠、めまい、無欲、失神等の状態となる ★慢性的な過剰摂取は高血圧になる	食塩、味噌、醤油、塩から、つくだ煮、ハム、パン
カリウム(K)	・リン酸塩として、あるいはたんぱく質と結合した形で細胞中にある	・心筋機能・筋肉機能を調整する・細胞内液の浸透圧やpHが一定に保たれるよう調節する	●知覚が鈍くなり反射が低下する	種実類、野菜類、海藻類
ヨウ素(ヨード)(I)	・甲状腺ホルモンの成分	・成長期にあるものの成長を促進する・成人では基礎代謝を高める	●甲状腺腫を引き起こす ★甲状腺腫、甲状腺機能亢進症	海藻類、海産物、乳製品、野菜類
マグネシウム(Mg)	・50-60%は骨に含まれる ・残りは血液、筋肉、脳、神経に存在する	・ATP、その他の分子の安定化 ・刺激による筋肉の興奮性を高める ・刺激による神経の興奮性を低める	●血管が拡張して過度に充血し、心悸亢進を引き起こす ●下痢 ●神経が興奮しやすくなる	穀類、種実類、海産物
マンガン(Mn)	・生体内組織、臓器に一様に分布	・骨、肝臓の酵素の作用を活性化する ・骨の生成を促進する	●骨が十分に発育しない ●糖脂質代謝等に影響	牛乳、豆類、肉類、酵母
亜鉛(Zn)	・歯、骨、肝臓、腎臓、筋肉にたんぱく質と結合して存在する	・亜鉛酵素による代謝 ・DNAの転写の調節	●皮膚炎 ●味覚障害 ●低アルブミン血症 ●成長障害 ●貧血、汎血球減少	魚介・海藻類、肉類、穀類、豆類
銅(Cu)	・筋肉・骨・血液に多い	・骨髄でヘモグロビンを作るとき鉄の利用を良くする ・神経伝達物質の代謝	●貧血、骨異常や脳障害を起こす ★急性中毒	レバー(生)、ココア、豆類、チョコレート

出所：教育図書『栄養計算CD-RM付五訂増補ヘルシーデータ食品成分』教育図書、2009年、216頁。

配ることが大切である。

⑥ フィトケミカル

　炭水化物，タンパク質，脂質，ビタミン，無機質の5大栄養素に対し，「非栄養系の食品因子」と呼ばれる機能性成分がフィトケミカルである。代謝の仕組みや摂取基準は明らかではないが，近年，特に，注目されている。主に植物性食品に含まれる色素や香り，あくの成分などの化学物質で，体内で抗酸化作用，免疫力向上，体内浄化といった働きをするなど，健康効果が確認されてきつつある。

⑦ 水

　水はミネラルと同様に無機化合物であり，単一の成分である。体重の60%以上を占め，生命維持にとって重要である。水は血液，リンパ液の主要成分であり，栄養素や代謝産物の細胞内における化学反応に関与し，老廃物を細胞外に運び，尿として体外に排泄している。また汗として体温の調節に関与し，関節や目の潤滑液，唾液のような潤滑剤となる。細胞にあっては細胞の形を維持し，体の構造と機能の保持に役立っている。水は飲料水以外に，食物中の水分からも摂取される。さらに栄養素が体内で代謝され，代謝水ができるので，これも利用している。生命維持には，1日におよそ1.2L程度の水が必要である。下痢や嘔吐などの場合には，水はもちろん多くの無機質も同時に失うので，その補給は大切である。

　飲料水として，水道水とミネラルウォーターがある。水道水は，殺菌のため

表3-14　ミネラルウォーターの種類

ナチュラルウォーター	水源を同じくする地下水を採取し，沈殿，ろ過，加熱殺菌以外の浄水処理を行っていないもの。
ナチュラルミネラルウォーター	ナチュラルウォーターのうち，地層中のミネラル分を溶解した地下水や，天然の二酸化炭素を溶解した発泡性を持つ地下水。
ミネラルウォーター	ナチュラルミネラルウォーターを原水として，品質を安定させるために，ミネラルの調整，抜気，複数の水源から採取した地下水の混合が行われているもの。
ボトルドウォーター	上記以外の飲用に適した水で，水道水，蒸留水，河川水などをボトルに詰めたもの。

出所：加藤秀雄・三好康之・鈴木公・和田公美子『まるごと学ぶ食生活と健康づくり』化学同人，2000年，39頁より作成。

に用いられる塩素が，水の味を悪くするだけでなく，有機物（メタン）と化学反応を起こして発がん物質を生成する問題がある。市販されているミネラルウォーターは，原水，処理法の違いでナチュラルウォーター，ナチュラルミネラルウォーター，ミネラルウォーター，ボトルドウォーターの4種類がある（表3-14）。

(4) 食事摂取基準の考え方

児童は，心身共に成長期であるので，健康を維持，増進するためには，エネルギーや，栄養素をどれだけ摂取することが必要であるかを把握しなければならない。この基準となるものが，日本人の食事摂取基準（2010年度版）である。すなわち，食事摂取基準とは，日本人が健康な生活を送れるように栄養の過不足が問題となるような病気にならないようにするには，何をどれくらい食べればよいかを示した食事摂取量のガイドラインのことである

食事摂取基準は，「g/日」のように，「1日の摂取量」として示されている。これは，「1日に食べる量」ではなく，平均すれば，1日当たりこの摂取量になるというように考えるとよい。脂質や炭水化物は，「％E（パーセントエネルギー）」という単位で示されている。エネルギー摂取量全体の中に占める割合を％で示したもので，これも1日の摂取量をあらわすものではなく，栄養素に応じた一定期間の摂取量を示すものである。栄養欠乏症にならないように，「推定平均必要量」と「推奨量」および「目安量」が設定されている（表3-15，図3-13）。

摂取不足による健康障害に比べると，過剰摂取による健康障害は少ないが，現代では，サプリメントや，栄養強化食品に含まれる栄養素は，自然界にあり得ないほど高い量の栄養素を一度に摂取することを可能とした。このため「耐容上限量」すなわち，「これ以上食べるのは危険」という摂取量も示されている。また，「目標量」は，主な生活習慣病に関連する栄養素について，1次予防のために摂取すべき量のことである。生活習慣病を治すためではなく，何十年か先に起こるかもしれない生活習慣病を予防するために，食べるべき摂取量を示したものである。したがって，若い人ほど目標量を大切にすべきであり，

表3-15　栄養素の設定指標

推定平均必要量	ある集団における平均必要量の推定値。ある母集団に属する50%の人が必要量をみたすとされる1日の摂取量。
推奨量	ある母集団のほとんど(97〜98%)の人において1日の必要量を満たすと推定される1日の摂取量。
目安量	推定平均必要量および推奨量を算定するのに十分な科学的根拠が得られない場合に，特定の集団の人々がある一定の栄養状態を維持するのに十分な量。
耐容上限量	ある母集団に属するほとんどすべての人々が，健康障害をもたらす危険がないとみなされる習慣的な摂取量の上限を与える量。
目標量	生活習慣病の一次予防を目的として，現在の日本人が当面の目標とすべき摂取量。

出所：厚生労働省（2009）をもとに作成。

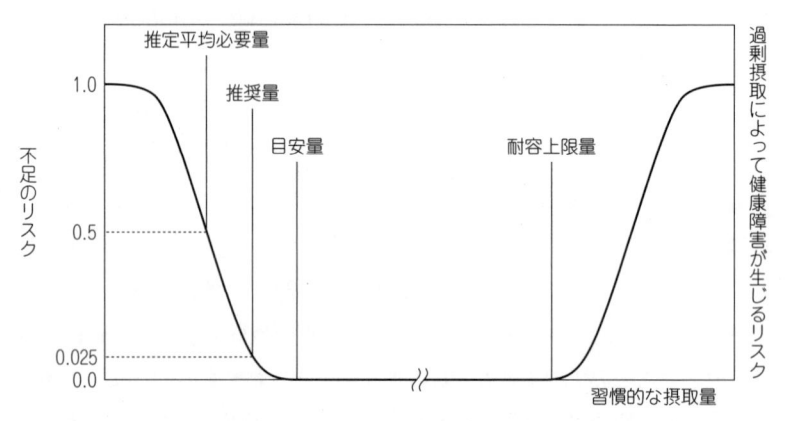

　縦軸は，個人の場合は不足または過剰によって健康障害が生じる確率を，集団の場合は不足状態にある者または過剰摂取によって健康障害を生じる者の割合を示す。
　不足の確率が推定平均必要量では0.5（50%）あり，推奨量では0.02〜0.03（中間値として0.025）（2〜3%または2.5%）あることを示す。耐容上限量以上を摂取した場合には過剰摂取による健康障害が生じる潜在的なリスクが存在することを示す。そして，推奨量と耐容上限量とのあいだの摂取量では，不足のリスク，過剰摂取による健康障害が生じるリスクともに0（ゼロ）に近いことを示す。
　目安量については，推定平均必要量ならびに推奨量と一定の関係をもたない。しかし，推奨量と目安量を同時に算定することが可能であれば，目安量は推奨量よりも大きい（図では右方）と考えられるため，参考として付記した。目標量は，他の概念と方法によって決められるため，ここには図示できない。

図3-13　食事摂取基準の各指標（推定平均必要量，推奨量，目安量，耐容上限量）を理解するための概念図

出所：厚生労働省，2009。

表3-16 学童期のエネルギー，たんぱく質，脂質の食事摂取基準

年齢		6〜7歳		8〜9歳		10〜11歳	
性		男	女	男	女	男	女
身体活動レベル		Ⅱ					
推定エネルギー必要量（kcal/日）		1550	1450	1800	1700	2250	2000
たんぱく質（g/日）	推定平均必要量（g/日）	25	25	30	30	40	35
	推奨量（g/日）	30	30	40	40	45	45
脂肪エネルギー比率（％エネルギー）		20以上30未満					
炭水化物（％エネルギー）		50以上70未満					
基準体位	身長	120	118.6	130	130.2	142.9	141.4
	体重	22.0	22.0	27.5	27.2	35.5	34.5
	基礎代謝量（kcal/日）	980	920	1120	1040	1330	1200

出所：厚生労働省（2009）をもとに作成。

生涯にわたって，健康を支える望ましい食習慣を子どもたちに教えるときにこそ，目標量を重視していくべきである。

学童期の食事摂取基準は，6〜7歳，8〜9歳，10〜11歳の3区分で示されている（表3-16）。この時期の栄養摂取は，成人後の体位や体質に影響すると考えられるので，必須アミノ酸，ビタミン類（ビタミンB群，C，Dなど），無機質（鉄，カルシウムなど）が不足しないようにすることが大切である。

(5) 食事摂取基準を充足するための食品構成

実際に食事を考えていくには，食事摂取基準を満たす食品構成を考える必要がある。一般に，食事摂取基準を充足する食生活を考えるときに，多くの時間を費やすことは難しい。また，だれもが簡単に利用できるものが望ましい。この考えに立脚して作成されたものが，食品群である。食品群は，栄養成分の類似した食品を3〜6群に分類し，1日に摂取する基本的な量を目安量などで示すものである。

① 食品群

食品群とは，すべての食品を栄養成分の似ているものに分類して，簡明に栄養的な説明を加えたものである。これを目安として，健全な食生活をすることができるように考案されている。食品の分類の仕方により，3色食品群，4つの食品群，6つの基礎食品群がある（表3-17）。

表 3-17 食品群分類の種類

分類	赤群	黄群	緑群
3色食品群	魚・肉／豆類／乳・卵　{たんぱく質／脂肪／ビタミンB／カルシウム}　血や肉をつくるもの	穀物／砂糖／油脂／いも類　{炭水化物／ビタミンA, D／ビタミンB₁／脂質}　力や体温となるもの	緑色野菜／淡色野菜／海草きのこ　{カロテン／ビタミンC／カルシウム／ヨード}　からだの調子をよくするもの

4つの食品群			
1群	牛乳　卵	{良質たんぱく質／脂質／カルシウム／ビタミンA／ビタミンB₂}	栄養を完全にする
2群	魚介・肉／豆・豆製品	{良質たんぱく質／脂質／ビタミンA／ビタミンB₁／ビタミンB₂／カルシウム}	肉や血をつくる
3群	緑黄色野菜／淡色野菜／いも類／くだもの	{ビタミンA／ビタミンC／ミネラル／脂質}	からだの調子をよくする
4群	穀物／砂糖／油脂	{糖質／たんぱく質／脂質}	力や体温となる

6つの食品群

（図：6つの基礎食品の円グラフ　第1群：ハム・肉・卵・魚・納豆など／第2群：骨ごと食べられる魚・乳製品・わかめなど／第3群：緑黄色野菜／第4群：果物・その他の野菜／第5群：めん・パン・いも・ご飯など／第6群：マーガリン・油脂など）

第1群：魚・肉・卵・大豆
　良質たんぱく質のほか脂肪, 鉄, カルシウム, ビタミンA・B₁・B₂の給源
第2群：牛乳・乳製品・骨ごと食べられる魚
　カルシウムのほか良質たんぱく質, ビタミンB₂の給源
第3群：緑黄色野菜（にんじん, ほうれん草など）
　カロチン（ビタミンA）のほか多くのビタミン, ミネラルなどの給源
第4群：その他の野菜・くだもの
　ビタミンCのほかカルシウム, ビタミンB₁・B₂の給源
第5群：米・パン・めん・いも
　でんぷんを多く含むエネルギー源
第6群：食用油・バター・マーガリン
　脂肪を多く含むエネルギー源

出所：柴田, 1998, 77頁.

3色食品群：1952年広島県庁の岡田正美技師が提唱し，栄養改善普及会の近藤とし子氏が普及に努めた食品群で，栄養素の働きの特徴から食品を赤，黄，緑の3つの群に分けている。

赤群：血や肉を作る（主としてたんぱく質を含む食品）卵，肉，魚，大豆など

黄群：力や熱となる（主として炭水化物や脂肪を含む食品）穀類，砂糖，芋，油など

緑群：体の調子を整える（主としてビタミンやミネラルを含む食品）野菜類，果物，海草，牛乳など

4つの食品群：1956年，香川綾氏によって提唱された。「三色食品群」の赤群をさらに牛乳・卵（1群，栄養を完全にする）と魚介・肉・豆および豆製品（2群，肉や血をつくる）の2区分に分け，緑群を3群に，また黄群を4群においている。

6つの食品群：旧厚生省が国民の栄養知識の普及や栄養改善指導のために考案したもので，小・中学校の家庭科の指導でも栄養教育の教材として用いている。食品を，三大栄養素の食品群3群と日本人の食事では不足しやすいカルシウムの群，およびビタミン類とカロテンを分けて6群とし，どんな食品をどのように組み合わせて食べるかを示したもので，具体的に食品名を例示し，誰にでもわかるように工夫されている。

② 食生活指針

2000年に旧厚生省，農林水産省，旧文部省の三省は合同で新たなに食生活指針を発表した。これは食生活に関する適正な情報の不足，食習慣の乱れ，食料の海外依存，食べ残しや食品の廃棄の増加などが原因で，栄養バランスの偏り，生活習慣病の増加，食料自給率の低下，食料資源の浪費などの問題が生じていることを指摘し，国民の健康増進，QOL（生活の質）の向上，食料の安定確保の達成に向けて，食生活指針の普及や推進の重要性から15年ぶりに改定されたものである。表3-18に食生活指針を示す。大項目は日本人の食生活において特に留意すべき事項であり，小項目はその実践に向けて具体的に気をつけるべき事項である。食事摂取基準とは異なり，一般の人が理解しやすいように，

表3-18　食生活指針

食事を楽しみましょう。 ・心とからだにおいしい食事を，味わって食べましょう。 ・毎日の食事で，健康寿命をのばしましょう。 ・家族の団らんや人との交流を大切に，また，食事づくりに参加しましょう。
1日の食事のリズムから，健やかな生活リズムを。 ・朝食で，いきいきした1日を始めましょう。 ・夜食や間食はとりすぎないようにしましょう。 ・飲酒はほどほどにしましょう。
主食，主菜，副菜を基本に，食事のバランスを。 ・多様な食品を組み合わせましょう。 ・調理方法が偏らないようにしましょう。 ・手作りと外食や加工食品・調理食品を上手に組み合わせましょう。
ごはんなどの穀類をしっかりと。 ・穀類を毎食とって，糖質からのエネルギー摂取を適正に保ちましょう。 ・日本の気候・風土に適している米などの穀類を利用しましょう。
野菜・果物，牛乳・乳製品，豆類，魚なども組み合わせて。 ・たっぷり野菜と毎日の果物で，ビタミン，ミネラル，食物繊維をとりましょう。 ・牛乳・乳製品，緑黄色野菜，豆類，小魚などで，カルシウムを十分にとりましょう。
食塩や脂肪は控えめに。 ・塩辛い食品を控えめに，食塩は1日10g未満にしましょう。 ・脂肪のとりすぎをやめ，動物，植物，魚由来の脂肪をバランスよくとりましょう。 ・栄養成分表示を見て，食品や外食を選ぶ習慣を身につけましょう。
適正体重を知り，日々の活動に見合った食事量を。 ・太ってきたかなと感じたら，体重を量りましょう。 ・普段から意識して身体を動かすようにしましょう。 ・美しさは健康から。無理な減量はやめましょう。 ・しっかりかんで，ゆっくり食べましょう。
食文化や地域の産物を活かし，ときには新しい料理も。 ・地域の産物や旬の素材を使うとともに，行事食を取り入れながら，自然の恵みや四季の変化を楽しみましょう。 ・食文化を大切にして，日々の食生活に活かしましょう。 ・食材に関する知識や料理技術を身につけましょう。 ・ときには新しい料理を作ってみましょう。
調理や保存を上手にして無駄や廃棄を少なく。 ・買いすぎ，作りすぎに注意して，食べ残しのない適量を心がけましょう。 ・賞味期限や消費期限を考えて利用しましょう。 ・定期的に冷蔵庫の中身や家庭内の食材を点検し，献立を工夫して食べましょう。
自分の食生活を見直してみましょう。 ・自分の健康目標をつくり，食生活を点検する習慣を持ちましょう。 ・家族や仲間と，食生活を考えたり，話し合ったりしてみましょう。 ・学校や家庭で食生活の正しい理解や望ましい習慣を身につけましょう。 ・子どものころから，食生活を大切にしましょう。

出所：厚生省，文部省と農林水産省決定（2000年3月）。

第3章 日常の食事と調理の基礎

表 3-19　成長期のための食生活指針

子どもと親を結ぶ絆としての食事 　　　　　　—乳児期— ・食事を通してのスキンシップを大切に ・母乳で育つ赤ちゃん，元気 ・離乳の完了，満1歳 ・いつでも活用，母子健康手帳	食習慣の完成期としての食事 —学童期— ・1日3食規則的，バランスのとれた良い食事 ・飲もう，食べよう，牛乳・乳製品 ・十分に食べる習慣，野菜と果物 ・食べ過ぎや偏食なしの習慣を ・おやつには，いろんな食品や量に気配りを ・加工食品，インスタント食品の正しい利用 ・楽しもう，一家団らんおいしい食事 ・考えよう，学校給食のねらいと内容 ・つけさせよう，外に出て身体を動かす習慣を
食習慣の基礎作りとしての食事 —幼児期— ・食事のリズム大切，規則的に ・何でも食べられる元気な子 ・うす味と和風料理に慣れさせよう ・与えよう，牛乳・乳製品を十分に ・一家そろって食べる食事の楽しさを ・心掛けよう，手づくりおやつの素晴らしさ ・保育所や幼稚園での食事にも関心を ・外遊び，親子そろって習慣に	食生活の自立期としての食事 —思春期— ・朝，昼，晩いつでもバランス良い食事 ・進んでとろう，牛乳・乳製品を ・十分に食べて健康，野菜と果物 ・食べ過ぎ，偏食，ダイエットにはご用心 ・偏らない，加工食品，インスタント食品に ・気をつけて夜食の内容，病気のもと ・楽しく食べよう，みんなで食事 ・気を配ろう，適度な運動，健康づくり

出所：厚生労働省策定「健康づくりのための食生活指針（対象特性別）」1990年9月より。

言葉によるメッセージで示されているので，一般家庭での食事計画を立てる際の参考にしやすい。なお，食生活指針は，健康成人（一般の人々）を対象としているので，参考までに成長期のための食生活指針を表3-19に示す。

③ 食事バランスガイド

　食事バランスガイド（図3-14）は，「食生活指針」を具体的な行動に結びつけるものとして，1日に「何を」「どれだけ」食べたらよいかの目安をわかりやすくイラストで示したものである。厚生労働省と農林水産省により2005年に決定された。日本人の食事摂取基準（2010年版）の改定をふまえて食事バランスガイドも変更されている。「食事の基本」を身に付けるための望ましい食事のとり方やおおよその量をわかりやすく示してある。イラストは食事のバランス，継続的な運動の重要性を規則正しく回転するコマで表現している。食事バランスガイドでは，毎日の食事を主食，副菜，主菜，牛乳・乳製品，果物の5つに区分し，区分ごとに「つ（SV）」という単位で示されており，区分ごとに

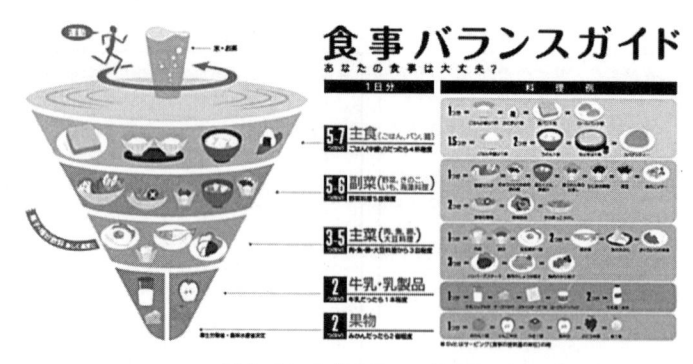

図3-14　食事バランスガイド

出所：農林水産省「食事バランスガイド」。
http://www.maff.go.jp/j/balance_guide/b_about/guide.html

　何をどれだけ食べればよいかを具体的な「料理」で表現している。また，欠かすことのできない水やお茶は，コマの軸で，菓子・嗜好飲料はコマを回す紐で示し，運動についてもイラストで表現している。「コマが回転する」ことすなわち「運動する」ことによって初めて安定することを表現している。栄養バランスのとれた食事をとること，適度な運動をすることは，健康づくりにとってとても大切なことであることを表現している。食事の組み立ては，年齢・性別・活動量の違いによる摂取量の目安（表3-20）を参考にして，自分自身の1日分の適量を把握し，摂取の目安と料理例を基本に食事の目的と好みに合わせて料理を選んでいくとよい。

（6）　三大栄養素のエネルギー比率（PFCエネルギー比率）

　PFCエネルギー比率とは，食事の三大栄養素であるたんぱく質・脂質・炭水化物のエネルギーバランスのことで，PFCのPはProtein（たんぱく質），FはFat（脂質），CはCarbohydrate（炭水化物）の頭文字を表している。PFCバランスは，おおまかに栄養の質を評価する指標のひとつである。なお，2010年度版の食事摂取基準では，たんぱく質のエネルギー比率の目標量を定めていない。

表3-20 年齢・性別・活動量の違いによる摂取量の目安

(単位：つ (SV))

年齢	性	活動量	エネルギー(kcal)	主食	副菜	主菜	牛乳乳製品	果物
6～9歳	男女		1800±200	4～5	5～6	3～4	2 *2～3	2
10～11歳	男		2200±200	5～7	5～6	3～5	2 *2～3	2
12～17歳	男	低い	2200±200	5～7	5～6	3～5	2 *2～3	2
12～17歳	男	普通以上	2600±200	7～8	6～7	4～6	2～3 *4	2～3
10～17歳	女	低い	1800±200	4～5	5～6	3～4	2 *2～3	2
10～17歳	女	普通以上	2200±200	5～7	5～6	3～5	2 *2～3	2

注：SVとはサービング（食事提供量の単位）の略。
＊成長期に必要なカルシウムを十分にとるためにも牛乳・乳製品の適量は少し幅を持たせて1日2～3つ（SV），「基本形」よりもエネルギー量が多い場合では，4つ（SV）程度までを目安にするのが適当。
出所：農林水産省「にっぽん食育推進事業」 実施主体：(財)食品産業センター 協力 （株）オギノ 食事バランスガイド。
http://www.ogino.co.jp/shokuji_baranssu.html

（7）消化・吸収

　人は食欲を感じて食物を食べる作業を行うが，食物に含まれる栄養素が体内で利用されるためには，必要な栄養素を効率よく体内に取り込まなければならない。無機質やブドウ糖のような小さな分子は，そのまま体内に入って利用されるが，脂質や大きな分子の炭水化物，たんぱく質はそのままの形では体内に取り入れることができない。したがって口から摂取した食物を消化管内で，管壁を通過できる状態まで細かく分解する過程が消化であり，消化された物質が消化管の粘膜を通過し，細胞内に取り入れることが吸収である。

　食物は，口腔で嚙み砕かれ，唾液と混ぜられて胃へ送られ，胃液と混合され蠕動運動により粥状になり，少量ずつ小腸へ移送される。小腸では，膵液，胆汁，および腸液とまぜられて腸の蠕動運動により攪拌混合されて，低分子化合物へ分解される。ブドウ糖，アミノ酸，脂肪酸，グリセリンなどまで分解されると吸収可能となる。

（8） 栄養素の代謝

代謝とは，体内における物質およびエネルギーの変化の過程のすべてを意味する。たとえばブドウ糖が分解されると最終的には炭酸ガスと水になり，このときエネルギーを放出する。アミノ酸から体たんぱく質を合成するときは，材料としてのアミノ酸のほかにエネルギーが必要となる。この代謝過程において，三大栄養素，糖質，脂質，たんぱく質は図3-15に示すように体内で相互に関連しており，必要以上の量を摂取すると，余剰分は脂肪に合成されて，貯えられる。

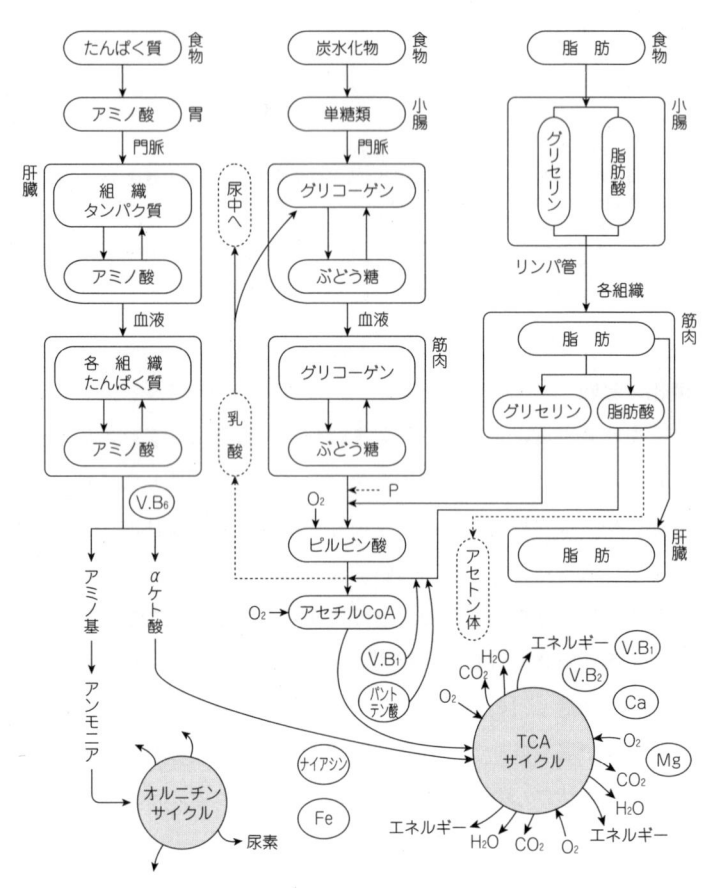

図3-15　栄養素の代謝

出所：教育図書出版株式会社『五訂増補カラーチャート食品成分表』教育図書，2010年より作成。

第3章　日常の食事と調理の基礎

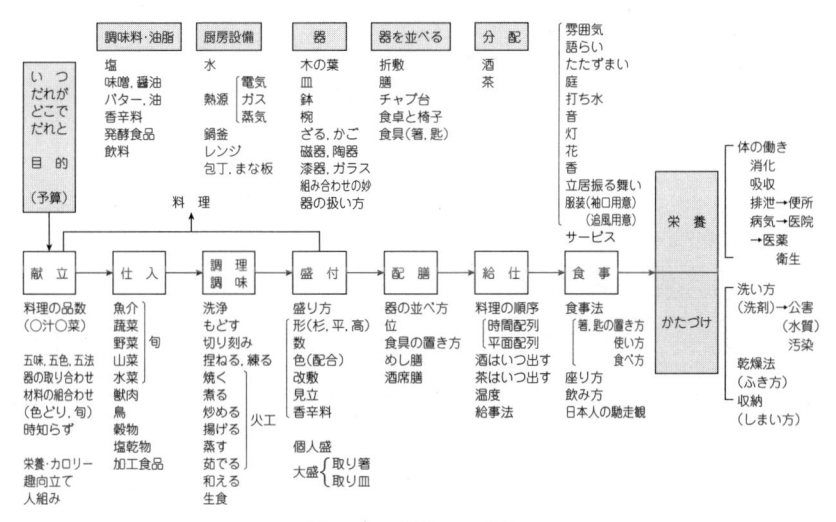

図3-16　料理のデザイン

出所：奥村彪生「現代における生活文化とおいしさ——特においしさの付加価値について」『臨床栄養』77, 1990年。

①主食の種類と量の決定
②③副食の種類と量の決定
　　主菜：副食の中心となるもの。たんぱく質食品の料理。
　　副菜：野菜，いも，海藻類などを使った料理。
④汁ものを入れるかどうかの決定
⑤献立全体の見直し
　　果物，飲み物は栄養素の補充，精神的満足にもなる

図3-17　献立構成の手順と食品群

出所：川端・和田, 2004, 107頁。

表 3-21 調理・提供までの手順

① 詳しい調理方法を決める 　　食数，調理設備・器具，調理人員，調理時間などを考慮して，各料理の調理方法や調理操作の配分を決定する。 　　喫食者の状態に合わせて，切り方や加熱方法を決定する。 ② 廃棄率を考慮した食材の購入量を決める 　　計画的な発注と購入をする。 ③ 料理に用いる食器を選択する 　　料理との調和，季節感，使いやすさを考慮する。 ④ 盛りつけ方，配膳方法を決める 　　視覚的な美味しさを考慮する。 ⑤ 後始末 　　衛生面，環境面へ留意して行う。

出所：淵上，2007，25頁より作成。

表 3-22 献立評価の項目例

・喫食者の状態にあった食事摂取基準・食品構成であったか ・食品構成を満たせていたか ・朝食・昼食・夕食の配分は適切であったか ・喫食者の嗜好を満たせていたか ・主食・主菜・副菜・汁物・デザートの食材，味に季節感，バランスがあったか
・調理工程，調理機器の使用に無理はないか ・調理時間およびその配分に無理はないか ・予算内に収まっているか ・盛りつけの食器，料理の配色，食感は適切であったか ・調理後のゴミ，後片付けを適切に行うことができるか
・食事摂取基準をもとにした栄養評価 　　各栄養素充足率，摂取脂肪酸組成，アミノ酸スコアなど
・喫食者による評価

出所：淵上，2007，25頁。

（9） 献立作成

　栄養を考えた食事をするには，献立から，食事に至る料理のデザインを考慮する必要がある（図3-16）。また，日常食の献立は，栄養バランスが取れた食品の組み合わせを考えて，料理の種類や調理法を決めていく。1日に摂取する量（食事摂取基準や食事バランスガイドを参考にするとよい）のうち，朝食は，20〜30％，昼食と夕食は各35〜40％くらいの比率（1：1.5：1.5〜3：4：5）とする。献立構成の手順と食品群との関連を図3-17に示す。

表3-23 小学校高学年の献立例

	献立名	材料名	分量(g)		献立名	材料名	分量(g)
朝食	チーズトースト	食パン	90	間食	ワッフル	ワッフル	60
		プロセスチーズ	20		ミルクティー	紅茶葉	5
		バター	20			牛乳	50
	コンビネーションサラダ	レタス	20			砂糖	3
		キュウリ	30	夕食	ご飯	精白米	100
		トマト	50		豚肉の生姜焼き	豚肩ロース	40
		酢	2			しょうが	1
		サラダ油	3			醤油	5
		食塩	0.4			さとう	2
		こしょう	少々			酒	1.5
		砂糖	0.5			油	1
	オレンジジュース	オレンジジュース	180		野菜炒め	キャベツ	40
昼食	牛乳	牛乳	206			もやし	30
	わかめご飯	精白米	100			人参	10
		わかめご飯の素	1.5			油	0.5
	鮭の照り焼き	鮭	40			食塩	0.5
		醤油	3.5			こしょう	少々
		砂糖	1.5		粉吹きいも	じゃがいも	100
		酒	1			食塩	0.4
		油	1			こしょう	少々
	きんぴらごぼう	ごぼう	40		けんちん汁	豚肉	10
		人参	20			豆腐	20
		砂糖	1.5			だいこん	20
		醤油	4			人参	10
		酒	1			ごぼう	10
		油	0.5			ねぎ	10
		白ゴマ	0.5			干ししいたけ	1
		唐辛子	少々			食塩	0.5
	味噌汁	小松菜	20			醤油	3
		大根	40			酒	0.5
		味噌	12			ごま油	1
		だし汁	120			だし汁	120
	キウイ	キウイフルーツ	60		りんご	りんご	100

出所:髙橋陽ら『小児栄養 子どもの栄養と食生活 第4版』医歯薬出版,154-155頁。

料理の組み合わせが決定したら,表3-21の手順で調理作業へ入ることになる。また,献立は表3-22に示した項目を参考に評価するとよい。

学童期から思春期は,身体発育・精神発達が著しい時期であるため,十分な栄養素が必要である。また,課外活動や塾などで生活が多忙となり,生活リズ

表3-24 小学校高学年の献立例におけるエネルギー，たんぱく質，脂質，カルシウムおよび鉄の含量

	エネルギー(kcal)	たんぱく質(g)	脂質(g)	カルシウム(mg)	鉄(mg)
1日合計	2059	67.0	49.1	733	6.6
朝食	465	15.0	16.6	183	1.1
昼食	684	30.9	10.5	369	2.8
夕食	755	15.9	16.7	137	2.2
間食	155	5.1	5.3	44	0.5

出所：高橋陽ら『小児栄養 子どもの栄養と食生活 第4版』医歯薬出版，154-155頁。

ムも乱れやすいことも留意する必要がある。小学校高学年の献立例（表3-23）とそのエネルギー，たんぱく質，脂質，カルシウム，鉄の含量を表3-24に示す。

(10) 食環境・食の安全性をふまえた食品の購入

　食品は，大きく生鮮食品（生野菜，果物，鮮魚，精肉など加工していない食品）と加工食品（生鮮食品などを製造または加工した飲食料品）の2つに分けられる。畜産物をスライスした肉は，生鮮食品であるが，複数の食材を盛り合わせたセット物は，加工食品として扱われている。

① 食品表示

　食品表示は消費者が食品を購入するとき，品質や内容を見極めたり，保存や利用などの取り扱いにあたり，適切な情報となる大切な役割をもつ。生鮮食品と加工食品における表示事項を表3-25に示す。同一の加工食品の連日使用や，加工食品ばかりに依存する食生活は，1日に摂取する添加物総量が増加するばかりでなく，食べあわせによる相乗効果的な害，環境ホルモン（内分泌かく乱物質）の影響，遺伝子組み替え食品や，アレルギー原因物質の使用など，食品の安全性や信頼性は確保されていないことを念頭に入れ，上手に利用するように心がけたい。消費者は，食品に対する幅広い正確な知識をもち，店頭で販売される食品類については，期限表示，保存方法，使用方法，食品添加物，栄養成分などを確認し，賢く利用する態度が必要である。そして，適切な情報を得ることができるよう生産者や行政機関に働きかけていくことも必要である。

表3-25 生鮮食品と加工食品の表示事項

生鮮食品	農産物	名　称 原産地
	水産物	名　称 原産地 解凍か養殖か
	畜産物	名称：食肉の種類，部位，用途など 原産地
加工食品		名　称 原材料名：食品添加物含む 内容量 期限表示：消費期限または賞味期限 保存方法 製造業者：製造者（輸入者）または加工者，または販売者の氏名およびその住所

注：「調理方法」「使用上の注意」「使用方法」などが記載される場合もある。

期限表示：加工食品の期限表示には「消費期限」と「賞味期限」がある。消費期限とは，定められた方法で保存し，かつ，容器包装が開かれていない場合に，製造または加工されてから品質が急激に劣化しやすく，早めに食べなければならない食品に記載される。製造または加工日を含めて「おおむね5日以内の期限」で品質が劣化する食品に表示される。

賞味期限は，定められた方法により保存した場合，食品などの「すべての品質の保持が十分に可能である」と認められる期限を示す年月日で，消費期限に規定する食品以外の「品質劣化の速度が比較的遅い食品」がこれに該当する。

輸入食品の期限設定は輸入業者により行われるが，表示内容は邦文に訳されて記載される。日本語で栄養成分表示をしない輸入食品は，栄養成分表示基準が適用されない。

栄養表示：栄養表示は，熱量，たんぱく質，脂質，炭水化物，ナトリウムの順番に表示されている。炭水化物に代えて，糖質及び食物繊維で表示されることもある。他の栄養成分（例：カルシウムやビタミンCなど）は，ナトリウムの次に表示される。栄養成分が含まれていることについて強調した表示をする場合，国民の栄養摂取の状況からみて，栄養成分の摂取が欠乏しているか過剰で

表3-26　食品の栄養表示の例

ビスケット		低脂肪ビスケット	
栄養成分表示		栄養成分表示	
1袋（75g）当り		1袋（75g）当り	
熱量	390kcal	熱量	67kcal
たんぱく質	5.3g	たんぱく質	3.1g
脂質	19.1g	脂質	0.5g
炭水化物	49.1g	炭水化物	12.6g
ナトリウム	311mg	ナトリウム	45mg
カルシウム	20mg	カルシウム	100mg

出所：厚生労働省「栄養表示基準に基づく栄養成分表示」。
http://www.mhlw.go.jp/topics/bukyoku/iyaku/syokuanzen/hokenkinou/hyouziseido-5.html.

JASマーク（一般JASマーク）
成分や食味，香り，色などの品質について定められた規格を満たす食品に付けられる

有機JASマーク
農薬や化学肥料などの化学物質に頼らないで，自然界の力で生産された食品を表しており，農産物，加工食品，飼料及び畜産物に付けられている。

特定JASマーク
特別な作り方や育て方についての規格を満たす食品に付けられる

生産情報公表JASマーク
事業者が自主的に食品の生産情報（生産者，生産地，農薬及び肥料の使用情報など）を消費者に正確に伝えていることを登録認定機関が認定するもの

特定用途食品マーク
乳児用，幼児用，妊産婦用，病者用など特別の用途に適する食品

特定保健用食品マーク
健康の維持・増進と病気の予防に役立てることを目的とする食品

地域特産品認証制度（Eマーク）
地域の特産品に都道府県が認証したマーク

乳飲料の公正マーク
牛乳の品質表示が正しいことを証明するマーク

図3-18　食品マーク

あるかにより，「補給ができる」旨の表示か「適切な摂取ができる」旨の表示を，それぞれ3通りの表現方法により表示されている。表示例を表3-26に示す。

　なお，食品表示は，食品衛生法やJAS法（農林物資の規格化および品質表

第3章 日常の食事と調理の基礎

プラスチック 製容器包装	紙製容器包装	スチール缶	アルミ缶		段ボール
ペットボトル	牛乳パック再利用	飲料用紙容器		ガラス瓶	

図 3-19 リサイクルマーク

示の適正化に関する法律；Japanese Agricultural Standard），不当景品類及び不当表示防止法，計量法，健康増進法などの法律や制度によって定められている。また，食品関連団体では自主的に消費者の食品選択を容易にするために，食品の栄養成分や安全性などを保証する食品マークをつけている（図3-18）。食品についてではないが，食品の包装・容器のリサイクルを目的としたリサイクルマーク（図3-19）もまた食品の包装・容器などに付けられている。

② 食品添加物

消費生活の多様化により，食品の種類は質・量共にますます多彩になりつつある。これは食品添加物の発達によるところが大きく，食品添加物が果たしてきた役割も大きいが，それゆえに，食品添加物の安全性に関する配慮もさらに重要となってくる。

食品添加物は，保存料，酸味料，甘味料，着色料，香料，漂白剤，酸化防止剤，調味料，乳化剤，pH調整剤，膨張剤，増粘剤，安定剤，ゲル化剤，糊剤，発色剤，防カビ剤，イーストフード，ガムベース，栄養強化剤などがある。指定添加物の種類と用途例を表3-27に示す。

③ その他の安全性の問題

上記以外に食品の安全性の問題には，遺伝子組み替え食品，残留農薬，内分

表3-27 食品添加物の種類と用途

種類		目的と効果	食品添加物例	食品例
色	着色料 発色剤 漂白剤	食品を着色し、色調を調節する 食品中の色素の固定と発色 食品を漂白し、白く、きれいにする	クチナシ黄色素、食用黄色4号 亜硝酸ナトリウム、硝酸ナトリウム 亜硫酸ナトリウム、次亜硫酸ナトリウム	漬物、菓子 ハム・ソーセージ 寒天
味	甘味料 酸味料 調味料	食品に甘味を与える 食品に酸味を与える 食品にうま味などを与え、味をととのえる	キシリトール、アスパルテーム クエン酸、乳酸 L－グルタミン酸ナトリウム、5'－イノシン酸ニナトリウム	清涼飲料水、菓子 清涼飲料水、菓子 一般食品
香り	香料	食品に香りをつけ、おいしさを増す	オレンジ香料、バニリン	菓子
品質改善	増粘剤 安定剤 ゲル化剤 糊剤	食品に滑らかな感じや、粘り気を与え、分離を防止し、安定性を向上させる	ペクチン カルボキシメチルセルロースナトリウム	ゼリー、ジャム、プリン、アイスクリーム、ドレッシング
	pH調整剤	食品のpHを調節し品質をよくする	DL－リンゴ酸、乳酸ナトリウム	市販のおにぎり、弁当
変質防止	保存料 防かび剤（防ばい剤） 酸化防止剤	カビや細菌などの発育を抑制し、食品の保存性をよくし、食中毒を予防する 柑橘類等のかびの発生を防止する 油脂などの酸化を防ぎ保存性をよくする	ソルビン酸、しらこたん白抽出物 オルトフェニルフェノール、ジフェニル エリソルビン酸ナトリウム、ミックスビタミンE	醤油、味噌 レモン、オレンジ 加工助剤として
歯触り・舌触り	イーストフード 膨脹剤 乳化剤 かんすい	パンのイーストの発酵をよくする ケーキなどをふっくらさせ、ソフトにする 水と油を均一に混ぜ合わせる 中華めんの食感、風味を出す	リン酸三カルシウム、炭酸アンモニウム 炭酸水素ナトリウム、焼ミョウバン グリセリン脂肪酸エステル、植物レシチン 炭酸ナトリウム、ポリリン酸ナトリウム	パン ケーキ アイスクリーム 中華めん
その他	ガムベース 栄養強化剤 豆腐用凝固剤	チューインガムの基材に用いる 栄養素を強化する 豆乳を作る時に豆乳を固める	エステルガム、チクル ビタミンC、乳酸カルシウム 塩化マグネシウム、グルコノデルタラクトン	ガム 牛乳、小麦粉 豆腐

出所：日本食品添加物協会「わかりやすい食品添加物　食品添加物の種類と用途例」をもとに作成。
http://www.jafa.gr.jp/01tenkabutu/siryou.html　2010/09/14アクセス

泌かく乱物質（環境ホルモン），狂牛病（BSE），食中毒等があげられる。消費者として，その危険をある程度避けられるものと，避けられないものとがある。したがって，農作物は必ず洗浄して食べること，消費者として氾濫する情報に流されないこと，いろいろな食品をまんべんなく食べることなどの態度が必要であろう。また，食中毒の感染を避けるには，食材の新鮮なうちに使用する，できるだけ早く摂取する，保管する場合は低温に保持する，手指をよく洗う，十分な加熱処理を行うことである。たとえば，鶏卵は使用前に水でよく洗うとよい。

4 調理の基礎

(1) 調理の意義と目的

人は生きていくために,自然に繁殖している動物や植物をはじめ,栽培した野菜やくだもの,飼育した家畜や,魚類などいろいろの食品を毎日食べている。これらの食品を①衛生的,安全で,②栄養やエネルギーを適切に供給できる,③嗜好にあったおいしい食物と仕上げることが調理の目的である。そのために食品材料を洗う,切る,加熱する,調味する,盛り付けるなどの種々の操作が調理である。

以上の目的に適うよう,栄養や食品の知識をもとに,食品の調理性を十分に生かした調理操作を施す必要がある。さらに現代においては調理が作る楽しみ,食べる楽しみとして,また社交や子どもの教育の場として見直されなければならない。

(2) 調理操作

① 非加熱操作

計量:調理を合理的,計画的にするには,使用食品や各種調味料を正確に計量し,調理過程では,加熱時間や調理温度が適正であることが大切である。重量は一般に上皿自動秤(500g,1kg,2kg)を使用する。風袋を差し引くことができる機種を使用すると便利である。一方,食品材料や調味料は重量で測るのが正確であるが,容積に換算して測ることができる。一般に1000mL,500mL,200mLの計量カップ,15mL,5mLの計量スプーンが使用される。計量スプーン,カップによる食品の量を表3-28に示す。表に示されているように,それぞれの食品で容量と重量は異なるので注意が必要である。また,炊飯器に付属のカップは,1カップが180mL(1合)という場合が多いので,混乱しないようにしないといけない。

しょうゆや油などの液状のものは,表面張力で液体が盛り上がるくらいに,内径を満たすように計る。小麦粉や,砂糖などの粉状のものは,塊のない状態

表3-28 計量スプーン,カップによる食品の量

調味料	小さじ (5mL)	大さじ (15mL)	カップ (200mL)	調味料	小さじ (5mL)	大さじ (15mL)	カップ (200mL)
水,酢,酒	5	15	200	カレー粉	2	6	80
しょうゆ,みりん,みそ	6	18	230	わさび粉	2	6	70
油,バター,ラード	4	13	180	からし粉	2	6	90
				ごま	3	9	120
食塩	6	18	240	トマトケチャップ	5	15	230
こしょう	2	6	100	ウスターソース	6	18	240
砂糖(上白)	3	9	130	マヨネーズ	4	12	190
小麦粉	3	9	110				
片栗粉	3	9	130				

出所:生活科学研究会,2004,27-28頁。

にして,ふんわりとすくって盛り,すり切り用のへらの柄の部分を垂直に立てて端から平らにすり切る。

　なお,献立に示されている数字は,正味重量(容量)である。食品の購入にあたっては,廃棄率を考えて購入しなければならない。

$$食品の購入量 = 正味量(g) \times \frac{100}{100-廃棄率} \times 人数$$

洗う:「洗う」目的は,①有害物を取り除き,衛生上安全なものにすること,②不味成分や悪臭を除去し,嗜好上好ましいものにすること,③色や外観を美しくすることなどである。洗浄による成分変化は少ないが,水溶性のうまみ成分や栄養素は溶出しやすいので必要以上に水につけておかず手早くする。野菜は,根や歯の付けね,葉の裏などが洗いにくいので,葉菜類は流水で十分に振り洗い,根菜類は,必要に応じてこすり洗いする。野菜の表面には,細菌やウイルス,病原菌などが付着していることもあるので,生食する場合は,流水で入念に洗う(表3-29)。

浸す:食品を液体に浸す操作である。食品に水分を与える(乾物,穀類,豆類の吸水),成分を抽出する(あく抜き,塩出し,水出し),食品の褐変化防止,テクスチャー改善(生野菜の吸水)などために行う(表3-30)。

切る:包丁を使って,調理の目的に合うように食品を切り,整形する操作である。「切る」目的は,①不可食部を取り除くこと,②形や大きさを整え,外観

第3章 日常の食事と調理の基礎

表3-29 主な食品の洗い方

食品	洗い方
穀類・豆類	水中で撹拌したり，また，比重差を利用して不要なものを浮上あるいは沈殿させて除去したのち洗う。
乾物	乾物類は水で洗うことによって，不純物を除去するだけでなく，水煮しながら柔らかくする目的もある。かんぴょうは塩もみをしながら洗う。
魚類	付着している好塩菌，魚臭，血液，その他の汚れを取り除く。丸のまま流水でよく洗い，うろこ，えら，内臓を除いてから血液を丁寧に取り，手早く洗う。水温は低いほうが良い。切り身にした後は洗わない。
貝類	あさり，はまぐりは約3％の食塩水（海水とほぼ同濃度）の中で砂を吐かせた後で洗う。しじみはざるに入れ，流水でこすり洗いする。むき身は，ざるに入れ，食塩をまぶしてこすり洗いする。
獣鳥肉	ロースト用チキン以外，肉類はほとんど洗わない。内臓は血抜き，臭み抜きのため流水で洗い，水につけてさらす。
野菜	初めに，土砂を落としてから洗う。根菜類，茎菜類，果菜類は手またはブラシで組織を破壊しない程度に摩擦を加えて洗う。葉菜類は葉折れしたり，組織細胞を壊さないように注意して葉をほぐし，水中で振り洗いする。
海草	昆布は固く絞ったふきんで表面の砂をぬぐう。わかめは手早く洗い，食塩，汚れ，あくを抜く。ひじきは水につけて吸水させる。

出所：川端・和田，2004，86頁。

表3-30 浸透の目的と調理例

目的	調理例
もどす（吸水，膨潤，軟化）	植物性乾燥食品（干しぜんまい，かんぴょう，切干大根，豆類，湯葉，凍り豆腐，干ししいたけ，海藻類） 動物性乾燥食品（干したら，身欠きにしん，貝柱，干しえび，くらげ，干しなまこ，ふかのひれ）
あくをぬく	ほうれんそう，ふき，わらび，ぜんまい，たけのこ，なす，れんこん，さつまいも
渋みをぬく	干しにしん，数の子，さといも
褐変を防止する	じゃがいも，ごぼう，もも，りんご，びわ，バナナ
塩抜きをする（迎え塩）	塩蔵食品，塩干魚
血液や臭みを出す	臓物類
砂を吐かせる	貝類（水または食塩水）
歯切れを良くする	生野菜（野菜の浸透圧を利用して，パリッとした食感を与える），ゆでた麺類
うまみ成分を浸出させる	昆布（水だしは，煮だしに比べて浸出時間は長いが，不味成分，不快臭を伴う成分の浸出が抑えられる）
調味液を浸透させる	魚類，肉類，野菜類などを各種の調味液，油，ワイン類に浸す

出所：川端・和田，2004，86頁。

をよくすること，③熱の伝わり方や調味料の浸透をよくすること，④歯触りや口触りをよくすることなどである。参考までに包丁の各部の名称，持ち方を図3-20に，野菜の切り方を図3-21に示す。

冷やす：冷蔵庫に入れる，自然放置する，または風を送る，冷水や氷水に浸す

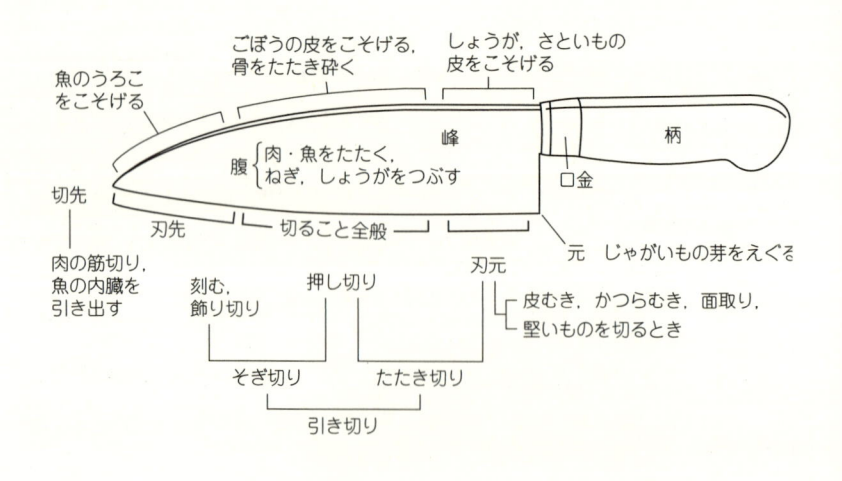

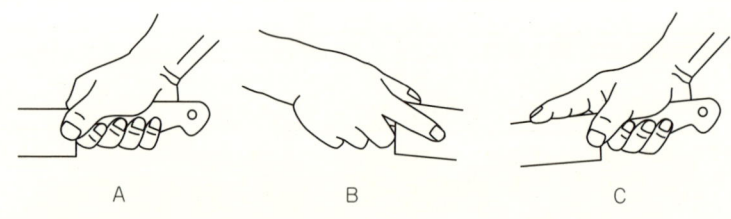

図 3-20 包丁の各部の名称，使い方，持ち方
出所：生活科学研究会，2004，27-28頁．

などの操作により行う．「冷やす」目的は，①調理の味をよくすること，②ゼリーなどを成型すること，③ゆでた青菜の色をよく仕上げることなどである．
　以上の他に，非加熱操作には，まぜる，こねる，する，つぶす，おろす，凍結，解凍，あえる，寄せるなどの方法がある．

② 加熱操作

煮る：煮汁（だし汁または水と調味料）の中で食品を加熱する方法である．水の中の加熱である対流によって熱は伝わり，常圧下では100℃以上にならない．煮汁中の成分は，食品中へ拡散するので，加熱と同時に調味ができる．

炊く：通常，米を米飯にするときの加熱法の表現である．初期は米に水を加え，

第3章　日常の食事と調理の基礎

1. 小口切り　2. 輪切り　3. 半月切り　4. いちょう切り

5. 色紙切り　6. 短冊切り　7. 拍子切り（算木切り）　8. 乱切り

9. ささがき　10. さいの目切り　11. せん切り　12. みじん切り

13. 菊花切り　14. 花れんこん　15. 雪輪れんこん　16. 矢羽根

17. 切りちがい　18. 松葉切り　19. かつらむき　20. 末広切り

21. 面取り　22. 花形　23. たづな切り　24. いかり防風

25. 蛇の目きゅうり（輪つなぎ）　26. 茶せん切り　27. 蛇腹切り　28. よりうど

図3-21　野菜の切り方

出所：早坂，2006，19頁．

煮ると同じ加熱法であるが，出来上がりには余分の水分を残さないよう，蒸し加熱，焼き加熱に近い加熱法にする。地方によっては，煮るとほぼ同じ意味で使用される。

ゆでる：煮るとほぼ同じ操作で，水中で加熱するが調味はしない。食塩や，重そうを加えた液で加熱することもある。「ゆでる」目的は，①不味成分の除去，②組織の軟化，③吸水，④でんぷんの糊化，⑤たんぱく質の凝固，⑥酵素反応を抑える，⑦消毒，殺菌などである。野菜は，一般に根菜類は水からゆで，葉菜類は湯からゆでる。魚類，肉類は，たんぱく質が逃げないよう，湯からゆでる。ゆでる際の水の量は，多めに用意すると材料を入れた時温度低下を少なくできる。ゆで水を沸騰させるときはふたをしたほうが早い。沸騰水中で野菜をゆでるときはふたをしない（表3-31）。

蒸す：水を沸騰させ，器内に充満した蒸気で加熱する方法である。常圧では，器内は100℃になり，100℃での加熱になるが，蒸気量を調節することにより100℃以下で加熱することもできる。特徴は，①型崩れしにくく，②水溶性成分の流出が少なく，うまみが損なわれない，③蒸し水がなくならないかぎり焦げない，④加熱中の調味はできないなどである。

焼く：熱源からの放射熱を直接受ける「直火焼き」と熱源で加熱された金属板などの中間体からの伝導熱，放射熱，対流熱などによって焼く「間接焼き」の方法がある。いずれも加熱温度は高く，食品の表面の水分は減少し，焦げてくるので，食品の持ち味に焦げの風味が加わる。

揚げる：高温（150℃～200℃）の油の中で食品を加熱する方法である。食品の表面から水分が蒸発し，代わりに油が吸収され，焦げの風味と油の風味が加わりおいしくなる。加熱時間が短いので，栄養素の損失が少ない。加熱中には調味できないので下味をつけてから揚げるか，または，揚げたのち，調味料をつけながら供することになる。

炒める：フライパンや中華鍋に少量の油（材料の5～10％）を熱し，食品を加熱する方法で，「焼く」と「揚げる」の中間的な加熱法である。食品の水分は減少し，油の風味が加わる。鍋に接する部分は高温になり焦げやすいので，まぜたり，揺り動かしたりして加熱する。高温短時間の加熱のため，加熱されに

表3-31 ゆでる時間と方法

ゆで水の種類と方法	食品例	備考
水からゆでる	いも	マッシュポテトにする場合
	人参，大根など	組織が固く色の変化しないもの
	豆	小豆以外は吸水後行う
	卵	殻つきの場合，内部と表面の温度差を少なくする
水にぬか（5%位），唐辛子を添加した温湯（60～65℃）に入れる	タケノコ，えぐみのある根菜類	えぐみをとる
	鶏肉（ささみ）	内部に火の通りを早くする
沸騰水に入れる	麺類	途中で温度を下げない
	魚，貝，肉	たんぱく質を固めて，うまみの保持
	卵	殻なしの場合
	緑色野菜	緑色を美しくする
沸騰水に塩(0.5～1%)を添加する	いも，緑色野菜，かに，魚，卵	加熱時間の短縮とうまみの溶出防止
沸騰水に酢（3～5%）を添加する	レッドキャベツ，ビート，カリフラワー	アントシアン色素の色だしとフラボノイド色素のあるものを白く仕上げる
沸騰水に重曹（0.3～0.5%）を添加する	山野草類（わらび，よもぎ，ふき，ぜんまいなど）	組織が硬いもの，あくの強いもののあくだし
沸騰水と灰（2～3%）		
油で炒める，あるいは揚げる操作前に，沸騰水に入れる	いんげん豆，えんどう（さや）	火の通りを早めて緑を鮮明な色彩にする
沸騰水に油（0.5%位）を添加する	スパゲッティ	くっつきを防ぐ

出所：川端・和田，2004，90頁。

くい食品はあらかじめゆでるなど下処理をし，切り方をそろえ，火の通りにくい順に炒める。炒める量は，鍋の大きさ，火力によって決まる。調味は炒める前，加熱中，炒めた後など食品や調理によって適宜にできる。野菜は低温で炒めると水分や栄養分が出てしまうので，高温で短時間に行う。

煎る：油を用いずに食品を鍋に入れ，水分を蒸発させる程度の焦げをつける方法である。

マイクロ波加熱（電子レンジ加熱）：極超短波（マイクロ波）を食品に当てると吸収され，食品中の水分がマイクロ波の電界に配合しようと振動・回転を起こし，

この摩擦によって食品自身が発熱することを利用した加熱法である。特徴は，①短時間で加熱できるので食品の色は美しく，ビタミンの損失も少ないこと，②水分の減少，脂肪の減少は比較的大きいこと，③容器に入れたまま加熱できるので形くずれしないこと，④焦げ目がつかないこと，⑤殺菌効果が高いことなどである。

　以上の他に，生または前処理した食品材料と調味液を専用のフィルムに入れて加熱する真空調理法もある。

③ 調　味

　調味は食品の持ち味を生かし，不足する味や香りを補い，よりよい風味を作り出し，おいしく食べられるようにするための操作である。

塩味：食塩，しょうゆ，みそを用いて調味する。汁物は0.7～1％，煮物や炒め物は1～2％の塩分濃度が適当である。

　食塩の塩味以外の働きは，①脱水作用，②たんぱく質を変成させ，魚肉をしめる，熱凝固を促進する，ゲル化する力を増す，グルテンの弾性を強化する等の作用，③防腐作用，④酵素作用の抑制などである。

甘味：砂糖，みりん，人口甘味料を用いて調味する。食物中の砂糖濃度は，煮物2～3％，飲み物・冷菜（ゼリー類）6～20％，練り物40～60％，ジャム50～60％である。

　砂糖の甘味以外の働きは，①でんぷんの老化防止，②寒天ゼリーのゲル化，③抗酸化作用，④防腐効果，⑤たんぱく質の変性抑制，⑥比重を高めるなどである。

酸味：食酢やかんきつ類の果汁を用いて調味する。酸味は，塩味や甘味と一緒になっておいしく感じるので，単独で調味することは少ない。

　食酢の調味以外の働きは，①たんぱく質の変性，②加水分解を促し，軟化効果がある，③色をきれいにする，④保存性を高めるなどである。

うま味：甘味を主とした味以外のすべての味に組み合わせて用いられる，母体的な味として重要である。昆布のグルタミン酸，しいたけのグアニル酸，かつお節，獣鳥類のイノシン酸，煮干のイノシン酸，およびグルタミン酸，貝類のコハク酸，ベタイン，タウリン，グルタミン酸などが代表的な呈味物質である。

第3章　日常の食事と調理の基礎

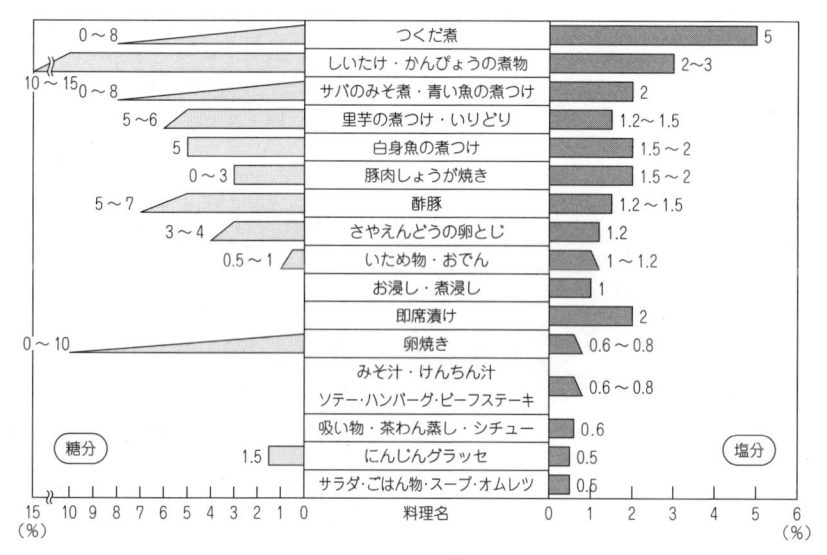

糖分(%)	料理名	塩分(%)
0～8	つくだ煮	5
10～15	しいたけ・かんぴょうの煮物	2～3
0～8	サバのみそ煮・青い魚の煮つけ	2
5～6	里芋の煮つけ・いりどり	1.2～1.5
5	白身魚の煮つけ	1.5～2
0～3	豚肉しょうが焼き	1.5～2
5～7	酢豚	1.2～1.5
3～4	さやえんどうの卵とじ	1.2
0.5～1	いため物・おでん	1～1.2
	お浸し・煮浸し	1
	即席漬け	2
0～10	卵焼き	0.6～0.8
	みそ汁・けんちん汁	
	ソテー・ハンバーグ・ビーフステーキ	0.6～0.8
	吸い物・茶わん蒸し・シチュー	0.6
1.5	にんじんグラッセ	0.5
	サラダ・ごはん物・スープ・オムレツ	0.5

図3-22　塩分・糖分の調味パーセント

出所：香川，2007年，97頁。

調味の割合：調味は，「調味パーセント」を活用すると便利である（図3-22）。調味パーセントとは，材料の重量に対しての調味料，主に塩分や砂糖分の割合を表したものである。次式によって，調味料の重量を計算することができる。

$$調味料の重量 = 材料の重量(g) \times \frac{調味パーセント(\%)}{100}$$

調味パーセントは，塩分（塩，しょうゆ，みそ），糖分（砂糖，みりん），のほかに，酢，油，片栗粉，小麦粉，だしなどにも適用することができる。

④　盛り付け

出来上がった調理を器に盛ることを「盛り付け」といい，数種の料理をひとつの器に盛ることを盛り合わせという。いずれも調理の最終段階として，料理の出来上がりを価値づける重要な操作である。

日本料理は，料理に合わせて器を選ぶ。大きさは，料理に対して大きめのものがよく，空間を生かすとよい。皿に盛るときは，立体的に盛り付けるように工夫する。魚の姿焼は，頭を左側に，腹を手前にする。また，皮つきの切り身

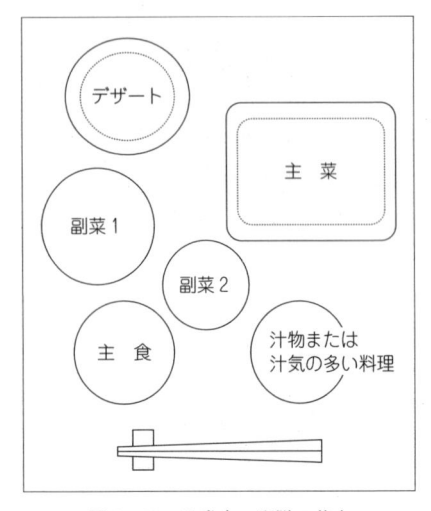

図 3-23 日常食の配膳の基本
出所：川端晶子・和田淑子編『食生活デザイン』
家政教育社，2004年，128頁。

は皮目を上にして盛り付ける。

　日常食の和風配膳の基本は，手前左側に飯椀，手前右側に汁椀を配置し，右奥には主菜（主に肉，魚，卵の料理など），左奥には副菜（野菜を主とした料理など）を配置する。副菜が複数の場合は，大きい器が飯椀の上方，小さい器が食器の間となるように配置する（図3-23）。冷たい料理は冷たく，熱い料理は熱くして供することができるよう配慮し，食べやすさや，彩り，季節感を考慮して盛り付けるようにする。

(3) 主要食品の調理特性

① 穀類の調理性

　でんぷんは多糖類の一種で，これを酸または酵素で分解すると最終的にはブドウ糖に分解される。しかし生のままでは全く水に溶けない粉末で，食べても味を感じないし，体内でも消化されないから，食用には水と共に加熱して糊化したものを用いる。でんぷん粒の形や性状は植物により異なり，それぞれの食品に特徴ある調理性をもたらしているが，共通の性質は，加熱により糊化することである。でんぷんに水を加えて加熱すると，ミセル構造内に水が浸透して膨潤がおこる。さらに加熱を続けると，ミセルが崩れて著しく膨潤し，糊状を呈するようになる。このような状態をでんぷんの糊化といい，急激に膨潤して粘性が高くなりはじめる温度を糊化開始温度という。糊化したでんぷんをαでんぷんといい，これに対して生でんぷんの状態にあるものをβでんぷんともいう。また一度糊化したでんぷんでも常温に放置しておくと時間の経過と共に生でんぷんに近い状態に変化する。この現象をでんぷんの老化現象またはβ化という。ふっくら炊けた米飯が冷えるとぽろぽろになり，やわらかいパンがぱさ

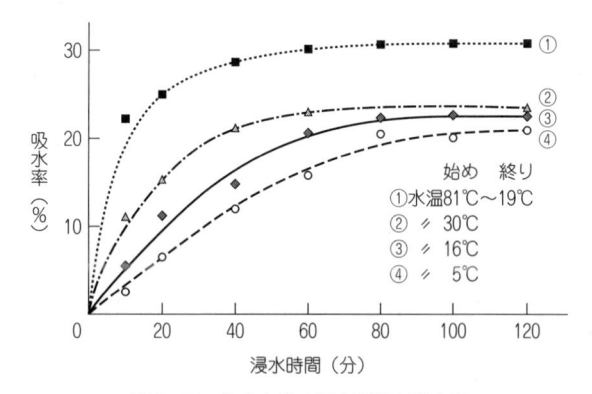

図3-24 うるち米の浸水時間と吸水率
出所：山崎・島田，1992，37頁。

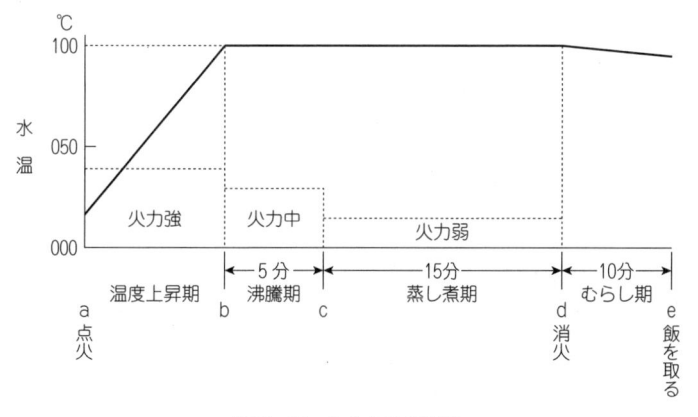

図3-25 うるち米の加熱
出所：山崎・島田，1992，38頁。

ぱさになるのは糊化でんぷんが老化するためである。

米：米は胚乳を外皮が覆っており，一般に食べるときは，糠層をのぞいて精白米・また胚芽だけを残した胚芽精米にする。種類はうるち米ともち米がある。両者とも主成分は，でんぷんで約75％を占める。うるち米のでんぷんはアミロースが20〜30％，アミロペクチンが70〜80％である。一方，もち米のでんぷんはアミロースが0〜2％と少なく，ほとんどがアミロペクチンである。

また米の品種にはインディカ米やジャポニカ米などがあり，インディカ米は

アミロースの含量がジャポニカ米よりも多いので粘りが少なく，ぱさぱさしている。国や地域によって米飯の粘りや固さに好みがあり，それに合わせた調理法が取られている。

　うるち米は主に炊飯して食べることが多い。白飯の水分含量は65％，米の2.4倍の出来上がりとなる。炊飯の際に，吸水不十分の米は，炊いた後も脱水速度が速いので，少なくとも30分は浸水させたほうが良い。うるち米の浸水時間と吸水率を図3-24に，うるち米の加熱の調理過程を図3-25に示す。

　芋：いもの主成分はでんぷんで，10〜20％含まれる。他にビタミンC，食物繊維なども含有する。水分を70〜80％含むので，加水しなくてもでんぷんが糊化できる。

　じゃがいもは，淡白なうまみとほくほくした口触わりがあり，いろいろな料理に利用され，また連食が可能な食品である。じゃがいもは，加熱により細胞中のでんぷんが糊化して，細胞壁に含まれるペクチンが可溶化する。そのため煮崩れの原因になったり，粉ふきいもやマッシュに適するようになる。チロシナーゼという酸化酵素が含まれ，切って空気に触れると褐変する。また，発芽部や日光があたって緑色になった部分には有害物質のソラニンが存在するので注意を要する。品種により調理性が異なり，煮崩れしやすい粉質系，煮崩れしない粘質系がある。粉質系の代表的な品種は男爵，粘質系にはメークイーンがある。

② たんぱく質性食品の調理性

　たんぱく質は非常に種類が多く，ひとつの食品にも幾種類ものたんぱく質が含まれ，それぞれに異なる特性をもっている。したがって調理操作によるたんぱく質の物理化学的性質の変化が，その食品の調理性，もしくは調理形態に大きな影響を与えている。たんぱく質は，生の状態でも十分消化されるものが多く，でんぷんのように消化吸収をよくすることが調理の目的ではなく，おいしくするという嗜好性の向上と衛生安全を目的としている場合が多い。すなわちたんぱく質を調理するということは，刺身のように生で食べる場合を除き，たんぱく質を適当に変性させることであり，それを上手に利用することが調理の要点でもある。変性には，表面張力による変性，酸による変性，塩による変性，

凍結による変性，乾燥による変性，酵素による変性がある。

　卵：食用とする鳥卵には，鶏卵，うずら卵，あひる卵，烏骨鶏があり，鶏卵がその大部分を占める。鶏卵は栄養価が高く，良好なたんぱく質源であり，また，カロリーベースの総合食料自給率（2007年度）も96％と高く，安価で供給も安定している。鶏卵の構造は卵殻，卵白，卵黄に分けられる（図3-26）。食用部分である卵白と卵黄では成分含量は大きく異なる。

　卵白は水分が多く，その他の大部分は10種以上のたんぱく質で，脂質はほとんど含まれていない。卵白の主なたんぱく質はアルブミンやオボムコイドである。熱凝固，酸による変性などの調理に関係する性質はアルブミンに負うところが大きい。オボムコイドはたんぱく質と多糖類が接合した糖たんぱく質で，膵液の消化酵素トリプシンの作用を妨げることが知られている。そのため生卵を大量に食べると，その時食べた他の食品の消化も悪くなる。このトリプシン阻害作用は，卵を加熱すれば失われるので，生のときの消化率は70％であるが，半熟卵では96％である。

　卵黄は脂質含量が多く，その組成は中性脂肪（60〜70％），レシチンなどのリン脂質（約30％），コレステロール（約5％）である。卵黄の色は飼料に由来するカロテノイドによるものである。卵黄のリポたんぱく質には3価の鉄イ

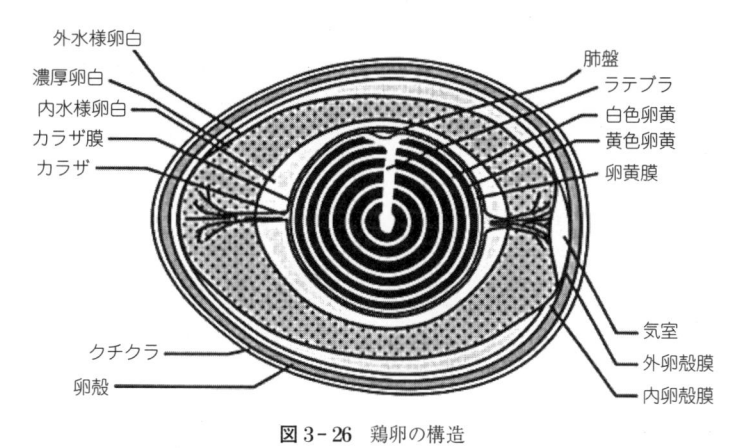

図3-26　鶏卵の構造

出所：(社) 日本フードスペシャリスト協会『新版食品の官能評価・鑑別演習』建帛社，2008年158頁。

オンが結合しているため，卵黄は鉄の供給食品でもある。加熱によって卵白のたんぱく質（シスチン）が硫化水素となり，卵黄中の鉄と結合して硫黄鉄となると，卵白と接している卵黄表面が暗緑色になる。これはゆで卵を作る際，加熱時間が長いほど，温度は70℃以上で高いほど起こりやすい。また，pHも関係し，アルカリ側で起こりやすいので古い卵は注意する必要がある。

卵は生鮮食品であるので水分蒸発による気室の拡大，比重の軽減，濃厚卵白の水様化，卵黄膜の劣化などが起こり，卵白がさらさらに，卵黄は平たく横に広がるようになる。夏の高温多湿の条件では特に鮮度低下が著しいので，冷蔵が望ましい。しかし，卵殻の表面には小さな気孔が無数にあり，冷蔵庫に保存した場合でも気孔から庫内の臭気を吸収することがある。

鶏卵の鮮度低下の判定は，卵に光（電球など）を当てて透視すると，卵黄の移動，濃厚卵白の水様化の出現，気室の増大などの現象が見て取れる。また，生卵を水中に入れた時に，通常は沈むが，劣化が進むと気室が拡大するので浮

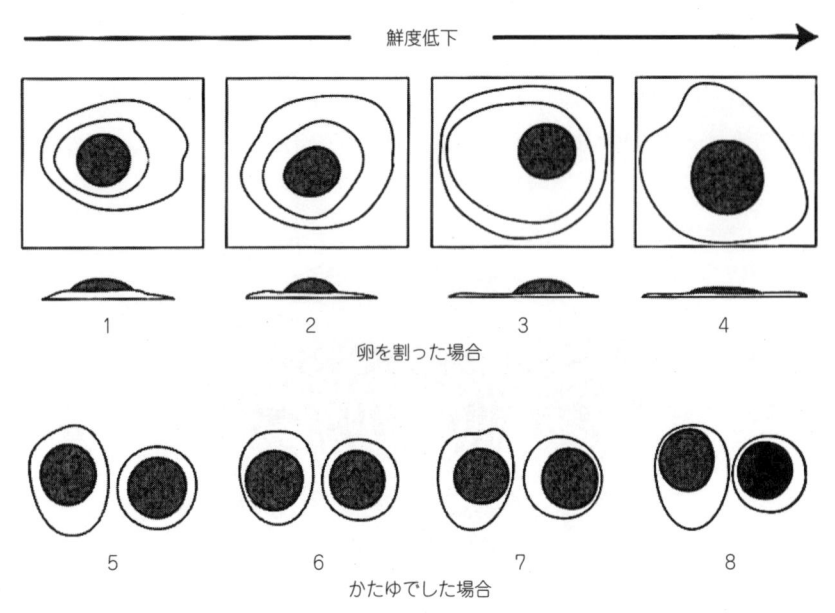

図3-27　鶏卵の鮮度低下による変化

出所：(社) 日本フードスペシャリスト協会『新版食品の官能評価・鑑別演習』建帛社，2008年，159頁。

く。また，割卵した場合，鮮度低下とともに濃厚卵白の高さが低下する（図3-27）。

卵の熱凝固：卵は卵黄と卵白で凝固温度は異なる。卵白は57～58℃で凝固開始，62～65℃で流動性消失，70℃でやわらかく凝固，75℃で形を保持，80℃で完全に凝固する。卵黄は，63℃で熱凝固開始，65℃で糊状，70℃で餅状の半熟，75℃で弾力のあるゴム状の半熟となる。卵白と卵黄の凝固温度の差を利用して卵白より卵黄のほうが固めの温泉卵を作ることができる。その方法は水から入れて，60～75℃を30分保つことである。また，卵黄がかたよらない様にゆでるには，卵白が固まる70～80℃くらいまで，菜箸などで静かに転がすとよい。

卵の凝固に及ぼす添加材料の影響：卵の調理では水や調味料を加えるが，これらが凝固に影響する。水は添加量が多くなるほど凝固しにくくなる。食塩は凝固を促進する。ゆで卵の水に食塩を入れておくと途中でひび割れしても，内容が流出するのをかなり防げる。茶碗蒸では出し汁に塩味をつけているのでやわらかく凝固する。これに対して，カルシウムイオンは凝固を促進するので硬い凝固物となる。他の無機質も凝固に影響する。もっと大きな影響を与えるのはpHである。一般に酸を加えると凝固するかまたはしやすくなる。砂糖の添加は凝固温度を高め，凝固物をやわらかくする。これはたんぱく質の変性を砂糖が妨げているからと考えられる。スポンジケーキを焼く際，卵白に砂糖を加えるが，焼成中の凝固を遅らせて，十分膨張させて凝固するようにしているのである。

卵白の気泡性：ケーキ作り，淡雪羹，メレンゲなどの調理にかかせない性質である。卵はあわ立てることにより安定な泡を形成する。これは泡を形成しているたんぱく質が変性凝固しており，これを表面変性という。泡立ちはpHの影響を受け，pH4.6～4.9が最も泡立ちやすい。

卵黄の乳化：卵黄に含まれる乳化作用をもつ成分は，リン脂質の主成分であるレシチンとたんぱく質が結合したレシトプロテインである。乳化とは水と油のように互いに混じりあわないふたつの液の一方が細粒となって相手の液の中に分散する現象である。マヨネーズの調整に用いる卵黄は水中油滴型（O/W）の乳化剤として働いている。卵白も乳化性をもっているが，卵黄の4分の1程

度といわれる。

その他のタンパク質性食品：肉や魚もたんぱく質源として重要である。生食または加熱して食べる。加熱するとたんぱく質の熱変性により保水力と弾性を失う。加熱肉は変色し硬くなるが，適正な加熱は独特のテクスチャーや風味をもたらす。魚肉は塩で肉質がしまり，内部に浸透した塩は肉質に粘ちょう性とほどよい弾力性を与える。酸はマリネ，魚の酢じめのように魚肉を酸変性する。

③ 油脂の調理性

油脂の調理性は広範囲に及ぶがまとめると，①食品を高温短時間で調理が容易で，栄養上の損失が少ない，②水に不溶であるので，食品の表面に油膜を作り，水分の蒸発を抑える。③固形脂は温度で硬さが異なり，加熱によって液化し，バターやマーガリンの口どけ，融解性が食味を大きく左右する。④乳化剤によってエマルジョンを形成する，⑤芳香を食品に与えるなど食品の風味をよくする，⑥攪拌によって空気を抱き込むクリーミング性をもつ，⑦もろさや砕け易さなどのショートニング性などである。また，滑らかな口触り，エネルギー量の増加，脂溶性ビタミンの吸収利用率を増加させるなどの効果をもつ。

油脂は長時間，空気中に放置すると不快臭を放ち，繰り返し加熱されると風味が不良となり，着色して粘度を増すなど劣化が進む。調理後の油脂は，濾して食品片を取り除き，細口の瓶にいっぱいに満たして栓をし，冷暗所に保存するようにする。油いためをする場合，フライパンに油を入れてからあまり長く加熱しないほうが良い。フライパンに広げられた油は，空気と接触する面が多くなるので酸化しやすくなる。

④ 野菜の調理性

野菜，果物類は，ビタミン類，ミネラル，食物繊維の給源として重要である。ビタミンCはゆで物などの，加熱による破壊とゆで汁への流出により50～60％損失される。カロテンは，ゆで物などでも調理損失は少なく，脂溶性なので，油脂を使って調理すると吸収がよい。ビタミン類やミネラルの調理中の溶出による損失を少なくするには，高温短時間の加熱が望ましい。また，野菜は色や香りを食卓に提供し，時には辛みを与え，歯切れのよいテクスチャーを有する。野菜の色素にはクロロフィル，カロテノイド，アントシアン，フラ

表3-32 緑茶の入れ方の目安

茶の種類	5人分 茶量(g)	5人分 湯量(mL)	5人分 濃度(%)	湯温(℃)	浸出時間	茶器の容量(mL)	
玉露	6～8	100	6～8	40～50	2分	暖香(小型茶碗)	50
煎茶	15	500	3	80	1分	茶碗	150
番茶	25	750	3.3	熱湯	30～40秒	大振りの茶碗	200
ほうじ茶	25	750	3.3	熱湯	30～40秒	大振りの茶碗	200
抹茶	3(1人分)	50	6	85～90	攪拌	抹茶茶碗	

出所：川端・和田，2004，86頁。

ボノイドなどがあり，熱や酸，金属と反応し，それぞれの色を呈する。淡白な味のため，野菜の調理には原則として調味料による味付けを行う。

野菜は，加熱するとかさが減り，たくさん食べやすくなる。ほうれんそうなどをゆでるときにゆで水に食塩を加えるのは，緑色を鮮やかに仕上げ，ビタミンCの残存率を高める効果があるからである。

⑤ 茶の入れ方

わが国で日常用いる茶には，緑茶，紅茶，ウーロン茶などがある。緑茶には玉露，碾茶（ひき茶），煎茶，番茶がある。緑茶にはタンニン，カフェインのほか，カテキンなどが含まれている。水質，器具，浸出温度，浸出時間などがその味，水色，香気などに影響する。緑茶の入れ方の目安を表3-32に示す。

学習課題

1. 食生活の意義と目的についてまとめよう。
2. 子どもたちの食生活の現状と問題点をまとめよう。
3. 5大栄養素の体内における働きをまとめよう。
4. 3色食品群，4つの食品群，6つの食品群を関連付けながら，食品例も示して説明しなさい。
5. 調理の意義について説明しなさい。
6. ゆでる調理について例をあげなさい。
7. 米の特徴，炊飯の原理についてまとめよう。
8. 食品に関係する表示について調べてみよう。
9. 水は体内でどのような働きをするのかまとめよう。
10. 非加熱調理とはどのような操作のことか述べなさい。

11. 1食分の献立例をあげて，1日に必要な栄養素のどれくらいかを計算してみよう。
12. 卵の料理性についてまとめなさい。
13. ビタミンの種類と働き，含まれる食品例を述べなさい。

〈発展〉
1. あなたの地域にある食材，伝統食を調べてみよう。
2. あなたにとって望ましい食生活像をまとめよう。

参考文献

足立己幸・後藤久美「食育」に期待されること『栄養学雑誌』63, 201-212, 2005年
足立己幸・NHK「子供たちの食卓」プロジェクト『知っていますか子どもたちの食卓食生活からからだと心がみえる』NHK出版, 2000年
荒川信彦・大塚惠他『基礎シリーズ栄養学改訂版』実教出版, 2000年
FLAネットワーク協会『食生活アドバイザーR基礎公式テキスト』日本能率協会マネジメントセンター, 2009年
香川芳子『五訂増補食品成分表2008』女子栄養大学出版部, 2007年
沖田千代『わかりやすい栄養・健康データ集』化学同人, 2006年
上岡美保『食生活と食育』農林統計出版, 2010年
川嶋かほる・武藤八恵子『教科書には載らないけれど授業に役立つ食のはなし』教育図書, 2007年
川端晶子・和田淑子『食生活デザイン』家政教育社, 2004年
厚生労働省「日本人の食事摂取基準」策定検討会報告書『日本人の食事摂取基準2010年版』第一出版, 2009年
柴田博『介護福祉士養成カリキュラム準拠老人の栄養・調理』同文書院, 1998年
生活科学研究会編『調理実習を安全に行うために』化学同人, 2004年
全国食品安全自治ネットワーク食品表示ハンドブック作成委員会『くらしに役立つ食品表示ハンドブック全国食品安全自治ネットワーク版　第3版』群馬県食品安全局食品安全課, 2010年
高野陽他『小児栄養子どもの栄養と食生活　第4版』医歯薬出版, 2005年
辻啓介『食環境と健康』第一出版, 2000年
貴田康乃編著『教科専門家庭』佛教大学, 2003年
中村丁次・田中延子監修『基礎からわかる・授業に生かせる食育指導ガイドブック』丸善, 2007年
二見大介「特集食育の現状　食育政策の現状と課題──食育活動の理想像を求めて」

日本発育発達学会編『子どもと発育発達』6, 1, 杏林書院, 2008年
早坂千枝子編著『新版調理学実習——おいしさと健康』アイ・ケイコーポレーション, 2006年
渕上倫子編著『テキスト食物と栄養科学シリーズ5　調理学』朝倉出版, 2007年
武藤八恵子『家庭科実践シリーズ⑧　21世紀の家庭科豊かな学びの展開を目指す献立の授業』教育図書, 1997年
山崎清子・島田キミエ『調理と理論　学生版』同文書院, 1992年
吉田企世子・松田早苗『安全においしく食べるための新しい栄養学』高橋書店, 2009年
力石サダ『子どもの健康・食事Q&A』第一出版, 2000年

（加藤佐千子）

第4章

快適な衣服と住まい（1）衣生活

1　衣生活の現状と課題

（1）　衣服への欲求と消費者の選び方

　衣服を購入する際，何を大事な要素として選んでいるだろうか。2008年アサヒビールお客様生活文化研究所の調査によると，衣服購入の決め手は，価格74.0％，デザイン60.9％，素材（生地）37.0％，着心地のよさ26.0％，持っている服との組み合わせ24.5％，生地の柄21.5％，洗濯しやすさ12.8％となっており，その他にブランド，家族の意見，縫製・仕立てのよさと続く。この調査結果からもわかるように，衣服の選び方はさまざまである。

　これまで，子どもたちの親やOLなどの社会人がファッション業界の主たるターゲットであったが，時代とともに，女子高校生が業界を活性化させるけん引力となっていった。そして今ではさらに低年齢化し，中学生どころか，小学生高学年の子どもたちが，ファッション雑誌を読み，それに準じた衣類を身に付けるようになっている。赤や黒ではなく，パステルカラーのランドセルを選べる時代である。小学生といっても，販売側からはすでに消費者として意識されていると考えてよいであろう。すなわち，子どもたちは一般消費者として扱われている可能性があり，このような現状から，小学校の家庭科においては，子どもたちに消費者としての教育を施す必要がある。以下の内容は，いわゆる大人の感覚としてとらえられてきた側面があるが，実際にはすでに小学生の子どもたちも同様な感覚をもっているとの意識をもつ必要があると考えられる。

　生活水準が向上し，物の豊かな時代になるにつれて，生活の質（QOL）に対する関心が高まってきた。人が快適性や満足感を感じるのは，その時々の欲求が充足することに伴う心や感性の変化ともいえる。ここではまず人間の欲求の体系に沿って衣生活を考えてみよう。

第 4 章　快適な衣服と住まい（1）衣生活

欲求の分類の一つに，1次的欲求と2次的欲求とに分ける考え方がある。1次的欲求は生理的欲求，2次的欲求は社会的欲求ともいわれている。人間の欲求についてアメリカの心理学者，マズローは欲求の階層理論を提唱している。すなわち，人の欲求には階層があり，生活にかかわる低次の欲求が満たされた後に人間を動機付け，図4-1のように5つの段階を設定している。

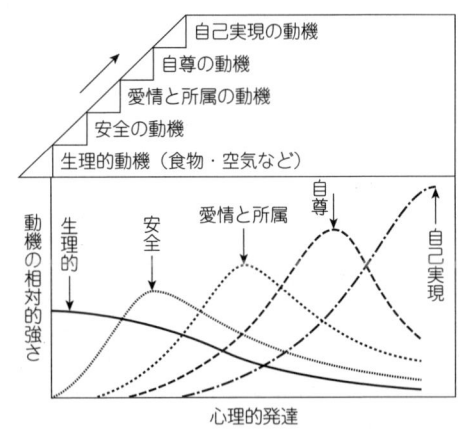

図4-1　マズローの動機の階層
出所：小林，2003，4頁。

マズローの分類において，生理的動機と安全の動機は1次的欲求に属し，所属と親和の動機，尊敬と承認の動機，自己実現の動機は2次的欲求に属する。①，②は生存と健康にかかわり，このような低次の欲求がある程度満たされた

---

① 生理的動機　生存に不可欠な生理的欲求である。衣との関係では暑さ，寒さなど気候から身を守ることに対応する。
② 安全の動機　恐怖，苦痛，不快を逃れたいという欲求であり，安全・安定の欲求ともいう。衣生活では害虫や外傷から身の安全を守ることに相当する。
③ 愛情と所属の動機　帰属，受容，愛情に対する欲求であり，社会帰属の欲求ともいう。TPOに合わせた装いなど，社会生活や人付き合いにおける倫理的な働きなどがあげられる。小学生の間でも仲間同士のグループにおける暗黙の了解のようなものがあるかもしれない。それを守ることでそのグループに所属していられるというような感覚が芽生えると考えられる。
④ 自尊（尊敬と承認）の動機　威信，著名，承認と関係した欲求であり，自我の欲求ともいう。流行やファッション，社会への同調性と優越感といったことがあげられる。小学生世代のブランドもあり，それを身に付けることがステータスになる可能性は有り得る。マスコミからの情報で自分が理想とするタレントたちの真似をすることもあるであろう。
⑤ 自己実現の動機　自己表現，自己達成と関係した欲求である。流行のファッションを真似ることから始まって，自分に似合うスタイルや自分の感覚にあう装いや生活スタイルを確立していく，という意味合いがある。小学生がこの域に達することはまずないと考えられるが，身体の成長とともに心の成長において何を求めるかを考える大切な過程となるであろう。

後に，③，④の精神作用にかかわった欲求が満たされる。さらに①から④が充足されて後，それぞれの個性に応じて自己の才能を十分に発揮させ，⑤自己実現のような高次の欲求が豊かに発現するとされている。人体機能の補助と人間の装身の本能的欲求，両方が衣に対する人間本来の欲求であるととらえれば，どちらか一方だけを求めるのではなく，二つの欲求を同時に満足することが，真の意味での衣の役割であると考えるべきであろう。

しかし，衣生活においては，極寒，極暑で死に至る場合を除いて，日常的に精神的な欲求を満たすために，痛くて窮屈なハイヒールを履いたり，苦しくてもガードルを着用したり，寒くても半袖を着たり，暑くてもブーツを履いたりというファッション性を重視して，低次の要求を無視する側面もあるようだ。

物不足で布を何度も擦り切れるまで用い，衣服が生活必需品的な対象であった時代から，現代の衣服は憧れや好みといった欲求を満たし，個性を表現するための手段としての対象になっている。ファッション雑誌が溢れ，欲しいものが容易に手に入るこの時代，色や形の美しさ・奇抜さのみがファッションや個性としてとらえられ，クローズアップされてしまい，品質そのものがあまり評価されなくなっている傾向にある。それは，衣服の製造技術や加工技術が向上し，品質面における粗悪品が少なくなったことも関係している。

衣服の品質を評価する判断の一助として定められている家庭用品品質表示法では，繊維の組成をはじめ家庭洗濯など取扱い方法，はっ水性，収縮性，難燃性，寸法が表示すべき事項となっている。これらの項目は全て機能性を含んだ物理的な品質を表している。大量生産，大量消費が行われ，さらに非常に安価な外国製の衣服が大量に輸入されるようになった昨今，衣服の品質，性能を評価して購入する必要が生じている。消費者は，法律に定められた表示から物理的な品質をも評価し，判断して購入する能力が必要である。

もちろん衣服の購入時にすべての項目を評価することは難しく，また衣服の種類によって重視する項目は異なる。しかし，各消費者がそれぞれの価値観をもって視点を決め，購入する衣服を決定することが以前にも増して重要になってきている。

（2） 衣服の生産から廃棄までの課題

　衣生活を概念的にとらえると，図4-2のように，衣服は購入から再利用または廃棄への道筋をたどる。衣服の製造過程から廃棄までの現状をたどることで，衣生活における課題を考えてみよう。

① 天然繊維

　植物繊維は農家が栽培を行うことで生産されている。食の世界で有機野菜が取り上げられるようになって久しいが，衣の世界でもオーガニックコットンなど有機栽培が見直されている。繊維の場合は農薬や化学肥料が使用されていても食するわけではないし，また繊維から糸になり布になる段階で何度も洗われ，表面に付着した農薬などが製品の段階まで残留することはほとんどない。したがって，衣服を着用する人に害を与えることはない。しかし，オーガニックコットンが出現した背景には，栽培する農家の人たちに対する健康被害がかかわっている。大規模農場の綿栽培において，たとえばアメリカなどでは農薬が飛行機で一斉に散布される。綿花は，緑の葉が綿花と混じらないように葉が枯れてから収穫される。自然に葉が枯れるのを待っていられないので，枯葉剤が用いられる。枯葉剤はベトナム戦争で散布され，枯葉剤を浴びた人々の子どもの多くが奇形児として産まれたことで問題になった薬剤である。これらの薬剤が綿栽培で働く人たちの健康を蝕むことに対処するためにオーガニックコットンが注目を浴びるようになったのである。オーガニックコットンの栽培量は，綿の全栽培量に比べればまだまだわずかであり，コストが高いため，なかなか普及は難しいが，オーガニックコットンのみを扱う企業も現れており，グローバルな展開が期待されている。

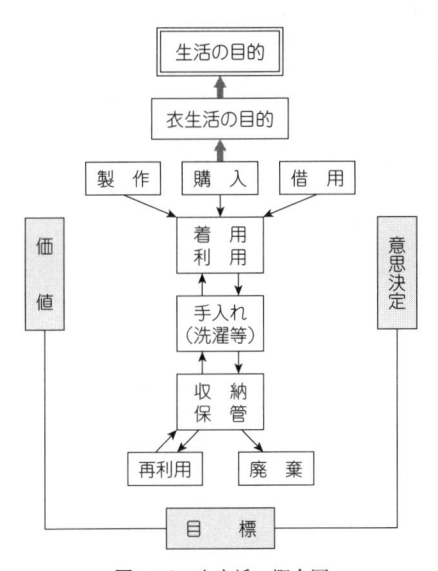

図4-2　衣生活の概念図
出所：今井・山口，1991，240頁。

たんぱく質を成分とする動物繊維も廃棄の上での問題はないが，カシミア山羊の増加がモンゴル地区の草原を砂漠化させている要因の一つになっているといわれている。モンゴルの大草原では放牧地を転々と移動することで，家畜が草を食んでも，またその地に戻ってきたときには芽が出て草原に戻っているように上手に自然と付き合ってきた。しかし，昨今では，特に日本でカシミアのセーターが好まれ，高い値段で売買されることから，カシミア山羊が大量に飼われるようになったといわれている。さらにあまり広い範囲で放牧をしなくなったということもあって，新しい草が生えてくる前に餌として食べられてしまうために，草原が砂漠化しているというのである。カシミアセーターが非常に高価で，なかなか手に入らなかった時代から，やや安価となって多くの人の手に届くようになった背景には，このような生産の増加があると考えられる。製品として手に入ってきている状態だけを見ているだけでは，それが環境に影響を与えているかどうかはわからない。しかし，そのような形で実際には自然に対して大きな影響を与えているという例の一つである。また，動物の場合は呼吸によって二酸化炭素を排出することになる。適切な面積に適切な頭数の動物がいるだけであれば問題にもならないことが，需要と供給の関係で動物の数が増加することで起きる環境問題もあるということを知っておくべきであろう。

② 化学繊維

再生繊維や半合成繊維の原料の多くは自然に存在するセルロースなので，廃棄上の問題点はほとんどない。しかし，繊維を形成するにあたって化学薬品を使用することから，適切な工場の作業環境をつくり，薬品の廃棄処分に注意を払うことは必要である。合成繊維の場合，原料が石油であることから，プラスチック製品と同様に土に返らないという問題点があげられる。

ペットボトルの収集はかなり一般的になってきた。ペットボトルのペットとは，合成繊維のポリエステル（またはポリエチレンテレフタレート）と同じものである。つまり，合成繊維の廃棄は現在問題になっているプラスチックの廃棄問題としてとらえなければならない。再利用に当たっては，材料すべてが同質の物であることが望ましいが，繊維材料だけでなくボタン，ファスナーなどが用いられている衣服は，自動車などの産業資材に比べて，回収後の仕分けに

第4章　快適な衣服と住まい（1）衣生活

手間がかかる。ボタン，ファスナーまですべてナイロン製の衣服が試作されてはいるが，価格の問題もあり，コマーシャルベースに乗るには至っていない。

③ 糸・布の作成と加工

繊維を使って糸を作り，布を作るためには天然繊維の場合は収穫した繊維を洗浄し，化学繊維の場合には繊維を加工する工程がある。続いて，織・編の工程，染色・仕上げ工程におけるエネルギー消費，染色・仕上げ時の排水処理の問題もある。さらに，日本の繊維製品は川上，川下などの表現があるように，それぞれの工程を異なる会社が行っているため，物品の移動のために用いられる交通手段において，大きなエネルギーを消費している。

④ 衣服の手入れ

衣生活の現状において，衣服の手入れに関しては洗剤やドライクリーニングを含む洗濯が環境に与える影響について概説する必要があるが，第3節において詳細を述べることとする。界面活性剤を含む洗剤については，環境問題とのかかわりで新しい界面活性剤の開発や洗剤のコンパクト化がなされ，対応が進んできた歴史がある。またライフスタイルの変化とともに，新しい洗濯機の普及やドライクリーニングの普及と問題点等があるが，いずれにしても，衣服の生産者側は洗濯方法などの取り扱い方法も考慮に入れた衣服設計を，消費者側も環境問題に考慮した衣服の購入を行っていくことが必要である。

⑤ 保管と廃棄

安価な商品の安易な購入や，流行の移り変わりによって，数回の着用のみでたんすの中に眠ってしまう死蔵衣料の問題が生じる可能性が高い。図4-3に衣服の利用と処分経路を示している。着られなくなった衣服は，

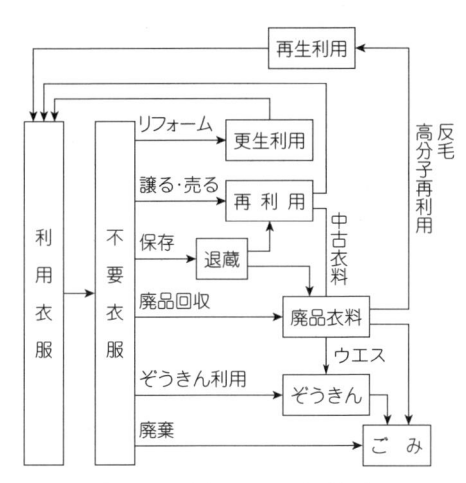

図4-3　衣服の利用・処分経路

出所：風間，1996，143頁。

いずれは処分を受けることになる。これらのことを併せ考えてみると，消費者は衣服の購入の段階で，着用目的だけではなく，手入れ・保管・廃棄まで考慮する必要があることがわかる。

　省資源，環境負荷の低減を目指して，平成13年に「循環型社会形成推進基本法」が制定された。「容器包装」「家電」「食品」「建設資材」「自動車」に対しては，それぞれのリサイクル法に基づいて有効利用が推進されている。

　これに対して，衣服を含む繊維製品のリサイクルはあまり進展していない。衣服は，繊維の種類が多いだけでなく，複合製品であることは先にも述べたとおりである。混紡，交織，表地，裏地，芯地，ボタン・ファスナー等の付属品，さらに染料，顔料，さまざまな加工剤を含んでいる。このように多種類の素材が複雑に組み合わされていることがリサイクルの大きな阻害要因になっている。

　衣服がこのように多くの素材から構成されているのは審美性，着用快適性，取り扱いのしやすさなどを追求してきた結果である。しかし，有限な資源・環境保全の問題を考慮したとき，リユース，リサイクルに対応した衣服設計が必要となってくるであろう。

　経済的に貧しく，保健的機能が文化・社会的機能より優先せざるを得なかった時代から，人々の上昇志向が強まり，流行追随の風潮，個別性・自己顕示性の強い文化・社会的機能への要求が強まってきた現代へと，衣服に対する人々の意識が大きく変遷した。その時代を経て循環型社会形成が求められる時代となった今日，消費者には衣服の素材や着心地，消費性能など衣服の品質に対する理解を深め，衣服に対する自分自身の品質基準を確立して選択購入する姿勢

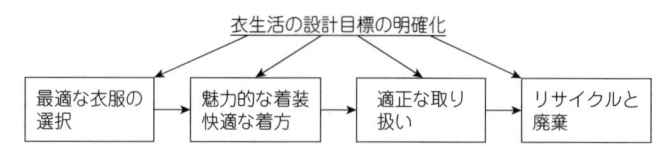

```
            衣生活の設計目標の明確化
        ┌──────┬──────┼──────┬──────┐
   ┌────────┐ ┌────────┐ ┌────────┐ ┌────────┐
   │最適な衣服│ │魅力的な着装│ │適正な取り│ │リサイクルと│
   │の選択   │ │快適な着方 │ │扱い    │ │廃棄     │
   └────────┘ └────────┘ └────────┘ └────────┘
```

　　　　地球環境規模，有限な資源を前提として，生活する人間の健康の
　　　　側面からの衣生活の在り方，より豊かな，安全な，美しい外観の，
　　　　自己実現を図り得る，快適な着心地の得られる衣服を考える。

　　　　　　　図4-4　衣生活の設計目標
　　　　　出所：丹羽雅子「全国家庭科教育指導者養成講座集録〈高校・家庭〉」全国
　　　　　　　家庭科教育協会，1994，116頁。

が必要になっている。すなわち図4-4に示すような衣生活の設計目標を明確にすることで，単に安価であるという理由で購入することもなくなり，短期間の着用で廃棄することもなくなるであろう。

21世紀に入り，地球規模でのさまざまな環境問題が生じている現在，生産者側と消費者側の相互の関係を強くするとともに，双方の責任をあらためて問い直す必要がある時期に来ている。小学生から環境問題を学び，ペットボトルのリサイクルを当たり前のように行ってきた子どもたちは，もともと高い意識をもっている。衣生活の現状を知ることで，身近な生活をより良くすることの意味を十分に理解してくれることを期待する。

2　衣服の働きと着用

（1）　衣服材料の基礎知識

衣服の材料の大部分は布である。布には織物，編物，不織布，皮革などがある。衣服は，糸を用いて布を縫い合わせて形づくられる。そして，ボタン，紐，ベルトなどの附属品を用いて着装する。衣服はさまざまな材料によって作られた複合製品である。

衣服材料として用いられている繊維は図4-5のように分類される。天然繊維とは繊維が自然界に産するもので，化学繊維とは天然または人工の分子から人工的に細くて長い形の繊維を作り上げたものである。化学繊維の中で，再生繊維とは繊維分子は自然界に産するものを利用し，繊維の形に再生したもの，半合成繊維とは自然界に産する繊維分子を化学的に変化させ，繊維の形に作り上げたもの，合成繊維とは繊維分子そのものを人工的に合成したものである。

細い繊維からうみだされるやわらかさは，糸や布のやわらかさを生じ，人間の皮膚のやわらかさと調和する。布は，小さな力で伸びやすいという性質をもっており，人間の皮膚の性質とよく似ている。これらの性質のおかげで，布は紙などと違って，肌触りが良く，人間のからだを美しく包み，また動作にともなって皮膚の動きを妨げることなくいられるのである。

また，布を構成する糸と糸との間，糸を構成する繊維と繊維の間には多くの

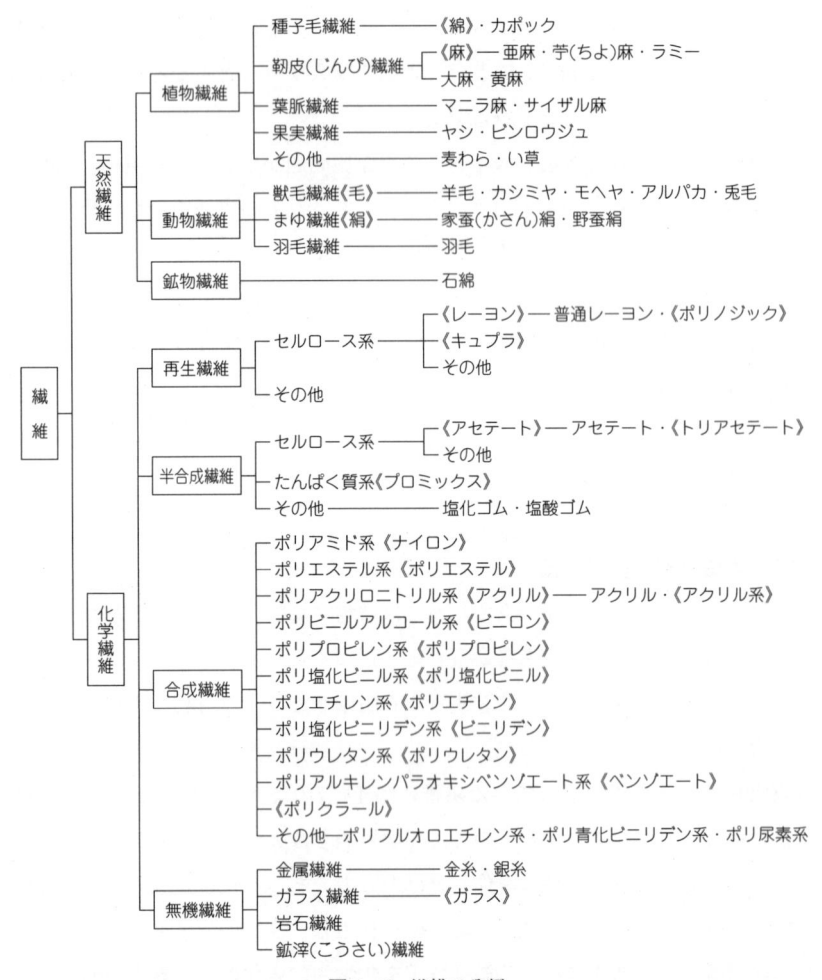

図4-5 繊維の分類

- 繊維
  - 天然繊維
    - 植物繊維
      - 種子毛繊維 ── 〈綿〉・カポック
      - 靭皮(じんぴ)繊維 ── 〈麻〉── 亜麻・苧(ちょ)麻・ラミー
        - 大麻・黄麻
      - 葉脈繊維 ── マニラ麻・サイザル麻
      - 果実繊維 ── ヤシ・ピンロウジュ
      - その他 ── 麦わら・い草
    - 動物繊維
      - 獣毛繊維〈毛〉── 羊毛・カシミヤ・モヘヤ・アルパカ・兎毛
      - まゆ繊維〈絹〉── 家蚕(かさん)絹・野蚕絹
      - 羽毛繊維 ── 羽毛
    - 鉱物繊維 ── 石綿
  - 化学繊維
    - 再生繊維
      - セルロース系
        - 〈レーヨン〉── 普通レーヨン・〈ポリノジック〉
        - 〈キュプラ〉
        - その他
      - その他
    - 半合成繊維
      - セルロース系
        - 〈アセテート〉── アセテート・〈トリアセテート〉
        - その他
      - たんぱく質系〈プロミックス〉
      - その他 ── 塩化ゴム・塩酸ゴム
    - 合成繊維
      - ポリアミド系〈ナイロン〉
      - ポリエステル系〈ポリエステル〉
      - ポリアクリロニトリル系〈アクリル〉── アクリル・〈アクリル系〉
      - ポリビニルアルコール系〈ビニロン〉
      - ポリプロピレン系〈ポリプロピレン〉
      - ポリ塩化ビニル系〈ポリ塩化ビニル〉
      - ポリエチレン系〈ポリエチレン〉
      - ポリ塩化ビニリデン系〈ビニリデン〉
      - ポリウレタン系〈ポリウレタン〉
      - ポリアルキレンパラオキシベンゾエート系〈ベンゾエート〉
      - 〈ポリクラール〉
      - その他 ── ポリフルオロエチレン系・ポリ青化ビニリデン系・ポリ尿素系
    - 無機繊維
      - 金属繊維 ── 金糸・銀糸
      - ガラス繊維 ── 〈ガラス〉
      - 岩石繊維
      - 鉱滓(こうさい)繊維

注：( )は繊維製品品質表示法による呼称を示す

空気が含まれている。そのため，圧縮してもやわらかく，軽く，断熱性をもつ。つまり繊維の性質や，糸・布の構造によって，寒い暑いにかかわらず快適な衣服内環境をつくり，人間の体温調節を補助しているのである。

綿・麻の涼しさ，冬暖かく夏涼しく着られる羊毛，絹の暖かさと爽やかなタッチと優美さなどの天然繊維の良さは，科学的に明確にされてきている。人体

は不感蒸泄といって皮膚から水分が絶えず蒸発しており，その水分を衣服の外に運び，蒸れないようにすることは快適な衣服に必要なことである。合成繊維は石油から製造されており，吸湿性の小さいことが難点であるが，これは織り構造または編み構造で布にすきまを与えることで克服することができる。逆に合成繊維の疎水性から派生する即乾性やしわになりにくい性質，防水性，防炎性などは，天然繊維では望めないものであり，合成繊維のみがもつ価値である。天然繊維と化学繊維の混紡や交織により，両者の長所を兼ね備える工夫もなされている。現代の衣生活では，天然繊維，化学繊維それぞれの長所，短所を把握し，用途に見合った使用をすることが快適な衣生活につながるといえよう。

　繊維製品が衣服の材料となっている意味を知ることは，衣服を選ぶうえでも大切なことである。肌着に用いられる布とジャケットに用いられる布が異なるように用途に応じた布の性質を知っておく必要がある。

（2）　衣服の働き

　文化人類学や民族学の研究成果を手がかりとした衣服の起源説には，羞恥説，身体保護説，呪術説，護符説，装飾説，紐衣説，標識説等がある。この中で，身体保護説，装飾説の二説が，諸民族の間に共通性が多く最も重要であると指摘されている。着用の目的も立場によって異なる諸説がある。代表的なものとして，表4-1に小川による衣服の目的区分を示す。さまざまな説があるにしても，衣服が人間の身体・心およびこれを取り巻く社会環境と深くかかわっていることは間違いない。衣服の目的は，時代と社会の変遷とともに今日では多岐にわたっている。それらを整理すると，①外部環境に応じた体温調節補助，②化学的・物理的刺激などからの身体防護，③皮膚表面の清浄維持，④運動性の保証・増進，⑤装身，⑥風俗・習慣などの社会規範に従う着用，⑦職種・地位・性別などを表す標識となる衣服着用，⑧仮装・扮装などがあげられる。すなわち，①から④は保健衛生上の目的で，自然環境への適応のため，⑤から⑧は文化的・社会的な整容装飾上の目的で，社会環境への対応のためという二つに大別することができる。衣服の役割は，保健衛生上の目的を果たし，かつ必要とする整容装飾上の機能も満足することにある。

表4-1 衣服の目的区分

着る方式	着る対象	適応すべき対象	必要機能	衣服の目的	目標内容
おおう	人体	自然環境	衛生的機能	生活衛生上の目的	生理作用の補助
					人体の防護
装う	人体と社会	生活活動		生活活動上の目的	動作への適応
					生活の場への適応
	社会	社会環境	社会的機能	装飾審美上の目的	個性の表現・美観
				道徳儀礼上の目的	連帯感の保持
				標識類別上の目的	社会秩序の維持
				扮装擬態上の目的	扮装・仮装

出所：矢部, 1988, 5頁。

① 保健衛生上の働き

(1) 人の体温調節

　人間には健康を維持するために，体温を一定に保つ機能が備えられており，身体は皮膚によって外の環境から守られている。人間の体温は，外の環境が変化しても約37℃に保たれる。この温度は，体内の種々の化学反応の進行に最も適した温度であり，恒体温の保持は，人間が健康を維持するための基本条件である。体温を維持するための熱は，食物として摂取した炭水化物，脂肪，蛋白質を体内で酸化する過程で産生される。一方，この熱は，身体の各部を暖め，体の表面や呼吸気道から，伝導，対流，放射，蒸発という伝熱経路によって外部に放散される。人間の体温は図4-6のように産熱量と放熱量のバランスによって一定に維持される。

ⅰ）衣服内気候の形成

　衣服は，人体表面を覆って，皮膚からの放熱を調節し，衣服内に外界とは異なった気候を形成する。衣服最内層の皮膚に接する部分の衣服内気候と快・不快の関係を調べると，図4-7のように温度が32±1℃，相対湿度が50±10%RH（気流が25±15 cm/sec）の付近に快適域があり，この範囲から離れるほど不快になることがわかっている。快適に着衣するということは，気候にかか

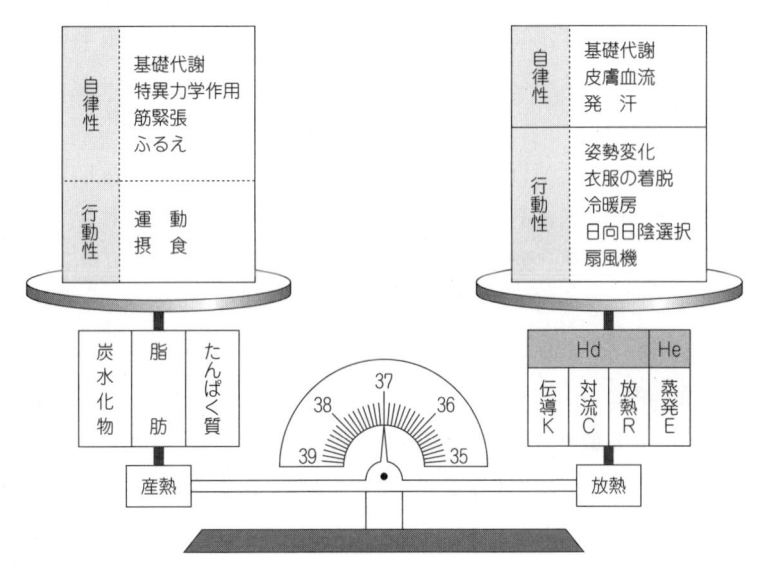

第 4 章 快適な衣服と住まい（1）衣生活

図 4-6 体温の調節—産熱と放熱のバランス

出所：田村，2004，22頁。

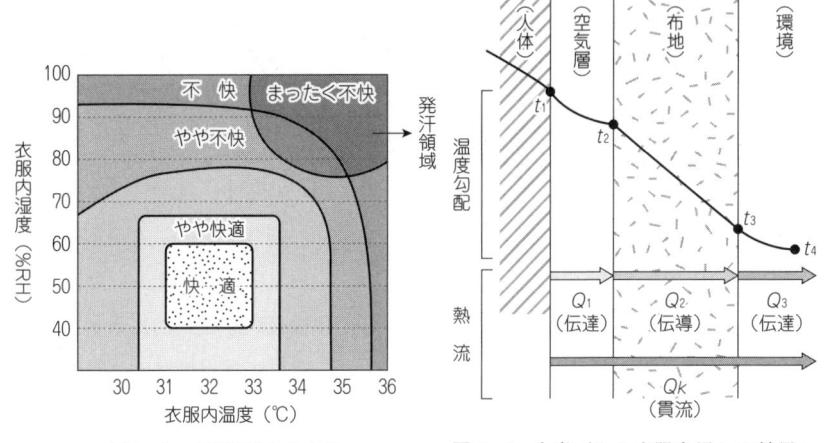

図 4-7 衣服気候と着心地

出所：原田・土田・丸山，1982，350-357頁。

図 4-8 皮膚面から衣服を通して外界への熱移動

出所：矢部，1988，28頁。

わらず，皮膚の周囲に，このような比較的乾いた暖かい気候を形成するための，一種の体温調節行動であることがわかる。

ii）衣服の熱伝達特性

人体から衣服を通して外環境へ熱が移動する様子を図4-8に示している。人体と衣服との隙間にある空気を伝わる熱移動と布の中を通る熱移動，布表面から外気へ放たれる熱移動がそれぞれの箇所で行われている。つまり着衣時の熱移動は，布の熱移動のしやすさ，またはしにくさと衣服内外の空気の状態によって左右される。繊維は金属や石などに比べて熱伝導率が小さく，熱を伝えにくい。布地内には，繊維よりもさらに熱伝導率の小さい空気が50％～90％も含まれている。空気の熱伝導率は繊維よりも低いため，布の面積当たりの空気量が多いほど熱を通しにくくなる。つまり，ダウンのように体積の大きい衣服は身体の周りの暖かい空気を外に伝えにくく保温性が高いのである。その他，ゆとり量や，身体を衣服が覆う面積，襟元や袖口など衣服の開口部の状態や重ね着も熱の通しやすさを左右する。

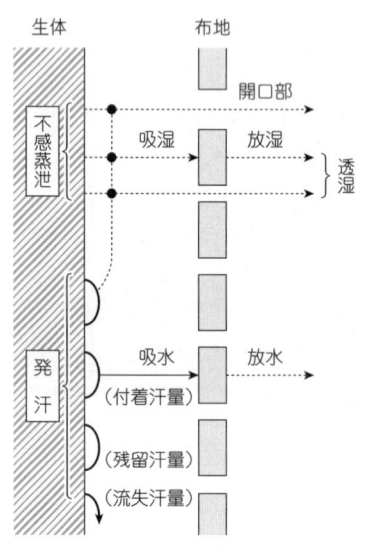

図4-9 皮膚面から外界への水分移動経路

出所：矢部，1988，33頁。

iii）衣服の水分移動特性

人は暑いときには汗をかくことで，蒸発熱によって体温の上昇を防ぐが，寒い気候の下でも人体は水分蒸発を絶えず行っている（不感蒸泄）。したがって衣服は気候にかかわらず，透湿性（水蒸気を通す性質）に優れていることが重要である。図4-9は人体の皮膚から放散される水分の移動経路を模式的に示したものである。水蒸気の透過性は布の吸湿性や透湿性，および衣服の形態や着装方法によって変化する。布の吸湿性（水蒸気を取り入れる性質）は，繊維の性質によって決まる。天然繊維や再生繊維は吸湿性が大きく，皮膚からの不感蒸泄に応じて

吸湿，放湿し，衣服内湿度を調節する性質を示すため，肌着などに適している。合成繊維は吸湿性が小さく，布の透湿は繊維と繊維，または糸と糸のすきまから水蒸気を通すしかない。液体の水の透過性は布の吸水性（液体の水を取り入れる性質），放水性（液体の水を取り込まずに放す性質）に依存する。布の吸水性は主として繊維間の毛細管現象である。したがって繊維の吸湿性とは無関係に，繊維表面のぬれやすさ，繊維と繊維のすきま，織り方，編み方，密度などの布構造によって左右される。たとえば吸湿性の小さい合成繊維でも表面加工により大きい吸水性を示すことができる。繊維内部に吸水しやすい綿などでは放水性が乏しく，疎水性の合成繊維では放水性が高い。放水性が低いと吸収した汗などが長時間布地内に保持され，不快になり，さらには冷えの原因となるため，多量な発汗を伴うスポーツウェアの設計では放水性も必要である。

(2) 化学的・物理的刺激などからの身体防護

　一般的な日常の生活の中では，食事の片づけや洗濯の時に用いられる洗剤や漂白剤，掃除のときの薬剤をはじめとして皮膚が化学的刺激を受ける可能性がある場面がある。また，ころんで膝を擦りむいたり，机の角にぶつかって軽い内出血を起こしたりという物理的刺激を受ける場面もあり得る。衣服を着用していることで，このような化学的，物理的刺激から皮膚を傷つけないよう守ることができる。仕事によっては作業着によってけがから身を守ることもでき，衣服は身体防護としての役割をもっている。

(3) 皮膚の清浄

　衣服は外環境の汚れが皮膚につくのを防ぐ一方，皮膚から出る汚れを吸収して，皮膚を清潔に，心地よく保つ役割をする。皮膚面には，常在菌といわれる各種の菌が存在しているが，健康な皮膚の状態が崩れると常在菌の一種が異常に増殖し，皮膚疾患を引き起こす。皮膚面を絶えず清潔に保っておくために，衣服はこまめに洗濯する必要がある。また衣服が皮膚に害を及ぼし，疾病を引き起こすことがある。これを衣服障害といい，物理的要因と化学的要因がある。

② 生活活動上の働き

　人間生活の基本は，活動と休養，覚醒と睡眠というリズムにある。活動時の衣服には，動きやすく，疲れにくいことが要求される。一方，休養時の衣服，

特に睡眠時に着用するねまきや布団は，睡眠中の生理反応に適した条件を備え，質の高い眠りが得られるものである必要がある。

活動時の動作には関節の回転や屈曲および伸びが関与する。活動しやすい衣服は各関節の動きを妨げない。このような衣服の設計においては各関節の動きや皮膚の伸びを十分考慮したデザインが必要である。衣服着用時，関節の動きに伴って生じる皮膚の伸びは，衣服のゆとり，衣服のすべり，布の伸びに対応している。衣服の開口部やゆとりが十分であれば，人体の動きは衣服のすべりや伸びに依存することなくスムーズに行われる。ゆとりが少なくなると衣服のすべりは人体の動作しやすさに有効に働く。衣服のゆとりやすべりで皮膚の伸びが補えなくなったとき，布が伸ばされる。織物よりも編み物の伸縮性の方が高く，さらにポリウレタンなどの弾性糸を用いることで，より伸縮性の大きい布が得られる。布の伸長に伴って生じる人体への圧迫を衣服圧という。過度の衣服圧は呼吸へ影響を与えたり，うっ血を促して活動性を低下させたりすることがあるが，適度な衣服圧は体形を整えるとともに，体の余分な振動を抑えて活動しやすくするという役割がある。

③ 社会生活上の働き

(1)風俗・習慣などの社会規範に従う着用，職種・地位・性別などを表す標識となる衣服着用

社会，民族，地域などの慣習，規則等の社会規制を受ける場合もある。また道徳儀礼上の機能や，職務，役割，行動などを表示するために，特定の衣服，記章，標識などを用いる場合のような標識類別上の機能などもある。

(2)装身，個性表現

衣服は着る人の個性を表現し，その人の育った背景をも反映する。個性には体格・体形のような外観的・身体的な個性と積極性・消極性というような内面的・精神的な個性の両方が含まれる。社会生活を営む上で，お互いの人間関係を円滑にするために衣服の持つ役割は大きい。

また，流行という社会現象の中で差異化と同調の意識が見られる部分もある。個性を表現する部分と社会に同調する部分，それぞれをどのように調和させるかが大切になってくる。

ファッションには，最初は奇抜で個性的であってもそれが多くの人に取り入れられると当たり前のようになるということがたくさんある。たとえば茶髪やピアス，女装や男装など，一昔前にはあまり普通とは思われていなかったことが現在ではメディアの中だけでなく，日常の中で何の違和感もなく，偏見でみられることもほとんどなくなった。社会が何事をも受け入れることができるという重要性がある一方で，伝統的に守られてきたことが最も適切であるという場合があることも知っておいてほしい。

3 衣服の手入れ

（1） 衣服の汚れ

　衣服の機能は着用により徐々に劣化する。衣服の種類や構成材料の種類，着用状態や着用回数，生活環境などにより差はあるが，手入れを怠ると劣化は急激に進み，被服機能，特に外観の低下を生じる。その主な要因は，汗，皮脂といった皮膚面からの汚れや食物，ほこりなどによる汚れ，しわなどの形態変化，表面性状の変化，変色退色があげられる。衣服に付着する汚れは，汗，皮脂，血液，尿等，人体からの分泌物や垢である。性質による汚れの分類としては，水溶性汚れ，油溶性汚れ，固体粒子汚れがある。細菌，カビなどの微生物等は特殊汚れである。

（2） 洗濯の原理と方法

① 汚れの除去

　着用によって低下した衣服の機能を本来の状態に回復させるために洗浄が行われる。洗浄は繊維に付着した汚れを液体によって除去する過程であり，洗浄効果は水や溶剤などの洗浄媒体，洗剤，洗濯機などの洗浄機器に

表4-2　汚れの付着機構

機械的付着	繊維間隙や表面の凹みへのはまり込みによる付着
静電気力による付着	繊維の摩擦帯電による汚れの粒子の付着
分子間力による付着	油性薄膜を介しての微小粒子の付着
化学結合による付着	繊維と汚れの官能基間の結合による付着
金属イオンの凝集作用による付着	Ca^{2+}などを橋渡しとする繊維と汚れの結合による付着

出所：加地，2003，53頁。

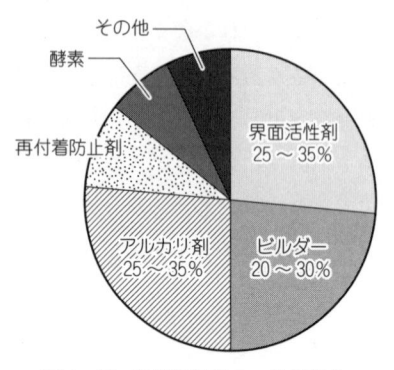

図4-10 洗濯用洗剤の一般的組成
出所：田村，2006，158頁。

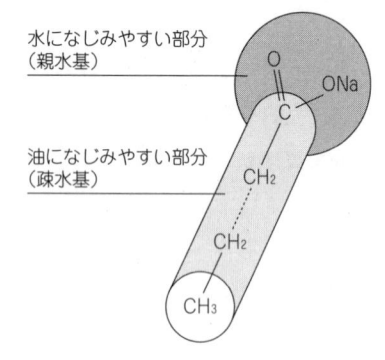

図4-11 界面活性剤の分子構造
出所：田村，2006，143頁。

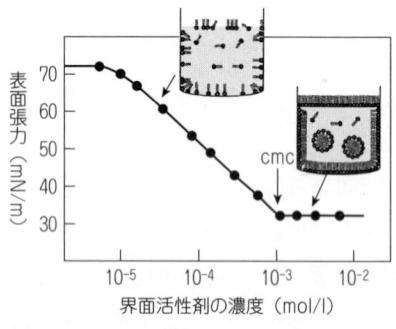

図4-12 界面活性剤の濃度と表面張力との関係
出所：田村，2006，143頁。

大きく依存する。繊維に汚れが付着している仕組みを表4-2に示す。汚れの取り方は，機械力を加える方法，水や溶剤で溶かし出す方法，洗剤を使う方法に分けられ，これらを単独で行うか，または組み合わせて行う。

② 洗　剤

洗剤は主剤である界面活性剤に各種のビルダー（アルカリ剤，金属イオン補足剤，イオン交換剤），補助剤（酵素，再汚染防止剤，泡抑制剤，蛍光増白剤，香料，色素など）および漂白剤などが配合されている。洗濯用洗剤の一般的組成を図4-10に示す。

界面活性剤は，図4-11に示すように，1つの分子中に水になじみやすい部分（親水基）と，油になじみやすい部分（親油基または疎水基）を合わせもつ物質である。主な界面活性剤の種類と特徴を表4-3に示す。陰イオン系，陽イオン系，非イオン系，両性系などがあるが，洗浄作用をもつのは主に陰イオン系，陽イオン系である。洗濯用洗剤にはこれらがさまざまに配合されている。主な洗剤の種類と特徴を表4-4に，配合剤の種類とはたらきを表4-5に示す。

表4-3 主な界面活性剤の種類と特徴

イオン性	種類	名称	略称	特徴
陰イオン系	脂肪酸系	脂肪酸ナトリウム（純石けん分）	石けん	動植物性油脂を原料とし，水酸化ナトリウムを作用させて作る。水溶性はアルカリを示す。冷水に溶けにくく，生分解性がよい。
	直鎖アルキルベンゼン系	直鎖アルキルベンゼンスルホン酸ナトリウム	LAS	石油を原料とする。冷水に溶けやすく，油性汚れの洗濯に高い効果を示す。弱アルカリ性洗剤に使用される。生分解性が悪い。
	高級アルコール系	アルキル（エーテル）硫酸エステルナトリウム	AS (AES)	洗浄力はLASよりも低いが，繊維に柔軟性を与え，風合いをよくする。中性洗剤・液体洗剤・シャンプーなどに使用される。
	アルファオレフィン系	アルファオレフィンスルホン酸ナトリウム	AOS	洗浄力が高く，硬水の影響を受けにくく，すすぎ性も優れている。生分解性がよく，中性・弱アルカリ性洗剤など広く使用される。
非イオン系	脂肪酸系	脂肪酸アルカノールアミド		水中で電離しないので，硬水の影響を受けにくく，陰イオン系・陽イオン系と混合して使用される。液状のものが多く，低温でも溶けやすく，低温での洗浄力が高い。泡がたちにくい。生分解性もある有機溶媒にも親和力が大きいので，ドライクリーニング用にも使用される。
	高級アルコール系	ポリオキシエチレンアルキルフェノール	APE	
	アルキルフェノール系	ポリオキシエチレンアルキルフェノールエーテル	APPE	

出所：加地，2003，55頁。

　界面活性剤を水に溶解させると，親油基は水から逃れようとして水面に集まり，水の表面張力が低下する。汚れや衣服の界面に集まると，界面張力を低下する働きをもつ。界面活性剤の濃度を高めてゆくと，図4-12のように，表面張力の低下はある濃度以上で一定となる。この濃度に達すると界面活性剤が飽和状態になり，それ以上の分子は水中で会合してミセルと呼ばれる集合体を形成する。この濃度は臨界ミセル濃度（cmc）と呼ばれ，cmc以上では表面張力は一定となる。ミセルは親油基を中心に，数十から数百の分子がほぼ球形に集

表4-4 洗剤の種類と特徴

種類		液性	原料	適用繊維	主な用途と特徴
石けん	石けん	弱アルカリ性	主に天然の動植物の油脂	綿・麻・化繊（アクリル，ポリエステル，ナイロンなど）	水に溶けて弱アルカリ性を示し，洗浄力が大きい。冷水に溶けにくく，硬水の影響を受けやすい。布に残留して黄ばみの原因になるので，温水を使い，すすぎを十分に行う。
	複合石けん				石けんの欠点である金属石けんの生成を防ぎ，また，水に溶けやすくするために，カルシウム石けん分散剤と呼ばれる合成界面活性剤を加えてある。
合成洗剤	弱アルカリ性		主に石油		洗浄力が大きく，冷水に溶けやすく，すすぎ性がよい。アルカリで損傷を受けない繊維や，汚れのひどい衣類に適する。
	中性	中性		毛，絹，アセテート	弱アルカリ性洗剤より洗浄力は弱い，繊維を傷めず，風合いを損なうことが少ない。

出所：加地, 2003, 56頁。

まったもので，内部は水になじみにくい油を溶解することができる。したがって，cmc以上になると，この性質が，ぬれ（浸透・湿潤）作用，油汚れの乳化作用，固体汚れの分散作用，再付着防止作用など，洗浄に関与するさまざまな界面化学的な力を発揮する。

　衣料用洗剤の変遷を図4-13に示している。合成洗剤が発売された当初，使用されていた界面活性剤は，ABSという生分解性の悪い分岐鎖型（ハード型）のもので，下水処理場や河川で発泡現象を起こした。これに対して，1968年頃までに，生分解性のよい直鎖型のLAS（ソフト型）に置き換わった。また，合成洗剤には，優れたビルダーとしてトリポリりん酸塩が配合されていた。しかし，そのために湖沼など閉鎖性水域の水が，炭素，窒素，りんなど水生生物の栄養素を多く含むようになった。その結果，プランクトンや藻などの水生生物が異常繁殖する現象である富栄養化が引き起こされることとなった。有りん合成洗剤がその要因の一つであったことから，ゼオライト（アルミノけい酸

表4-5 配合剤の種類と働き

	種類	はたらき		種類	はたらき
洗浄補助剤	アルミノケイ酸ナトリウム（ゼオライト）$Na_{12}[(AlO_2)_{12}(SiO_2)_{12}]\cdot 27H_2O$	水に不溶性の白色の微粒子。硬水を軟化し液をアルカリ性に保つ。	性能向上剤	酵素　プロテアーゼ　アルカラーゼ　セルラーゼ	たんぱく質／油脂／セルロース／繊維内の汚れ　を分解する。
	メタケイ酸ナトリウム $NaSiO_3$	液をアルカリ性にし、硬水を軟化する。汚れの分散を促進し、金属の腐食をおさえる。		蛍光剤	洗濯物の白さを増す。
	炭酸ナトリウム Na_2CO_3	液をアルカリ性にし、硬水を軟化する。脂肪酸汚れをケン化して、落ちやすくする。		漂白剤	着色物質を分解する。
	トリポリン酸ナトリウム $Na_5P_3O_{10}$	液をアルカリ性にし、硬水を軟化する。汚れの分散を促進し、粉末洗剤の固化を防ぐ。現在はほとんど使用されず。		柔軟剤	繊維に柔らかさを与え、繊維が帯電するのを防ぐ。
	硫酸ナトリウム Na_2SO_4	水溶液は中性である。界面活性剤の吸着・汚れの分散を促進する。粉末洗剤の固化を防ぐ。		エチルアルコール・尿素	液体洗剤の場合に、界面活性剤を溶けやすくする。
	カルボキシメチルセルロース(CMC) $\begin{pmatrix}-O-CH_2COONa\\ -C_6H_9O_3-O-\end{pmatrix}$	汚れのとれた繊維表面や汚れ粒子に吸着して、負の電位を増大させ、繊維と汚れの反発力を高めて、再汚染を防止する。		香料	香りを与える。

出所：加地，2003，57頁。

塩）をビルダーとする無りん洗剤が発売され，現在ではほぼ100％無りん化されている。現在，各家庭で用いられている洗剤は市販される前に製品としての性能が確認なされるとともに，安全性についても確かめられている。

　工場などの事業所からの排水対策が進み，現在では環境水系を汚染しているのは家庭排水が主体となっている。家庭から排出される有機物はBOD（生物化学的酵素要求量）に換算して，一人1日当たり約43gと推定されており，そのうち約4gが洗濯その他に由来すると見積もられている。石けん，洗剤類の

図4-13 衣料用洗剤の変遷

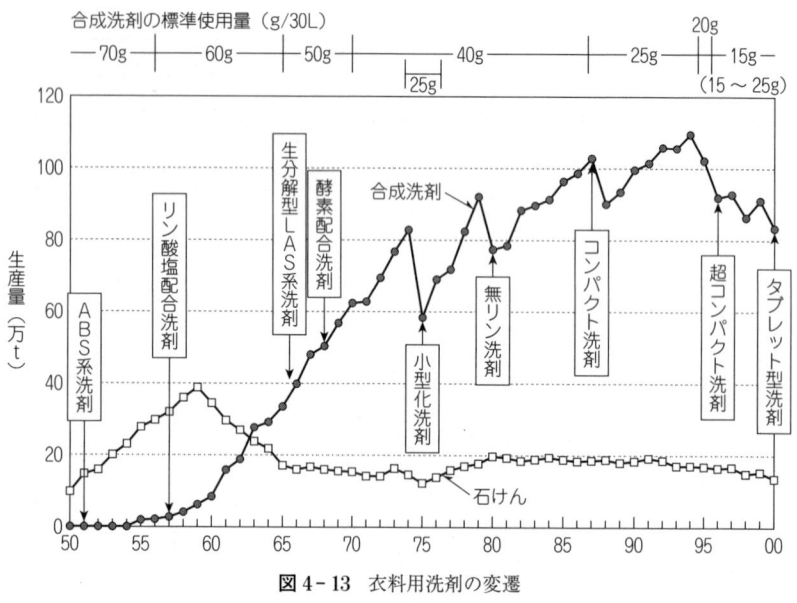

出所：田村，2006，158頁。

　生産量は製品として，年間で190万トン程度に達し，洗濯用が40％弱，台所用が約10％，シャンプー，リンス，石けんなどの身体用が約20％となっている。現在使用されている石けん，洗剤類には生分解されやすい原料が用いられており，下水処理を受けることによって99％以上の高い割合で除去され，河川などでも数時間で濃度が2分の1になることも知られている。しかし洗濯は各家庭で毎日のように行われている。洗剤がソフト化され，無りん化されても，河川や湖沼などの自然浄化作用には限界があり，生分解性の良い石けんやアルキル硫酸エステル塩でも濃度が高くなれば河川を汚濁することには変わりはない。環境保全のためには，洗剤の改良だけではなく，必要以上に洗剤を使用しないようにするなど，洗濯方法などにも考慮する必要があり，なお多くの検討課題が残されている。

③　洗濯の方法

　洗濯や仕上げの方法は，繊維の種類，布の構造，衣服の用途，色，汚れの種類や程度などによって異なるので，同じ条件で同時に洗濯できるものを集めて，

効率よく効果的に洗濯することが必要である。洗浄に寄与する要因として、洗剤濃度、洗浄時間、洗浄温度、浴比などがある。

図4-14に界面活性剤の濃度に対する界面活性剤のさまざまな性質を示している。洗浄力は洗剤の濃度が高まるにつれて向上するが、cmcを超えると洗浄力、表面張力、浸透圧などがほぼ一定になる。すなわち洗濯時の界面活性剤の適切な濃度がcmcであることがわかる。cmcは標準使用量であり、これ以上の洗剤を使用しても洗浄力は増加しないので、表示に書かれた標準使用量を守ることが必要である。洗浄時間は5～10分まではほぼ直線的に洗浄率が上昇するが、それ以降は徐々に上昇の仕方が遅くなり平衡に達する。必要以上に時間をかけても洗浄率の向上が少ない。洗浄温度は一般の化学反応と同様に、洗剤の洗浄効果は水温の上昇とともに高くなる。そのほか、洗浄力に影響する因子として、浴比（一定量の洗濯物の衣服を洗うのに使用する水の量）が用いられる。浴比が大きいと大量の水に対して洗濯物が少ないために機械力による布同士の揉む効果が伝わらず、汚れ落ちが低下する。また水が少なすぎると、洗浄液に衣服が浸かり難くなり、一度落ちた汚れが再付着する傾向が高まる。

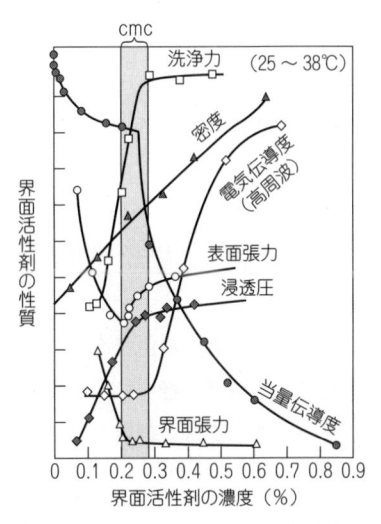

図4-14 cmc付近でのSDS水溶液の各種物性変更

注：SDS：ドデシル硫酸ナトリウム
出所：田村, 2006, 146頁。

④ ドライクリーニング

近年、衣服へのさまざまな付加価値に伴って、新素材やファッション化された衣服が多くなり、さらにライフスタイルの変化などにより、ドライクリーニングの利用頻度が高まっている。しかし、ドライクリーニングに使用される有機溶剤のうち、揮発性有機塩素系化合物は人体への毒性が強いものが多く、作業環境、地下水、土壌などの環境汚染が問題になっている。また、フロン溶剤

による環境問題もある。ドライクリーニング業界でもさまざまな対処を行っており，また家庭で洗えるスーツなども販売されるようになった。各家庭のライフスタイルに応じた洗濯のあり方について考慮し，選択していく時代になっている。

(3) しみ抜き・漂白・増白

① しみ抜き

部分的に付着した汚れをしみという。しみが付着すると，布地の変色や損傷を起こし，時間が経つにつれて取れにくくなるので，できるだけ早く処理することが必要である。付着しやすいしみの取り方を表4-6に示す。

② 漂　白

着用時についた黄ばみや汚れを，酸化や還元という化学反応で分解することを漂白という。漂白剤は化学作用によって酸化型と還元型に分類され，酸化型

表4-6　しみの種類としみ抜きの仕方

しみの種類		最初の処理	次の処理	とれない場合
食品	しょうゆ，ソース，コーラ，カレー，果汁 酒類	水か湯でかたくしぼった布，または綿棒でたたく 〃	洗剤液でたたく ぬるま湯でたたく	白物なら繊維にあった漂白剤で漂白 洗剤液でたたく
	卵の黄身，乳汁，牛乳，チョコレート	ベンジンでたたく	洗剤液でたたく	
	チューインガム	固まったガムを削り取る	ベンジンでたたく	洗剤液でたたく
分泌物	えりあか 血液	ベンジンでたたく 水を含ませた布，または綿棒でたたく	洗剤液でたたく 〃	白物なら繊維にあった漂白剤で漂白
化粧品	口紅 ファンデーション	ベンジンでたたく 〃	〃 〃	
色素	青インク	洗剤液でたたく		白物なら繊維にあった漂白剤で漂白
	墨	ねり歯磨きをぬって，へらでしごく	水，洗剤でたたく	
	朱肉，ボールペン	ベンジンでたたく	洗剤液でたたく	白物なら繊維にあった漂白剤で漂白
その他	泥はね 鉄さび	乾いてから，手でもみ，ブラシをかける洗剤液でたたく		白物なら還元型漂白剤で漂白

出所：加地，2003，66頁。

表4-7 主な漂白剤の特徴と使用法

漂白剤の種類		酸化型		還元型
		塩素系漂白剤	酸素系漂白剤	還元系漂白剤
主成分		次亜塩素酸ナトリウム($NaOCl$)	過炭酸ナトリウム($Na_2C_2O_6$)	ハイドロサルファイト($Na_2S_2O_4$)
形状		液状	白色粉末状	白色粉末状
液性		アルカリ性	弱アルカリ性	弱アルカリ性
特徴		・漂白力がもっとも強い ・除菌力も大きい	・色・柄物衣類にも使える	・鉄分による黄変を回復 ・樹脂加工衣類の塩素系漂白による黄変を回復
使えるもの		・白物衣類 ・綿・麻 ・アクリル・ポリエステル	・白物衣類 ・色・柄物衣類 ・綿・麻・アクリル・ポリエステル・アセテート・ナイロン・ポリウレタン	・白物衣類 ・すべての繊維
使えないもの		・色・柄物衣類 ・毛・絹・ナイロン・アセテート・ポリウレタン ・金属製容器、金属製のボタン・ファスナーなど ・鉄分の多い水	・毛・絹とこれらの混紡品 ・金属製容器、金属性のボタン・ファスナーなど ・鉄分の多い水	・色・柄物衣類
使用法	温度	水またはぬるま湯（室温〜40℃）	水またはぬるま湯（室温〜40℃）	ぬるま湯（室温〜40℃）
	濃度	0.2〜1.0（％）	0.1〜1.0（％）	0.5〜1.0（％）
	時間	30分〜2時間	30分〜2時間	30分〜2時間
	その他の注意	原液を直接衣類や皮膚につけない	よく溶かしてから衣類をつける	よく溶かしてから衣類をつける
反応		$2NaOCl + H_2CO_3$ $\rightarrow 2[O]+2HCl+Na_2CO_3$	$Na_2C_2O_6 \xrightarrow{水中} 2Na_2CO_3 \cdot 3H_2O_2$ $\rightarrow 3[O]+3H_2O+2Na_2CO_3$	$Na_2S_2O_6+4H_2O$ $\rightarrow 6[O]+2HaHSO_4$

出所：加地，2003，66頁。

は塩素系と酸素系に分けられる。家庭用の市販漂白剤を表4-7に示す。

③ 増　白

　黄ばんだ状態とは，反射光に青味の光がいくぶん不足している状態である。蛍光増白剤は，目に見えない紫外線を吸収し，そのエネルギーを青味の蛍光として放出する。黄ばんだ布の反射光に不足していた青みがプラスされ，見た目上白さが増す。漂白が黄ばみ物質を分解して白くしているのに対して，蛍光増白は黄ばみ物質はそのままで光の関係から白く見えるようにしていることになる。蛍光増白剤は，無色で染料ではないが，繊維に染着する性質を有している。

分類	JISの表示	説明	ISOの表示
洗濯（水洗い）	40	・洗濯機による洗濯ができる。 ・液温の最高温度は40℃。	40
	30弱	・洗濯機の弱水流，または弱い手洗いがよい。 ・液温の最高温度は30℃。	30
	手洗い30	・弱い手洗いがよい。 ・液温の最高温度は30℃。 （ISO最高温度は40℃） ・洗濯機は使用できない。	(手洗いマーク)
	(水洗い不可)	・水洗いはできない。	(水洗い不可)
	30中	・中性洗剤を用いる場合は，「中性と表示される。	—
漂白	(三角エンソサラシ)	・塩素系漂白剤による漂白ができる。（ISOは酸化漂白剤の使用可という意味）	△
	(漂白不可)	・漂白はできない。	▲
アイロン	低	・アイロンは低い温度（80〜120℃）でかける。 ※ISOは最高温度110℃，スチームアイロンの使用は危険。	(アイロン・)
	中	・アイロンは中程度温度（140〜160℃）でかける。 ※ISOは最高温度150℃。	(アイロン‥)
	高	・アイロンは高い温度（180〜210℃）でかける。 ※ISOは最高温度200℃。	(アイロン‥‥)
	(アイロン不可)	・アイロンはかけられない。	(アイロン不可)
	中	・あて布をしてかける場合は，波線で表示される。	—
絞り方	(絞り不可)	・絞ってはいけない。	—
	(弱く絞る)	・手絞りの場合は弱く，遠心脱水の場合は短時間で絞るのがよい。	—
商業クリーニング	ドライ	・ドライクリーニングができる。 ・溶剤は，パークロルエチレンまたは石油系のものを使用する。 （※ISOは，テトラクロロエタン，炭化水素を使用したドライクリーニングという意味）	P
	ドライセキユ系	・ドライクリーニングができる。 ・溶剤は石油系のものを使用する。 （※ISO炭化水素を使用するドライクリーニングという意味）	F
	(ドライ不可)	・ドライクリーニングはできない。	⊗
	—	・商業的ウェットクリーニング（水を使用したクリーニング）	W
乾燥	(つり干し)	・つり干しがよい。	(つり干し)
	(平干し)	・平干しがよい。	(平干し)
	(日陰つり干し)	・日陰でつり干しがよい。	(日陰つり干し)
	(日陰平干し)	・日陰で平干しがよい。	(日陰平干し)
	—	・脱水せずにつるして干す。	|||
	—	・ドラム乾燥可。 ・通常温度で乾燥。	○
	—	・ドラム乾燥可。 ・低温で乾燥。	⊙
	—	・ドラム乾燥は禁止。	⊗

解説　JIS（日本工業規格）のマークは日本独自の表示であり，ISO（国際標準化機構）のマークは国際的な表示である。

※JISの表示もISOの表示も，絵表示のほかに「洗濯ネット使用」などの言葉が付記される場合もある。

図4-15　取扱い絵表示

出所：日本規格協会「繊維製品の取り扱いに関する表示記号及びその表示方法」JIS L0217-1995
　　　国際標準化機構 ISO

（4）仕上げ

① 柔軟剤

市販の柔軟剤は，陽イオン系の界面活性剤に油剤を配合した乳化状の液体が多く，最後のすすぎ水に加えて使用する。界面活性剤は親油基を外側にして配合するため，繊維表面を油膜で覆ったような状態になる。このため，繊維間の滑りが良くなり，やわらかい手触りを感じさせる。

② のり付け

のり付けにより，衣服の仕上がりは，布にこしやはりの硬さを与える，布の毛羽立ちを防ぎ，光沢を与える，布の毛羽を抑えて含気性を大きくする，防汚に役立つとともに，汚れを落としやすくするという改善がなされる。

③ アイロンかけ

洗濯によって水分を吸収した布は，繊維の種類や乾燥方法にもよるが，収縮したり，型崩れを起こしたりする。アイロンは，水分と熱と圧力でこれらの性能を回復させるために用いられる。

洗濯および仕上げのまとめとしてJISとISOそれぞれの取り扱い絵表示を図4-15に示す。グローバルな視点からJISにおいても国際的に使用されているISOの絵表示を用いることが検討されている。

（5）保管

洗濯，仕上げが済んだ衣服は，次に着用されるまで，低温で乾燥した環境に，できるだけ型崩れしないように保管することが大切である。シーズンオフの長期の収納時には，虫のつきやすい毛や絹には防虫剤や乾燥剤を，かびやすい皮革製品には乾燥剤を利用する。

学習課題

1. 代表的な天然繊維と合成繊維をとりあげ，それぞれの性質の長所や短所をまとめてみよう。
2. 織物や編物といった布が，衣服材料として利用されている理由を説明しなさい。
3. 健康を守るために，衣服が果たしている役割について述べなさい。
4. フォーマルな場，くつろぎの場などTPOや季節に応じた衣服の選び方につい

て考えなさい。
5. 現代の日本の衣生活について問題点をあげ，自身でできる改善について考えてみよう。

参考文献
今井光映・山口久子『生活学としての家政学』有斐閣，1991年
風間健「12.アパレル産業」酒井豊子・藤原康晴編『ファッションと生活』放送大学教育振興会，1996年
加地芳子「第2章 衣生活」貴田康乃編『教科専門家庭』佛教大学通信教育部，2003年
小林茂雄『装いの心理』アイ・ケイ・コーポレーション，2003年
酒井豊子・本間博文編『衣・食・住の科学』，放送大学教育振興会，1996年
桜田一郎『繊維の化学』三共出版，1978年
生活環境研究会編『人間・生活・環境 生活環境概論』ナカニシヤ出版，1999年
田村隆光「10.衣服の汚れを落とす界面科学の力」「11.洗濯に役立つ洗剤の知識」藤原康晴編著『新訂 衣生活の科学』放送大学教育振興会，2006年
田村照子編著『衣環境の科学』建帛社，2004年
丹羽雅子『被服の資源と被服材料』朝倉書店，1989年
丹羽雅子「全国家庭科教育指導者養成講座集録〈高校・家庭〉」全国家庭科教育協会，1994年
丹羽雅子編著『アパレル科学 美しく快適な被服を科学する』朝倉書店，1997年
丹羽雅子・酒井豊子編『着心地の追求』放送大学教育振興会，1995年
日本家政学会編『被服の機能性保持』朝倉書店，1992年
原田隆司・土田和義・丸山淳子「衣服内気候と衣服材料」『繊維工学』Vol. 3, 1982, 350-357頁
深作光貞『『衣』の文化人類学』PHP研究所，1983年
本宮達也監修『繊維の知識』恒信社，1996年
矢部章彦『衣生活の科学』放送大学教育振興会，1988年
鷲田清一『モードの迷宮』中央公論社，1989年
Watkins, Susan M., Clothing : The Portable Environment, Iowa State University Press, 1984.
Horn, Marylin J. and Gural, Lois M. The Second Skin : Houghton Mifflin Co., , 1981, 10.

（井上真理）

第5章

快適な衣服と住まい（2）住生活

1　住生活の現状と課題

（1）　住宅・土地統計調査からみる現代の住宅事情

　日本の住宅事情を把握する基礎的な資料として「住宅・土地統計調査」がある（表5-1）。この調査は，住宅及び住宅以外で人が居住する建物に関する実態並びにこれらに居住している世帯に関する実態を調査し，その現状と推移を全国及び地域別に明らかにしたものである。

① 総住宅数と総世帯数

【総住宅数は5759万戸　2003年からの増加率は6.9％】

　日本の総住宅数は5759万戸，総世帯数は4997万世帯となっている。2003年からの増加数をみると，総住宅数370万戸（増加率6.9％），総世帯数272万世帯（増加率5.8％）となっている。第1回目の調査が行われた1948年の総住宅数は1391万戸であったので，その後の60年間で4.1倍に増加している。1963年以前には総世帯数が総住宅数を上回っていたが，1968年に逆転し，その後，総住宅数は総世帯数の増加を上回る増加を続けている（図5-1）。

【高齢者のいる世帯は全国で1820万世帯，主世帯全体の36.7％】

表5-1　「住宅・土地統計調査」の調査概要

調査主体	総務省統計局
調査目的	日本における住宅及び住宅以外で人が居住する建物に関する実態並びに現住居以外の住宅及び土地の保有状況その他の住宅等に居住している世帯に関する実態を調査し，その現状と推移を全国及び地域別に明らかにすることにより住生活関連諸施策の基礎資料を得る。
調査対象	調査期日において調査単位区内から抽出した住宅及び住宅以外で人が居住する建物並びにこれらに居住している世帯。 （1調査単位区当たり17住戸　計約350万住戸・世帯）
調査期間	2008年10月　1948年以来，5年毎に実施（13回目）。

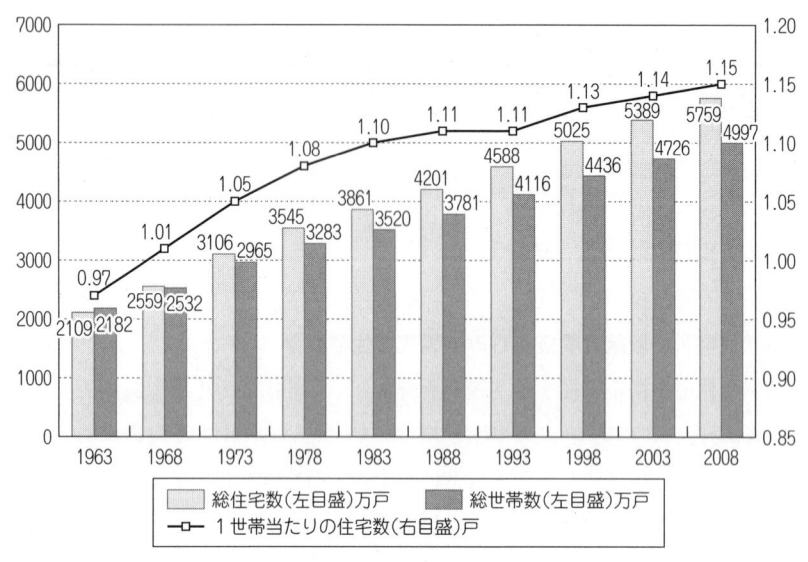

図5-1 総世帯数と総住宅数

出所:総務省, 2008。

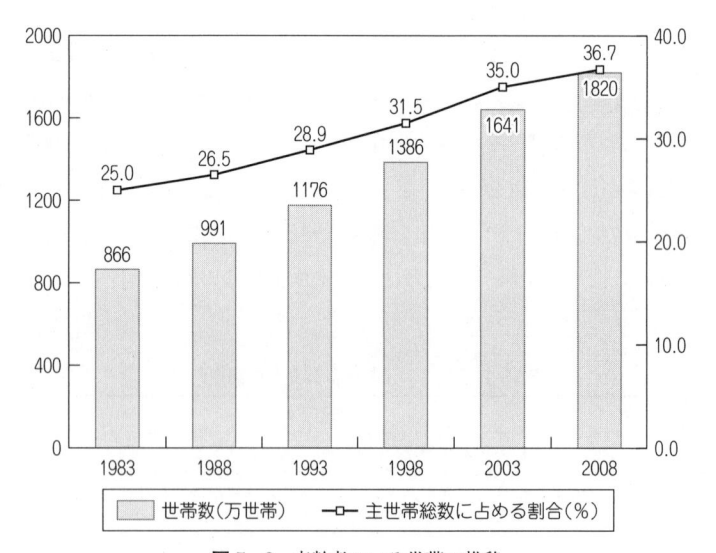

図5-2 高齢者のいる世帯の推移

出所:総務省, 2008。

第5章　快適な衣服と住まい（2）住生活

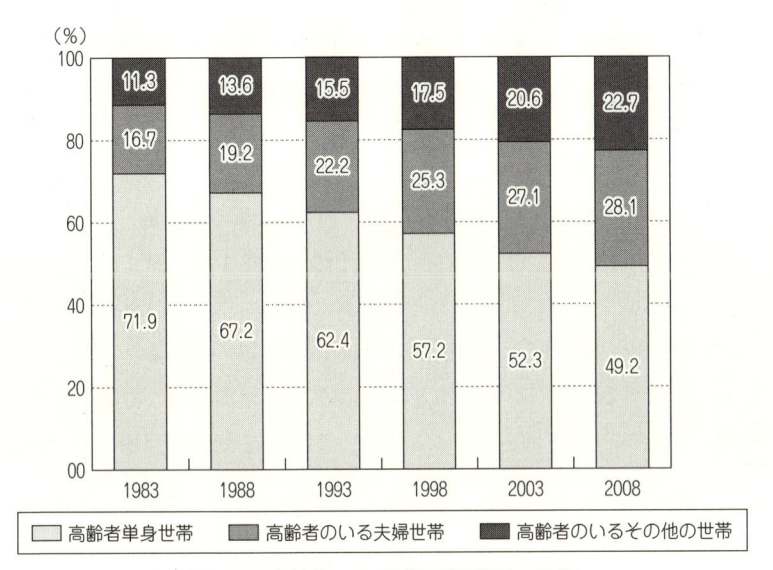

図5-3　高齢者のいる世帯の型別割合の推移
出所：総務省，2008。

　内閣府の高齢社会白書によると，日本の総人口は，1億2769万人（2008年）で，2007年に比べて約8万人の減少となった。65歳以上の高齢者人口は，過去最高の2822万人（2008年）となり，総人口に占める割合（高齢化率）も22.1％となった。それを受け高齢者に関する諸問題がより一層重要視されてきている。高齢者のいる世帯の推移をみると，1983年には866万世帯で，主世帯全体の25.0％と4分の1となっていたが，1993年には初めて1000万世帯を超え，2008年には1820万世帯となって主世帯全体の36.7％と3分の1を超えている。2003年と比べると，179万世帯（10.9％）の増加となっている。また，75歳以上の世帯員がいる主世帯は933万世帯で，2003年に比べ17.2％増加している（図5-2）。

【高齢単身世帯が過去最高】

　高齢者のいる世帯について，世帯の型別にみると，高齢者のいるその他の世帯（高齢者と生計を共にするその他の世帯員で構成される主世帯）49.2％，高齢者のいる夫婦世帯（夫婦共またはいずれか一方が65歳以上の夫婦一組のみの主世帯）28.1％，高齢単身世帯（65歳以上の単身の主世帯）22.7％であった。

2003年からの増減率をみると，高齢単身世帯が76万世帯（22.4%）増と最も高く，多人数同居型ではなく，世帯の小規模化が進んでいる（図5-3）。

② 住宅の建て方

【共同住宅の割合は引き続き上昇】

　住宅の建て方別では，一戸建が2745万戸で住宅全体の55.3%，次いで，共同住宅2068万戸（41.7%），長屋建（2戸以上の住宅を1棟に建てつらねたもので各住宅が界壁を共通にしてそれぞれ別々に外部への出入口をもっている建物）133万戸（2.7%），その他が13万戸（0.3%）と続いている。

　2003年と比べると，一戸建は96万戸（3.6%増）増加し，この間の住宅全体の増加率（5.8%）を下回っている。一方，共同住宅は195万戸増（10.4%増）となっている。一戸建の増加率は，1983年以降住宅全体の増加率を下回っているのに対し，共同住宅の増加率は一貫して住宅全体を上回っている。建て方別に割合の推移をみると，一戸建及び長屋建が低下傾向を続けているのに対し，共同住宅は一貫して上昇している（図5-4）。

③ 住宅の所有の関係

【持ち家住宅率は61.1%　2003年より0.1ポイント低下】

　住宅を所有関係別にみると，持ち家は3032万戸で，住宅全体に占める割合（持ち家住宅率）は61.1%となっており，2003年の61.2%と比べると，0.1ポイント低下している。また，借家は1777万戸で住宅全体の35.8%となっており，2003年の36.7%と比べると0.9ポイント減少している（図5-5）。

【総住宅数の13.1%が空き家】

　総住宅数が総世帯数を上回る状況の中で，居住世帯の有無別の状況をみると，居住世帯のある住宅は4960万戸で，総住宅数の86.1%となり，居住世帯のない住宅（いわゆる空き家，建築中の住宅等も含む）は799万戸で，13.9%となっている。居住世帯のない住宅のうち空き家について，その推移をみると，1958年には36万戸となっていたが，その後一貫して増加を続け，2008年には757万戸となっている。また，空き家率（総住宅数に占める空き家の割合）は，1998年に11.5%と初めて1割を超え，2008年には13.1%と2003年の12.2%と比べ0.9ポイントの上昇となっている。また，空き家率を地域別にみると，三大都

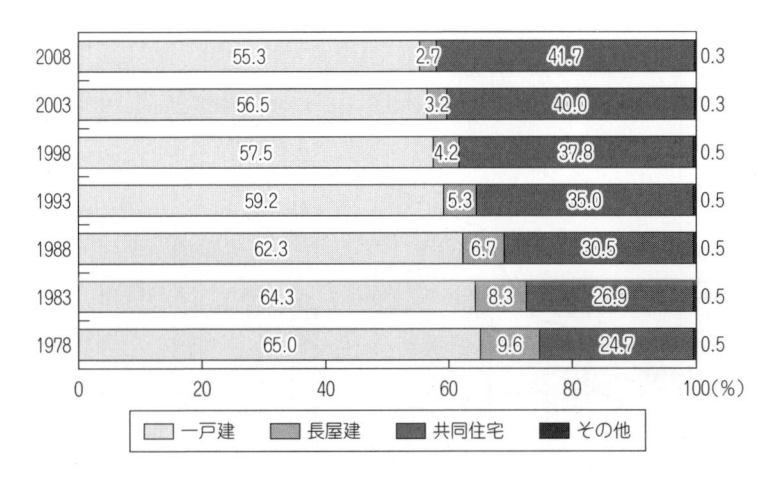

第 5 章 快適な衣服と住まい（2）住生活

年	一戸建	長屋建	共同住宅	その他
2008	55.3	2.7	41.7	0.3
2003	56.5	3.2	40.0	0.3
1998	57.5	4.2	37.8	0.5
1993	59.2	5.3	35.0	0.5
1988	62.3	6.7	30.5	0.5
1983	64.3	8.3	26.9	0.5
1978	65.0	9.6	24.7	0.5

図 5-4　住宅の建て方別の推移

出所：総務省，2008。

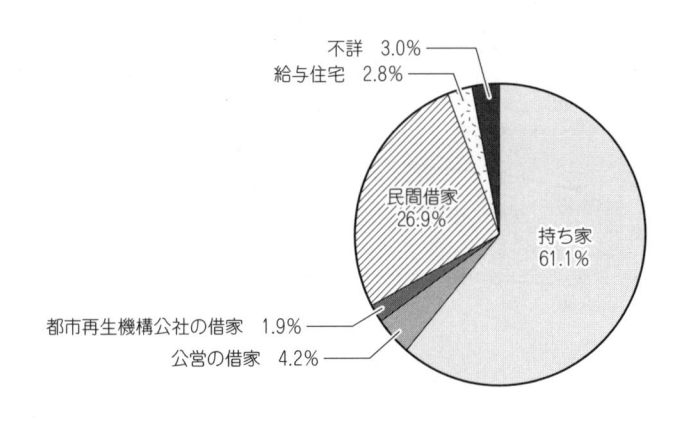

図 5-5　住宅の所有の関係別割合

- 持ち家　61.1%
- 民間借家　26.9%
- 公営の借家　4.2%
- 都市再生機構公社の借家　1.9%
- 給与住宅　2.8%
- 不詳　3.0%

出所：総務省，2008。

市圏全体の空き家率は12.1％と全国の13.1％を下回っているが，三大都市圏以外の地域は14.3％と上回っている。都道府県別では，空き家率が最も高いのは山梨県（20.3％），次いで，長野県（19.3％），和歌山県（17.9％），高知県（16.6％），香川県（16.0％）と続いている（図5-6，表5-2）。

図5-6 空き屋数と空き屋率

出所:総務省,2008。

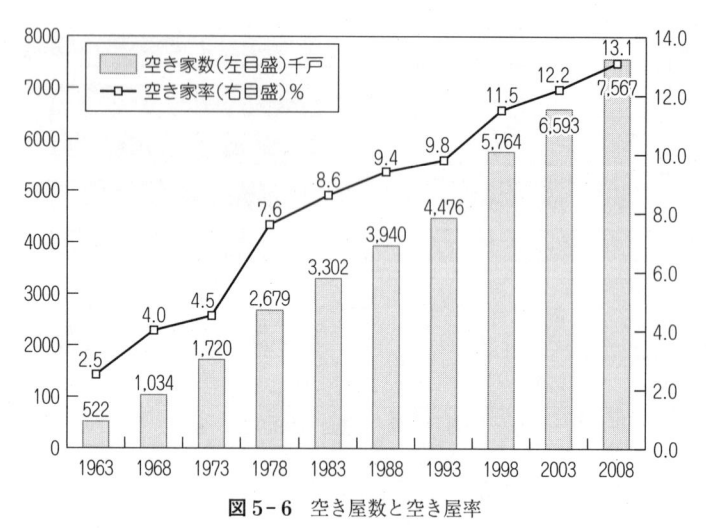

図5-7 専用住宅の1住宅当たりののべ面積の推移

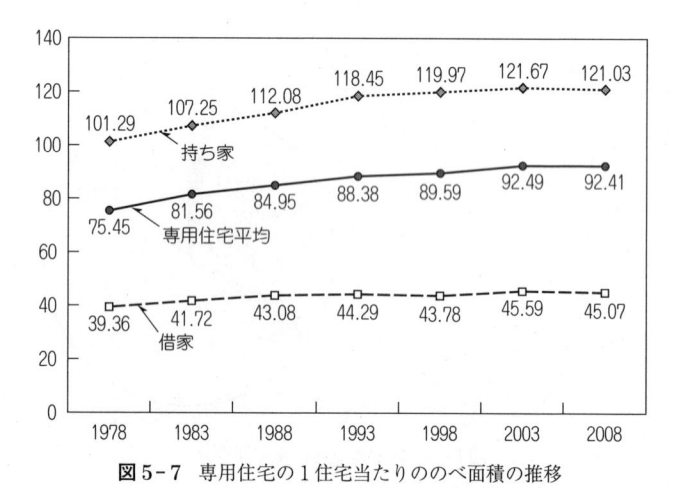

出所:総務省,2008。

④ 専用住宅の規模

【専用住宅の1住宅当たり延べ面積は持ち家と借家で大きな差】

　専用住宅(居住専用に建築された住宅)の1住宅当たり居住室数,居住室の畳数,延べ面積(居住室のほか玄関,トイレ,台所などを含めた住宅の床面積

の合計)をみると，居住室数は4.64室，居住室の畳数は32.43畳，延べ面積は92.41m^{2}となっている。2003年の居住室数は4.73室，居住室の畳数は32.36畳，延べ面積は92.49㎡であったので，この5年間に居住室数は0.09室の減少，居住室の畳数は0.07畳の増加，延べ面積は0.08m^{2}の減少となっている。専用住宅の規模を住宅の所有の関係別にみると，持ち家では1住宅当たり居住室数が5.79室，居住室の畳数が41.34畳，延べ面積が121.03m^{2}であるのに対し，借家ではそれぞれ2.74室，17.70畳，45.07m^{2}と，いずれも持ち家の半分以下となっている(図5-7)。

【日本海側で高く，大都市で低い持ち家住宅率】

　持ち家住宅率を都道府県別にみると，秋田県(78.4%)が最も高く，次いで富山県(77.5%)，福井県(77.4%)，山形県(75.5%)となっており，日本海側の県で高い傾向にある。一方，持ち家住宅率が最も低いのは東京都(44.6%)，次いで，沖縄県(50.2%)，大阪府(53.0%)，福岡県(53.6%)となっており，大都市を擁する都道府県で持ち家住宅率が低い傾向にある(表5-2)。

【1人当たり居住室の畳数が最も多い富山県】

　1人当たり居住室の畳数を都道府県別にみると，富山県(16.47畳)が最も多く，次いで，秋田県(16.09畳)，石川県(15.63畳)，青森県(15.15畳)と，これらの4県で15畳を越えており，全国の12.83畳を上回るのは34道県となっている。一方，沖縄県(10.34畳)が最も少なく，次いで，東京都(10.92畳)，神奈川県(11.43畳)，大阪府(11.52畳)となっており，1人当たり居住室の畳数は東北，北陸，中国，四国地方の県で多く，関東，九州地方の都県で少ない傾向にある。また，1住宅当たりの居住室の居室数及び畳数は，富山県，福井県，秋田県などの北陸，東北の多雪地域で大きく，東京都，大阪府，神奈川県などの大都市と鹿児島県，高知県などの多雨地域では小さい。このことは，持ち家住宅率及び1住宅当たりの延べ面積においてもほぼ同様の傾向である(表5-2)。住宅規模などの違いは，気候・風土・都市化の度合いと関係がある。すなわち，多雪地域では冬季の積雪によって住居内での生活を余儀なくされてきたのに対し，南の地域では冬季でも住居外での労働や生活が可能であった。

表5-2 都道府県別にみた住宅事情

順位	持ち家住宅率(%)		空き家率(%)		1人当たり居住室の畳数(畳)		専用住宅			
							1住宅当たり居住室数(室)		1住宅当たり延べ面積(m²)	
	全国	61.1	全国	13.1	全国	12.83	全国	4.64	全国	92.41
1	秋田県	78.4	山梨県	20.3	富山県	16.47	富山県	6.46	富山県	148.69
2	富山県	77.5	長野県	19.3	秋田県	16.09	福井県	6.24	福井県	144.73
3	福井県	77.4	和歌山県	17.9	石川県	15.63	岐阜県	6.02	秋田県	136.94
4	山形県	75.5	高知県	16.6	青森県	15.15	秋田県	5.99	山形県	134.98
5	新潟県	73.9	香川県	16.0	長野県	14.99	山形県	5.87	新潟県	131.08
6	岐阜県	73.9	徳島県	15.9	新潟県	14.97	島根県	5.87	島根県	126.74
7	三重県	73.0	鳥取県	15.4	岐阜県	14.94	滋賀県	5.83	石川県	125.96
8	島根県	73.0	鹿児島県	15.3	岩手県	14.87	新潟県	5.82	長野県	124.56
9	和歌山県	72.8	福井県	15.1	香川県	14.59	鳥取県	5.82	岩手県	123.74
10	奈良県	72.6	山口県	15.1	福井県	14.55	三重県	5.67	青森県	122.38
11	長野県	72.4	愛媛県	15.1	北海道	14.52	岩手県	5.65	鳥取県	122.29
12	岩手県	71.9	栃木県	15.0	三重県	14.52	長野県	5.64	岐阜県	121.63
13	青森県	71.7	島根県	14.9	山形県	14.40	石川県	5.63	滋賀県	115.79
14	香川県	70.9	岡山県	14.8	滋賀県	14.15	奈良県	5.62	佐賀県	115.15
15	茨城県	70.7	青森県	14.6	徳島県	14.12	香川県	5.59	福島県	114.57
16	群馬県	70.7	茨城県	14.6	鳥取県	14.00	青森県	5.53	三重県	113.92
17	滋賀県	70.4	石川県	14.6	奈良県	13.86	佐賀県	5.47	香川県	112.72
18	鳥取県	70.0	奈良県	14.6	山梨県	13.81	福島県	5.38	山梨県	111.39
19	山梨県	69.4	広島県	14.6	山口県	13.80	徳島県	5.33	奈良県	109.82
20	佐賀県	69.3	群馬県	14.4	愛媛県	13.67	岡山県	5.31	徳島県	107.55
21	石川県	69.1	大阪府	14.4	島根県	13.63	和歌山県	5.28	岡山県	106.76
22	徳島県	69.0	静岡県	14.2	岡山県	13.59	山梨県	5.16	群馬県	106.65
23	福島県	68.8	岩手県	14.1	広島県	13.54	山口県	5.12	茨城県	106.22
24	栃木県	68.6	岐阜県	14.1	福島県	13.43	茨城県	5.09	栃木県	105.25
25	高知県	66.8	長崎県	14.1	大分県	13.39	群馬県	5.07	和歌山県	103.82
26	岡山県	66.5	大分県	14.1	群馬県	13.35	愛媛県	5.06	山口県	101.88
27	山口県	66.4	北海道	13.7	高知県	13.28	栃木県	5.02	静岡県	100.14
28	宮崎県	66.0	宮城県	13.7	和歌山県	13.17	高知県	4.99	熊本県	99.39
29	鹿児島県	65.8	福岡県	13.7	宮城県	13.02	大分県	4.93	愛媛県	99.02
30	長崎県	65.7	熊本県	13.4	静岡県	13.00	静岡県	4.92	宮城県	98.72
31	愛媛県	65.6	兵庫県	13.3	兵庫県	12.99	長崎県	4.90	長崎県	97.45
32	埼玉県	65.3	三重県	13.2	栃木県	12.98	広島県	4.83	大分県	96.07
33	静岡県	64.8	千葉県	13.1	愛知県	12.92	兵庫県	4.82	広島県	95.04
34	千葉県	64.4	京都府	13.1	茨城県	12.91	熊本県	4.82	宮崎県	93.96
35	熊本県	64.3	福島県	13.0	佐賀県	12.83	宮城県	4.76	兵庫県	93.47
36	兵庫県	63.6	滋賀県	12.9	京都府	12.66	愛知県	4.75	高知県	93.03
37	大分県	62.6	秋田県	12.6	長崎県	12.38	宮崎県	4.67	愛知県	93.01
38	広島県	61.2	富山県	12.3	千葉県	12.29	京都府	4.53	北海道	90.07
39	宮城県	60.8	宮崎県	12.3	鹿児島県	12.28	鹿児島県	4.49	千葉県	88.32
40	京都府	60.8	新潟県	12.1	熊本県	12.25	千葉県	4.47	鹿児島県	87.06
41	愛知県	57.8	東京都	11.1	福岡県	12.21	北海道	4.44	福岡県	85.46
42	北海道	57.2	佐賀県	11.1	宮崎県	12.20	埼玉県	4.42	埼玉県	85.34
43	神奈川県	57.2	山形県	11.0	埼玉県	11.77	福岡県	4.33	京都府	84.13
44	福岡県	53.6	愛知県	11.0	大阪府	11.52	大阪府	4.09	神奈川県	75.66
45	大阪府	53.0	埼玉県	10.7	神奈川県	11.43	沖縄県	4.08	沖縄県	74.82
46	沖縄県	50.2	神奈川県	10.5	東京都	10.92	神奈川県	4.00	大阪府	73.41
47	東京都	44.6	沖縄県	10.3	沖縄県	10.34	東京都	3.38	東京都	62.51

第5章　快適な衣服と住まい（2）住生活

```
高齢者等のための設備がある   48.7 / 39.8
手すりがある                37.3 / 30.4
またぎやすい高さの浴槽       22.9 / 17.5
廊下などが車いすで通行可能   16.1 / 12.6
段差のない屋内              20.0 / 13.1
道路から玄関まで車いすで通行可能  12.4 / 9.3
```
（上：2008年、下：2003年）

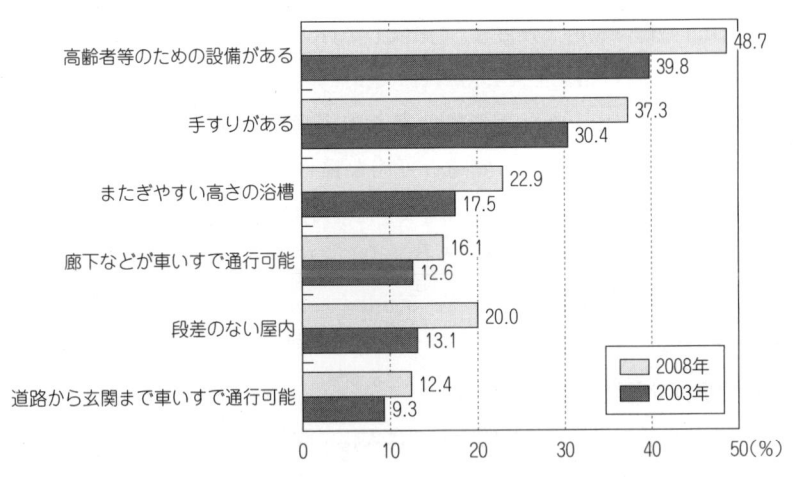

図 5-8　高齢者のための設備がある住宅の割合

出所：総務省，2008。

また，多雨地域では，台風の影響もあり，雨・風の被害を最小限にするために，家構えを小さくし棟を低くしている。

⑤　住宅内の設備の状況

【水洗化率は90.7％，洋式トイレ保有率は89.6％】

　専用の台所のある住宅は4798万戸で，台所専用率（住宅全体に占める専用の台所のある住宅の割合）は96.7％となっており，2003年に比べ，0.9ポイント低下している。水洗トイレのある住宅は4501万戸で，住宅全体に占める水洗トイレのある住宅の割合は90.7％となっており，2003年に比べ，2.3ポイント上昇している。洋式トイレのある住宅は4445万戸で，洋式トイレ保有率は89.6％となっており，2003年に比べ，3.7ポイント上昇している。浴室のある住宅は4739万戸で，住宅全体に占める浴室のある住宅の割合は95.5％となっている。

【高齢者などのための設備がある住宅は約半数】

　高齢者などに配慮した住宅設備についてみると，設備がある住宅は2415万戸で，住宅全体の48.7％となっており，2003年の1866万戸（39.8％）に比べ，8.9ポイント上昇している。具体的な設備としては，「手すりがある」住宅は1852万戸で住宅全体の37.3％，2003年の30.4％に比べ6.9ポイント上昇してい

る。手すりの設置場所をみると,「階段」が1188万戸で住宅全体の24.0%と最も多く,次いで,「浴室」984万戸（19.8%）,「トイレ」831万戸（16.8%）となっている。また,「またぎやすい高さの浴槽」がある住宅は1134万戸で22.9%,「廊下などが車いすで通行可能な幅」となっている住宅は800万戸（16.1%）,「段差のない屋内」となっている住宅は990万戸（20.0%）,「道路から玄関まで車いすで通行可能」な住宅は616万戸（12.4%）となっており,2003年に比べそれぞれ5.4ポイント,3.5ポイント,6.9ポイント,3.1ポイントの上昇となっている（図5-8）。

⑥ 住宅事情からみる課題

　日本の住生活の現状は,量的な面では大幅に改善されてきた。1970年代以降,新しい建材や工法,設備が開発され,住まいは急速な発展を遂げた。そのような中,住み手にとっては住宅各部の名称や性能など把握することが難しく,住まいの選択や管理においても専門家や業者へ依存する傾向が強まってきた。日本の住まいの寿命は,諸外国に比べると短いといわれている。たとえば,既存住宅総数を年間新設住宅戸数で割って求めた更新周期の指標でみると,日本30年,アメリカ103年,イギリス141年,フランス86年,ドイツ79年である。日本の更新周期が他の国々より短い理由として,住まいを維持管理する意識が希薄であることがあげられる。住まいの耐用年数を上げるためには,丈夫な建物を建設するだけでなく,住み手の住居管理への意識を高め,日常的に室内環境を整備することが重要である。また,室内環境の整備は心身の健康とも関係している。室内環境の悪化は,アレルギーや喘息の病態を引き起こすため,環境整備の状況が健康に大きな影響を与えることが明らかにされている。

　小学校家庭科の住生活は,整理・整頓や清掃,季節の変化に合わせた住まい方の学習である。今後,私たちが豊かな住生活を送るためには,早い段階から系統的に,日常の住まい方への関心を高め,住まい方に関する基礎的・基本的な知識及び技能を身に付け,快適な住まい方を考え工夫する能力を育てることが重要である。

第5章　快適な衣服と住まい（2）住生活

表5-3　「低年齢少年の生活と意識に関する調査」の調査概要

調査主体	内閣府政策統括官（共生社会政策担当）
調査目的	・家庭や学校等での日常生活及び地域とのかかわりや価値観といった社会性に関連する意識を把握するとともに，保護者の養育態度，子どもに関する意識，価値観等を明らかにすることにより，今後の青少年育成施策の検討のための基礎資料を得る。
調査対象	・小学校4年生から中学校3年生までの男女：2,143人 ・青少年の両親（保護者）：2,743人
調査期間	平成18年：3月16日〜3月26日

表5-4　自分専用または子ども用として持っているもの

		合計	自分専用の部屋	親などと共用のパソコン	携帯電話またはPHS	きょうだいなどと共用の部屋	テレビ	自分専用（子ども用）パソコン	一つもない
		人	%	%	%	%	%	%	%
総数		2,143	53.8	44.4	32.7	31.8	16.5	9.2	7.3
〔小中学生別〕									
	小学生	1,105	44.5	42.3	14.8	38.7	12.5	6.9	10.1
	中学生	1,038	63.6	46.7	51.7	24.5	20.8	11.7	4.3
〔性・小中学生別〕									
男	小学生	541	46.2	42.3	10.0	37.7	15.5	6.8	11.1
	中学生	528	63.6	47.5	48.5	22.5	26.9	12.5	5.3
女	小学生	564	42.9	42.2	19.3	39.7	9.6	6.9	9.2
	中学生	510	63.5	45.9	55.1	26.5	14.5	10.8	3.3

出所：内閣府，2007。

（2）　児童のおかれている生活環境と実態

【自分専用の部屋を所有する小学生4割　自分で片付けることが多い者は半数】

　児童の生活実態と意識を把握する基礎的な資料の1つとして，「低年齢少年の生活と意識に関する調査」がある。この調査は，将来の社会的自立に向けた基礎を形成する時期にある青少年を調査し，家庭や学校などでの日常生活及び地域とのかかわりや価値観を明らかにしたものである（表5-3）。

　調査結果からみると，自分専用の部屋を所有する小学生は44.5％，きょうだいなどと共用の部屋を所有する小学生は38.7％に達している（表5-4）。

総数（2,143人）	57.3	19.3	23.4
〔小中学生別〕			
小学生（1,105人）	48.1	24.0	27.9
中学生（1,038人）	67.1	14.4	18.6
〔性・小中学生別〕			
男 小学生（541人）	39.7	30.1	30.1
中学生（528人）	58.9	19.7	21.4
女 小学生（564人）	56.2	18.1	25.7
中学生（510人）	75.5	8.8	15.7

□ 自分で片付けることが多い　■ 家の人に片付けてもらうことが多い
■ 自分でするときと家の人がしてくれるときと半々くらい

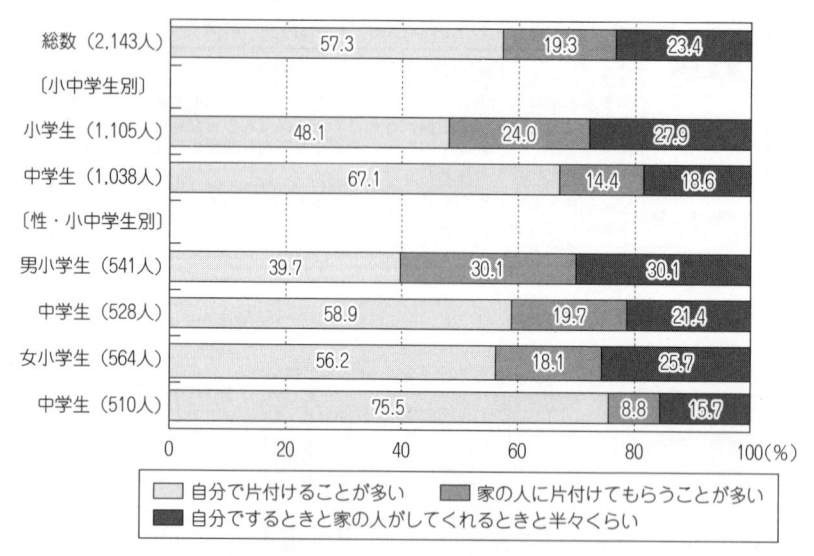

図 5-9　部屋の片付け（小中学生・性別）

出所：内閣府，2007。

　しかし，片づけに関する調査結果では，「自分で片付けることが多い」と答えた者の割合が57.3％，「家の人に片付けてもらうことが多い」と答えた者の割合が19.3％，「自分でするときと家の人がしてくれるときと半々くらい」と答えた者の割合が23.4％となっている。小中学生別にみると，「自分で片付けることが多い」と答えた者の割合は中学生で，「家の人に片付けてもらうことが多い」「自分でするときと家の人がしてくれるときと半々くらい」と答えた者の割合は小学生で，それぞれ高くなっている。性別・小中学生別にみると「自分で片付けることが多い」と答えた者の割合は中学生女子で「家の人に片付けてもらうことが多い」「自分でするときと家の人がしてくれるときと半々くらい」と答えた者の割合は，小学生男子で，それぞれ高くなっている（図5-9）。

（3）特定の課題に関する調査（技術・家庭科）からみた現状と課題

　家庭科における知識・技能及び生活で活用する力の実現状況を明らかにした

第5章　快適な衣服と住まい（2）住生活

表5-5　「特定の課題に関する調査　技術・家庭（家庭分野）」の調査概要

調査主体	国立教育政策研究所教育課程研究センター
調査目的	・技術・家庭における基礎・基本となる知識・技能および生活で活用する力の実現状況を把握する。
調査対象	中学校3年生 (全国の国公私立中学校から無作為抽出した約500校　約16,000人)
調査期間	平成19年：10月9日〜11月13日

調査に「平成19年度特定の課題に関する調査（中学校）技術・家庭（家庭分野）」がある。この調査は，中学3年生を対象にした調査であるが，小学校家庭科の学習指導や授業づくりを行っていく上で，基礎的な資料となる（表5-5）。

① 快適な室内環境の整え方の基礎的・基本的な知識の状況
【室内環境の整備の仕方（清掃）の正解率は9割　工夫（通風・換気）は7割程度】

　快適な室内環境を整えるため，住まい用洗剤を使用した浴室の清掃で気を付けることの説明として，適切なもの（正解「汚れや材質にあった洗剤を選ぶ」）を選択しなさいという問題に対し，正解を回答した生徒の割合は88.9％であった。誤った回答としては，「ぬれてもよいように素手・素足で行う」4.7％，「窓はしっかりと閉めて行う」2.6％であった（図5-10）。新鮮な空気を部屋全体に流れやすくする方法を選択する問題の正解（①）率は68.8％であった。誤った回答としては，部屋の中央付近の壁に窓が向かい合っている回答（③）を選んだ者が28.2％，片側しか窓がない回答（②）を選んだ者が1.9％と，部屋全体に空気を流すための窓の位置を理解することに課題がみられた（図5-11）。

② 快適な室内環境整備の実態
【室内環境の整備の実態は9割　学習したことを参考にしている者4割】

　「汚れに応じた掃除をしたことがありますか」という問いに対しては，「学校の授業でも家庭でもしたことがある」41.1％，「学校の授業でしたことがある」9.6％，「家庭でしたことがある」39.1％，「したことがない」10.0％であった。全体の約9割の者が汚れに応じた掃除をしたことがあり，「したことがない」と回答した者は全体の1割であった。性別でみると，「家庭でしたことがある」

1	窓はしっかりと閉めて行う	2.6%
2	使った道具はぬれた状態のままでよい	1.5%
3	ある程度汚れがたまってから行う	1.9%
4	汚れや材質にあった洗剤を選ぶ	88.9%
5	ぬれてもよいように素手・素足で行う	4.7%

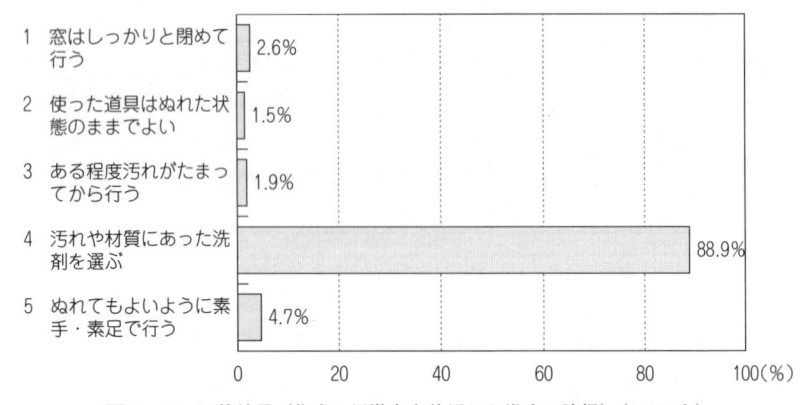

図5-10 回答結果（住まい用洗剤を使用した浴室の清掃）（3,328人）
出所：国立教育政策研究所教育課程研究センター，2009b。

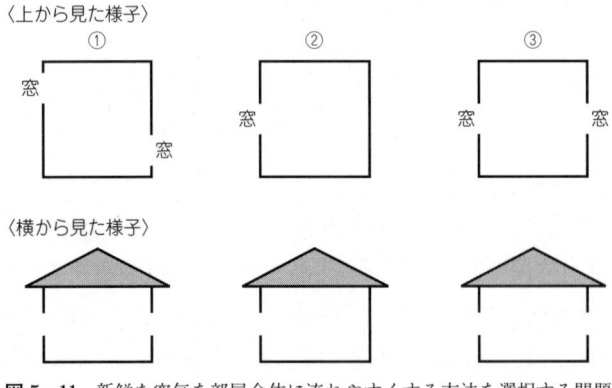

〈上から見た様子〉
① 窓／窓　　② 窓　　③ 窓／窓

〈横から見た様子〉

図5-11 新鮮な空気を部屋全体に流れやすくする方法を選択する問題

と回答した者の割合は，男性，女性ほぼ同数であるが，「したことがない」と回答した者の割合は，男性の方が高かった（図5-12）。家庭で掃除をするとき洗剤についての学習を参考にしていますか」という問いに対しては，「そうしている」13.5%，「どちらかといえばそうしている」27.5%であった。全体の4割程度の者しか洗剤についての学習を参考にしておらず，残りの6割はしていないという結果であった。性別でみると，「そうしていない」と回答した者の割合は，男性の方が高かった（図5-13）。「快適に住まうために部屋の空気の

第 5 章　快適な衣服と住まい（2）住生活

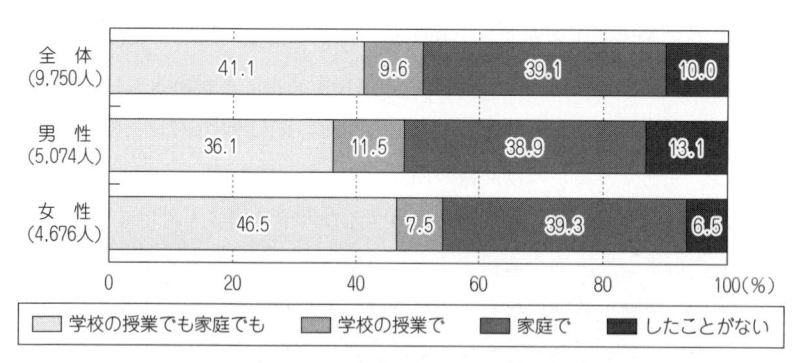

図 5-12　汚れに応じた掃除をしたことがあるか

全　体（9,750人）：学校の授業でも家庭でも 41.1／学校の授業で 9.6／家庭で 39.1／したことがない 10.0

男　性（5,074人）：36.1／11.5／38.9／13.1

女　性（4,676人）：46.5／7.5／39.3／6.5

出所：国立教育政策研究所，2007。

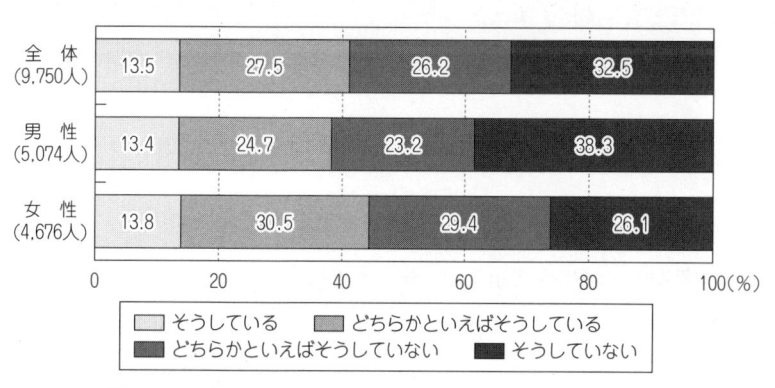

図 5-13　家庭で掃除をするとき潜在の学習を参考にしているか

全　体（9,750人）：そうしている 13.5／どちらかといえばそうしている 27.5／どちらかといえばそうしていない 26.2／そうしていない 32.5

男　性（5,074人）：13.4／24.7／23.2／38.3

女　性（4,676人）：13.8／30.5／29.4／26.1

出所：国立教育政策研究所，2007。

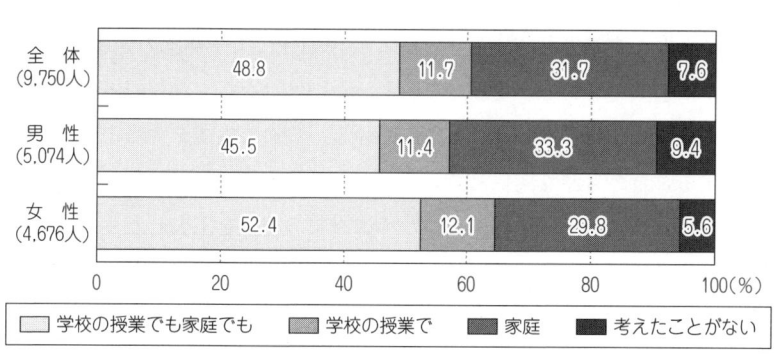

図 5-14　部屋の空気の入れ替えを考えているか

全　体（9,750人）：学校の授業でも家庭でも 48.8／学校の授業で 11.7／家庭 31.7／考えたことがない 7.6

男　性（5,074人）：45.5／11.4／33.3／9.4

女　性（4,676人）：52.4／12.1／29.8／5.6

出所：国立教育政策研究所，2009b。

入れ換えを考えていますか」という問いに対しては,「学校の授業でも家庭でも考えたことがある」48.8%,「学校の授業で考えたことがある」11.7%,「家庭で考えたことがある」31.7%と,肯定的な回答をした生徒の割合は9割以上であった。性別でみるとほぼ同数の割合であった(図5-14)。

　全体的にみると,住まい用洗剤を使用するなど清掃で気を付けることの知識は定着しているが,家庭で清掃するときに学習したことを参考にしている者は少なかった。また,快適に住むために空気の入れ替えなどの工夫をしている者は多かったが,正しく新鮮な空気を部屋全体に流れやすくする方法を回答した者は少なかった。室内環境の整備の仕方(掃除)については,定着したことを家庭でいかせるようにすること,また,室内環境の整備の工夫(通風・換気)については,正しい知識の定着が必要である。

2　快適な住まい方の工夫

(1)　快適な住まい方

　平成20年度の学習指導要領では,住生活の内容は,衣生活の内容と関連させて学習できるように「C　快適な衣服と住まい」という構成に位置づけられた。ここで,重要となるキーワードが「快適」である。快適とは,一般に「ぐあいがよく気持ちのよいこと」「心身が気持ちよく感じること・さま」という意味をもっているが,小学校家庭科での「快適」とは,「健康によく清潔で気持ちがよいこと」と定義されている(表5-6)。WHOによる健康の定義では,「健康とは単に病気でないとか虚弱でないというだけでなく,身体的・精神的・社会的に十分良好な状態をいう」となっている。快適に生活をすることは,健康に生活することとも深く関係している。

　私たちは,日ごろ,快適に過ごすために衣服の着方を工夫したり,住まいの温度や湿度を調節したりしている。快適に生活を送るためには,①住まいのはたらきと機能,②私たちがおかれている環境について把握する必要がある。

① 住まいのはたらきと機能

　住まいは,雨・風などの自然環境及び外敵から身を守り,私たちの生命と生

表5-6 「快適」とは

参　考　文　献	意　味
広辞苑　第6版（岩波書店）	・ぐあいがよく気持ちのよいこと
日本語大辞典　第2版（講談社）	・心身が気持ちよく感じること・さま
小学校学習指導要領解説　家庭編	・健康によく清潔で気持ちがよいこと

図5-15　住まいの主な機能

（生命と生活を守る／子育ての場／休養くつろぎの場／個人生活の場／人との団らんの場／家事・就業の場）

活を守るはたらきをもっている。さらに，私たちは住まいの中で，子どもを育て，休養し，家族とのコミュニケーションを図っている。住まいは生活の器であり，個人や家族が生活を行う場所であり，さまざまな機能をもっている（図5-15参照）。これらの機能を基本として，住まいは，そこに住む人の家族構成やライフスタイルによって住まい方が形作られる。望ましい住生活は人それぞれであるが，快適な住生活を送るためには，自分たちの住まい方に関心をもち，住生活をよりよくしようと工夫する能力と実践的な態度を身に付ける必要がある。

② 私たちがおかれている環境

　日本は東経123度～146度，北緯24度～46度に位置しており，南北に細長い特徴がある。一般に日本は温暖湿潤気候であるが，それぞれの地域で異なる。梅雨がなく夏でも涼しく冬の寒さが厳しい北海道気候，南東の季節風の影響で夏に降水量が多くなり冬は乾燥する太平洋岸式気候，冬の北西の季節風の影響で冬に降水量（雨や雪）が多くなる日本海岸式気候，1年を通して雨が少なく夏と冬の気温差が大きくなる内陸性気候，1年を通して雨が少なく冬は瀬戸内海に流れ込む暖流の影響で比較的暖かい瀬戸内式気候，1年を通して雨が多く台風の影響を受けやすい南西諸島気候などさまざまである。気候・風土は，私た

149

ちの住まいをつくるための建材や建て方だけでなく，生活の仕方そのものに影響を与えてきた。人間は長い歴史の中で，その地域の気候・風土に合わせた住まいをつくり出し，なおかつ住まい方もつくり出してきた。

(2) 整理・整とん・清掃

　住まいは年が経つにつれて汚れや傷みが増してくる。住まいの損傷は，住宅の質，立地条件に左右されるが，最も重要な要素は「住まい方」である。快適な生活を送るためには，日ごろから身の回りの物を片付けたり，清掃したりすることが必要である（表5-7, 8）。今日，生活が豊かになったことから，たくさんの物が住まいの中に配置されている。整理・整とんの第一歩は，必要な物と不必要な物とを仕分けることである。まず，使用頻度・時期等を考慮し持っている物を分類する。続いて，どんな物にも必ず置き場所，すなわち収納場所を定めることである。日本では，客用品や季節品は使わないときは蔵などに入れられ集中収納されてきた。現在でも同様に，住まいを計画するときの重要な要素として収納空間があげられる。日常的に使う物であっても一か所に収納することが難しいため，分散して収納されているのが一般的である。そのような理由から住まいの中の物を効率よく使うために，使用する場所と取り出す動作を考え，収納計画を立てることが重要である。収納計画では，はじめに平面

表5-7　整理・整とんのポイント

・必要な物と不必要な物とを仕分ける。
・どんな物にも必ず置き場所（収納場所）を定める。
　　使用頻度高い：手の届きやすい場所
　　軽い物：上に　重たい物：下に
・収納する場所と取り出す動作が機能するように収納計画を立てる。
・収納は，物を納めるだけでなく，取り出しやすさも考える。
・平面的な収納場所が決定したら，次は，立体収納を考える。
・使用した物を必ず元の場所に戻す習慣を身に付ける。

表5-8　清掃のポイント

・住まいの清掃方法は，場所や材質によって異なる。
・部屋を清掃する時は上から下へ奥から手前（出入口）へと進む。
・汚れは時間が経つほど落ちにくくなるのですぐに清掃をする。
・洗剤等を使用するときは，安全に十分気をつける。

第5章 快適な衣服と住まい（2）住生活

表5-9 住まいの手入れ方法

場所		手入れ方法
床	フローリング	・日頃は、乾拭きを行う。濡れ雑巾をひんぱんにかけるとヒビ割れや変色が生じることがある。 ・汚れがひどい時は、住居用洗剤（弱アルカリ性）を薄めた液で拭き取ってから乾拭きする。 ・シンナーなどの溶剤、塩素系・酸性洗剤を使わない。色落ちの原因になる。 ・ワックスは、半年に1回程度（歩行頻度によっては2ヶ月に1回）が目安。
	カーペット	・ホコリや湿気はダニ発生の原因になる。 ・全体が汚れてきたら、住居用洗剤を湯で薄め、固く絞ったタオルなどで毛並みに沿って拭く。
	畳	・掃除機は畳表を傷めないよう、畳の目に沿ってやさしくかける。 ・拭く時は、目に沿って乾拭き。汚れがひどい時は酢を5倍程度に薄めて拭き、乾拭きする。 ・水拭きは変色や寿命を縮める原因になるので控える。 ・畳の縁（へり）の汚れは、ブラシに洗剤を付けて叩き、その後乾拭き。 ・重いものを置く時はあてものを敷き、キャスター等を引きずらないようにする。 ・ダニ等の発生を防ぐため年に1、2回は干す。干すときは必ず裏返して日光にあてる。
キッチン	ステンレスシンク	・汚れやサビが付いた時は、スポンジに液体クレンザーを含ませ筋目に沿って磨く。 ・洗剤分を残さないように水洗いした後、乾いた布で水気を拭き取る。
	排水口	・1〜2ヶ月に1度の頻度で、排水パイプ洗浄剤を使用する。 ・塩素系ぬめり防止剤入りの排水管クリーナーはステンレスのサビや変色の原因となる。 ・油脂分は必ずキッチンペーパー等に吸収させてゴミとして捨てる。 ・排水管は塩ビの蛇腹ホースなので熱湯を流すと変形する恐れがあるので気をつける。
	ガスレンジ	・コンロの使用後、多少熱のあるうちに汚れを拭き取ると汚れが落ちやすい。 ・頑固な汚れには住居用洗剤を使用する。フッ素コートの仕上部分には中性洗剤を使用する。 ・スチールウールやタワシ、磨き粉、薬品等の使用は避ける。 ・壁面に調理器具が接触していると、汚れを焦がす原因になる。
	IHクッキングヒーター	・手入れをする際は必ず電源スイッチを「切」にして、高温注意ランプが消えてから行う。 ・トッププレートは固く絞った布でこまめに拭く。 ・取れにくい汚れは、クリームクレンザーを付けた丸めたアルミ箔でこすり取る。
浴室	浴槽・床・壁	・汚れの元は石鹸カスや湯あか、鉄分等である。乾燥すると落ちにくくなる。 ・スポンジに中性洗剤をつけてこまめに洗う。 ・落ちにくい汚れは浴室用洗剤をしみ込ませたペーパータオルをかぶせた後スポンジでこする。 ・入浴剤は材質によっては、表面の光沢をなくすことがあるので注意書きをよく読む。 ・塩素系漂白剤は使用しない。ヘアピン等金属を置きっぱなしにすると鉄サビがうつる。
	排水口	・週に1〜2回は排水口のフタを外し、ヘアキャッチャー等の汚れを落とす。 ・排水口は2〜3ヶ月に1回、排水パイプ洗浄剤を流して掃除する。 ・排水トラップ内の封水が切れると、悪臭や害虫の原因になることがある。
洗面所・トイレ	洗面台	・石鹸カス等の軽い汚れは、浴室用洗剤やクリームクレンザーをスポンジにつけて軽くこする。 ・落ちにくい黒ずみはクリームクレンザーで磨いて落とす。 ・硬いタワシやクレンザーは表面を傷つけるので使わない。 ・洗面台の下は湿気がこもりカビが発生しやすいので、時々、拭き掃除と通気を心がける。
	便器・タンク	・便器の汚れは、柄付きスポンジブラシなどでこまめに洗い落とす。 ・水滴は床材の汚れやシミの原因になるので、まめに拭き取る。 ・洗剤は中性洗剤を使用する。 ・年に1回程度、ボルトのゆるみをチェックする。

的な収納場所を決定し,次に立体収納を考える。使用頻度の高い物は手の届きやすい高さに,軽い物は上,重たい物は下に収納する。物の大きさや形を揃えることで,空間を無駄なく利用し,物を取り出しやすく収納することができる。そして,使用した物を必ず元の場所に戻す習慣を身に付けることが重要である。

　住まいの清掃方法は,場所や材質によって異なる。材質が木や石こうなどのように水分がしみこみやすい場合は,水を使わず空拭きを行う。洗剤は浸透性があるので,水や汚れをしみこませてしまうため,使用後は必ず水拭きで除去する。洗剤や洗浄剤は表示された使用量にしたがって,安全に十分気をつける(表5-9)。

(3)　季節に合わせた快適な住まい方

　日本は四季の変化に富むことから,年間を通して快適な生活を送るために,暑さ・寒さへの対処を工夫する必要がある。また,室内の温度や湿度,空気の流れを調節したり適度な明るさを取り入れたりすることが大切である。そのため,ここでは,室内を快適に保つための要因として,①暑さ・寒さへの対処の仕方,②通風・換気,③適度な明るさについてみていく。

① 暑さ・寒さへの対処の仕方

　暑さや寒さに対する感じ方には個人差があるが,温度や湿度,空気の流れなどが影響を及ぼす。夏涼しく冬暖かい快適な生活を送るためには,次のような方法がとられる。

(1)衣服の着方を工夫する

　平成20年度の学習指導要領では,住生活の内容は,衣生活の内容と関連させて学習できるように「C　快適な衣服と住まい」という構成に位置づけられた。快適に過ごすためには,衣服の着方を工夫したり,住まいの温度や湿度を調節したりすることなどが日常的に行われている。衣服は身体に最も近い環境であり,住まいはそれをさらに外側から取り巻く環境である。このように,衣服と住まいは相互に関連しながら人間を取り巻く環境をつくっている(表5-10)。衣服は身体に最も近い環境であり,快適に過ごすためには,まず,衣服の着方を工夫することが考えられる。具体的には,夏は薄着に,冬は厚着にして着衣

表 5-10　快適な温度と湿度

季節	快適な温度	快適な湿度	注意点
冬	16〜18℃	45〜55％	・過剰暖房・過剰加湿に注意する。
春・秋	18〜20℃	55〜70％	・室内と外部がほぼ一致する。
夏	24〜26℃	45〜55％	・冷房温度は外気温との差を5℃以内に。

量を調節する。

(2)太陽熱を工夫する

　太陽は，人間の生活の場としての住まいに対して，熱・光・紫外線などをもたらし，健康・室内の気候調整などに重要な役割をはたしている。そのため，太陽の位置を把握することは，住まいを計画する上で，日照・日射や採光を検討するために大切なことである。日照とは，太陽の光を受けること全般を指し，比較的広い意味で使われる。日射とは，そのうち，熱作用のはたらきについて示す場合に使われ，太陽から受ける熱量を日射量という。日射量は，季節・時刻・方位，さらに地域（緯度）によって異なる。日本では，南面に窓を設置することが有効である。これは，日射量が，夏は，水平面が最も多く，次いで，西，東，南，北面，冬は，南面が最も多くなり，西・東面は少ないためである。夏は，カーテンやすだれなどで日射を遮蔽し，逆に，冬は，日射を取り入れ，隙間をなくして熱を逃がさないような工夫が考えられる。

(3)空気の流れを工夫する

　通風を活かして暑さをやわらげたり（②参照），すきま風を防いで寒さに対処したりする。

(4)その他の工夫

　人間はさまざまな感覚をもっている。クーラーなどの冷暖房機器がない時代は，(1)，(2)の工夫以外に五感を刺激して，暑さ・寒さへの対処を行ってきた。たとえば，視覚の利用である。色には，赤・橙・黄系統の太陽や火を連想させ暖かく感じさせる暖色（高明度）と，青や青緑など氷や水などを連想させ冷たく感じさせる寒色（低明度）とがある。室内を構成するインテリアの配色を考え，視覚的に工夫する方法も効果的である。また，窓に風鈴をかけ，風ととも

に音（聴覚）で涼しさを感じる方法や，ミントなどのにおい（嗅覚）で涼しさを感じる方法，足湯やお風呂に浸かるといった触角を利用した方法も効果的である。

　冷暖房設備など温熱環境が改善された現代，私たちは快適な生活を送ることができている。しかし，快適性を求めるがゆえに，日本らしさを忘れてはいないだろうか。平安中期に書かれた随筆『枕草子』に「春は曙，夏は夜，秋は夕暮れ，冬はつとめて」という一文がある。今から千年以上も前に書かれたその一文は，現代の私たちが読んでも同様に感じる日本の「よさ」，「らしさ」である。快適に生活するということは，温熱環境が改善されるだけでなく，一年の変化（四季）を感じながら生活する楽しさ，素晴らしさを確認することも大切である。

② 通風と換気

　クーラーなどの冷房機器にたよらず，自然の環境を利用して快適な環境をつくり出すことは，重要なことである。夏の時期における通風は有効な手段であり，効果的に行うためには，その土地の風向き，風速などの特性を把握し，自然の風を取り入れる必要がある。日本では，季節風の影響があり，夏は南・南東の風が多く，冬は北・北西の風が多い。また，地形によっても影響があり，海に近い地域では昼間は海から陸へ（海風），夜間は陸から海の方向に風が吹く（陸風）。山岳地域では，昼間は斜面にそって風が吹きあげ（谷風），夜間は逆に吹きおりる（山風）。このように，1日の間でも風向きは変化するため，地域の特性を把握しておくと，上手に通風を考えることができる。

　また，空気の特性を把握しておくことも有効に通風することの1つである。暖かい空気は上に，冷たい空気は下にいくため，クーラーを利用する時は，天井付近に風向きを向け，暖房を利用する時は，足元から暖めると効果的である。

　換気は，暑さ・寒さを調節するだけでなく，室内の空気を新鮮に保つためにも重要である。建築基準法では，換気のために床面積の20分の1以上の窓を設けること，調理室，浴室，その他火を使用する器具を設けた場合，換気設備を設けることが規定されている。換気の方法は，機械を利用した機械換気と自然の力による自然換気にわけられる。機械換気は，台所・浴室・トイレのように

汚染ガス・蒸気・臭気等が発生するところで，換気扇などの機械を設置し，発生した汚染物質をすぐに排出するものである。自然換気は，風力によるものと温度差によるものとがある。風力による換気は，風の強さ，風向き，窓の形状，窓の位置と関係する。風の入口と出口の通風経路が確保され，さらに，入口が風上側にあり，出口が風下側にあると，最も効果的に換気が行える。温度差による換気は，通風で述べた空気の特性を利用することと同じであり，空気の温度差によって生じる対流によるものである。つまり，上下方向に窓があると効果的である。

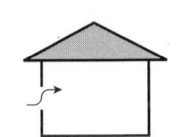

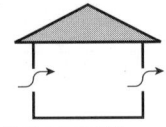

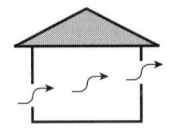

向かい合う部分に窓を設けると効果的　　空気は暖まると上昇する性質を利用する

③ 適度な明るさ

　室内の明るさの確保は，活動のしやすさ，健康・安全面で重要である。室内では，一般的な生活の他にさまざまな作業・活動を行うが，それらは適度な明るさが確保されていないと能率が上がらず，健康にもよくない（表5-11参照）。廊下や階段も足元に危険がないように配慮が必要である。建築基準法では，居室には必ず窓を設け，床面積の7分の1以上の大きさが必要であると規定している。

　室内の明るさを確保するためには光源が必要であり，光源として，太陽の光を利用する場合を採光，人工光を利用する場合を照明という。（1）の②でも述べたが，採光も太陽の位置と深く関係している。たとえば，東西南北で室内の日光のさし方をみた場合，北面は，あまり日光がさしこまず，南面は，冬は深くまでさしこみ，夏は深くまでさしこまない。東面は，午前中は日光が深くさしこみ，西面は午後，深くさしこむ。採光の点からみても，日本では，南面に窓を設置することは有効である。また，同じ窓の面積でも，横長より縦長の方が室内の奥の方まで明るくなり，窓が分散して配置されていると室内の明るさの均一性が増す。人工照明には，一般的に白熱電球・蛍光灯がある（表5-

表5-11 住宅の照度基準

	照度（単位はルクス）	1	2	10	30	50	75	100	150
全般照明	防犯	1～2							
	門・玄関外・庭・テラス		2～5						
	寝室			10～30					
	車庫 廊下・階段 居間・洋間・座敷				30～75				
	食堂 トイレ 書斎・台所					50～100			
	子ども部屋・勉強部屋 家事室・作業室 浴室・玄関内							75～150	

	照度（単位はルクス）	150	200	300	500	750	1000	1500	2000
局部照明	団らん・娯楽 洗たく・くつぬぎ	150～300							
	調理台・流し台（食卓） 洗面・化粧・ひげ剃り （洗面所）		200～500						
	読書・化粧・電話 （居間・寝室）			300～750					
	勉強・読書 （書斎・子ども室）				500～1000				
	手芸・裁縫・ミシン					750～2000			

出所：JIS Z9110より作成。

12）。白熱電球は安価でデザイン性に優れているが発熱量が多い。近年では，環境保護等の観点から電力消費が多く短寿命である白熱電球から，消費電力が少なく長寿命である電球形蛍光灯やLED電球への切り替えの動きが広がっている。

3 住まいについて学ぶ意義

住居領域は，方法的に取り扱う対象が大きすぎるため，教室に直接取り込むことが難しいという問題をもっている。そのため，教育現場では教員の苦手意識が形成され，住居領域に費やす時間が少ない現状が見受けられる。住居領域

第5章　快適な衣服と住まい（2）住生活

表5-12　白熱電球と蛍光灯の比較

項　目	白熱電球	蛍光灯	LED電球
光の色	黄赤色	黄　み	光の色や感じは好みに よって選択可能
光の感じ	暖かい	やや冷たい	
寿命（時間）	1,000～2,000	10,000	蛍光灯の約4倍， 白熱電球の約40倍
価　格	安　い	やや高い	高　い
消費電力と明るさ	多　い	やや少ない 同一電力消費では白熱 電球の約5倍の明るさ	少ない 低い消費電力で従来の 照明と同水準の明るさ
表面温度	高　い	やや低い	低　い
デザイン性	種類が豊富	種類が少ない	種類が豊富
明るさ調節	調節できる	調節できない	調節できる

表5-13　住まいの教材の一例

ジャンル	タイトル	著者・出版社
写真集	地球家族　世界30か国のふつうの暮らし 地球生活記 世界の不思議な家を訪ねて 奇想遺産　世界のふしぎ建築物語（Ⅰ・Ⅱ） 集住の知恵——美しく住むかたち 日本の家（1～4巻） 日本の町並み（1～3巻）	著：マテリアルワールドプロジェクト　TOTO出版 著：小松義夫　福音館書店 著：小松義夫　角川書店 著：鈴木博之ら　新潮社 編集：日本建築学会　技報堂出版 監修：藤井恵介　講談社 監修：湯原公浩　平凡社
絵　本	世界の建築術　人はいかに建築してきたか 日本建築のかたち　生活と建築造形の歴史 日本人のすまい　住居と生活の歴史 すまいの火と水　台所・浴室・便所の歴史 日本の町並み探求　伝統・保存とまちづくり 世界のすまい6000年　1．先都市時代の住居 世界のすまい6000年　2．東洋の都市住居 世界のすまい6000年　3．西洋の都市住居 夏目漱石博物館　その生涯と作品の舞台 東京のまちづくり	著：若山滋・TEM研究所　彰国社 著：西和夫・穂積和夫　彰国社 著：稲葉和也・中山繁信　彰国社 著：光藤俊夫・中山繁信　彰国社 著：吉田桂二　彰国社 著：ノーバート・ショウナワー／監 訳：三村浩史　彰国社 著：ノーバート・ショウナワー／監 訳：三村浩史　彰国社 著：ノーバート・ショウナワー／監 訳：三村浩史　彰国社 著：石崎等・中山繁信　彰国社 著：藤森照信　彰国社
絵本＆写真集	世界あちこちゆかいな家めぐり	著：小松義夫・西山晶　福音館書店

は，単なる「家づくり」ではなく，「住生活の工夫・改善」である。住居領域を学ぶということは，誰もが送っている住生活に目を向け，よいところや悪いところを発見し，よいところは継承し，悪いところは工夫し改善できる力を身

に付けるということである。これから私たちが健康で豊かな住生活を送っていくためには，早い段階から住まいに関心をもち，快適に生活できる力を身に付けていく必要がある（表5-13）。

> **学習課題**
> 1. 日本における住生活の現状と課題について述べなさい。
> 2. 日本のおかれている地理的な特徴を考慮し，夏および冬に快適に生活していくための住まい方の工夫を考えなさい。
> 3. 整理・整とん・清掃のポイントをそれぞれ述べなさい。
> 4. 明るさや通風・換気に関する住まい方の工夫を考えてみよう。

参考文献

筏義人他『住居医学（Ⅱ）』米田出版，2008年

筏義人他『住居医学（Ⅲ）』米田出版，2009年

小澤紀美子『豊かな住生活を考える　住居学第三版』彰国社，2002年

国立教育政策研究所教育課程研究センター「平成19年度特定の課題に関する調査　調査票及び解答類型（中学校）―技術・家庭―」2009年 a

国立教育政策研究所教育課程研究センター「平成19年度特定の課題に関する調査（中学校）ペーパーテスト・実技調査集計結果及び質問紙調査集計結果・技術・家庭（家庭分野）」2009年 b

櫻井純子他『わたしたちの家庭科5・6』開隆堂，2010年

櫻井純子他『わたしたちの家庭科学習指導書指導展開編上巻』開隆堂，2005年

渋川祥子他　新編新しい家庭5・6　東京書籍，2010年

住環境の計画編集委員会『住まいを考える』彰国社，1992年

関川千尋他「家庭科教育における住居領域の教材開発に関する研究――市販教材の実情」『京都教育大学紀要』94　27-40，1999年

総務省「住宅・土地統計調査」2008年

『新編新しい家庭5・6教師用指導書研究編』東京書籍，2005年

内閣府『高齢社会白書（平成22年度版）』佐伯印刷株式会社，2010年

内閣府『低年齢少年の生活と意識に関する調査報告書』2007年

日本住宅会議「サステイナブルな住まい」『住宅白書2007-2008』ドメス出版，2007年

日本住宅会議「格差社会の居住貧困」『住宅白書2009-2010』ドメス出版，2009年

速見多佳子他「学校教育における住居領域の教育システムの有効性について」『日本家政学会誌』51（4）　317-330，2000年

疋田洋子他『ずっと，この家で暮らす』圓津喜屋，2009年
町田玲子他『住生活論』化学同人，1995年
文部科学省『小学校学習指導要領解説家庭編』東洋館出版社，2008年
梁瀬度子他『健康と住まい』朝倉書店，1997年
吉田修他『住居医学（Ⅰ）』米田出版，2007年
WHO, Constitution of the World Health Organization, 1948

（黒光貴峰）

第6章

快適な衣服と住まい（3）製作

1 布を使った製作の現状と課題

（1） 私たちの暮らしの中の「縫うこと」「縫ってものをつくること」

　現代の家庭生活の中で，家族の衣類を縫ったり編んだりして作る，あるいはかばんやカーテンを縫うという作業は，必要な仕事から趣味へと位置づけが変わってきた。1960年代頃までは，衣服を作るという行為は家庭の中で日常的に家事の一環として行なわれていたが，高度成長期以降，綿花や羊毛の輸入量増加や合成繊維の増産にともない急速に既製服が普及した。既製服発達の過程で，開発途上国の安い賃金で生産された低価格の衣料品が需要を伸ばす一方で，品質にこだわったものやブランド名を称している高価なものも志向されている。作る手間や労力を賃金に換算して考えると購入するほうがはるかに安価であったり，あるいは素人ではとても作ることができないような高い技術で製作されている。近年では安価なものであっても，高品質な衣類が供給されるようになっており，デザイン，サイズも非常に豊富で，多様な好みにも対応していることから，ほとんどの人が全面的に既製服を利用するという生活を送っている。これは衣類だけでなく，他の布製品にも同様に当てはまることである。今では雑巾さえも縫われたものが売られている。このような現状において，私たちの暮らしの中で縫って何かを製作するという機会が著しく減少している。

　既製服が市場にあふれている昨今，流行に影響されて次々に新しいものを購入したり，少しほころびたから，あるいはどこも不都合はなくても「飽きたから」「もう着ないから」と簡単に処分するという行動を取る人が多くなっている。今や衣服など布製品も"消耗品"として廃棄されるようになっているのである。しかし生産や流通や廃棄には多くの資源やエネルギーが使われ，二酸化炭素を排出している。これからの生活において，衣服の購入，活用，処分とい

う消費行動のあり方を見直すことは，環境問題ともつながる重要な課題である。
　私たちは便利さや効率性を求めてきた結果，着るものだけでなく食べるものなど生活全般において自分の手で時間をかけて作るという行為がだんだん少なくなってきている。しかし親から子へと伝えられてきた暮らし方や生活の技術こそが，長い間に培ってきた生活文化である。それが今では家庭の中で伝えられなくなってきていることはたいへん危惧すべきことである。また，手作りには思いがこめられていて，出来ばえはともかくぬくもりがある。私たちの暮らしは物質的に豊かになったが心は貧しくなったとよくいわれる。「縫うこと」や「縫ってものをつくること」は，実用面からの必要性は薄れたが，生活や心に潤いを与えてくれたり，自分の生活のあり方を見直すという点において意味が見出せるのではないかと考える。

（2）　家庭科における製作の学習

　家庭科は，戦後新しく創設された教科であるが，もともと戦前の裁縫科・家事科の流れをくんでおり，縫って作品（被服）を製作するという学習は，調理実習とともに家庭科における主な実践的学習として位置づけられてきた。家庭科における製作学習の特徴としては，①布を用いる，縫うという技術を用いる，②生活で使えるものを作る，という2点を基本としており，図工などの製作と区別される。今でも家庭科の製作は，"裁縫"あるいは"被服（実習）"などの通称で呼ばれることが多い。近年の社会の変化にともない，中学校・高等学校の家庭科において，製作の授業は削減傾向にあり学習しなかったり，また生徒の実態に合わせて，製作物も簡易なものへと移行している。小学校家庭科では，布を用いて手縫いやミシンを使った製作の学習をすべての児童が必ず学習するという点において，大きな意味がある。
　小学校学習指導要領（平成20年改訂）では，製作は内容C「快適な衣服と住まい」の中に衣生活，住生活とともに枠組みされている。これは製作の学習が，衣生活と関係が深いとともに，住まいの中で役立つものを取り上げることが多い点からも理解しやすい。また製作により身のまわりの環境を整えるという視点がもちやすくなったともいえよう。

しかしながら布を用いた製作をする必要性があまりない現代の暮らしの中で，針を持つのは，ボタンが取れたときくらいという人が多い。このような状況の中で，現在もなお家庭科で，縫うことや縫って生活に役立つ物を製作することを学習するのはなぜだろうか。果たしてどのような教育的意義があるのだろうか。

(3) 布を用いた製作を学ぶ意義

家庭科において，縫うことや布を用いた製作を学ぶことの意義とは何だろうか。

① 布という素材，縫うという技術の価値を知ること

布は柔らかく肌触りがやさしい。たたんだり折ったり自由に形状を変えられ，切ったり縫ったり簡単に加工できる。水洗いができ，耐久性がある。通気性や吸水性・吸湿性のある布は，特に被服材料として他に類するものがない素材である。また，布は「縫う」技術によって製品としての機能を与えられている。一つの製品にはさまざまな「縫う」技術が施されている。

布や縫う技術には先人の知恵と工夫が詰まっており，そのおかげで私たちの快適な生活が成り立っている。しかしできあがったもの（既製品）を使うだけの生活の中で，そのことを意識することはあまりない。自分の手で触れ，切ったり縫ったりする体験を通して，布や縫うことの価値や有効性に気づいたり，またひとつの製品には多くの労力がかけられていることを知るだろう。製作の学習体験を通して，布・布製品は大切に長く使うものであることを子どもたちに感じさせたい。

② 生活技能の習得と行動の広がり

製作学習を通して，縫製の基礎的な技能を身に付けることができる。それを発展させることによって次のような行動が取れるようになると考えられる。

(1)衣服の不都合に対して，自分自身で補修（ボタン付け，すそ上げなど）することができる。これは生活的自立に必要な行動である。

(2)既製品を選ぶとき，どこをチェックすればよいかという判断力が培われる。

(3)処分する前に，まだ使えるのではないかと考え，補修やサイズ直しやリフ

ォームなどにより有効活用ができる。これは経済的な行動であると同時に，資源の有効活用という面から環境に配慮した行動にもなる。

(4) 「買う」という行動に限定されず，「作る」という選択肢も加えられる。

(5) 衣服やインテリア用品，身近な小物などは個性を表現するための有効な媒体である。創作したり，一部アレンジを加えるだけでも，オリジナリティを表現することができる。

(6) 贈る相手のことを思いやりながら作ることで，愛情表現の手段となる。作る手間ひまの中に"思いやり"が込められる。感謝される喜びを知る。

③ ものづくりの体験を通して学ぶこと

(1) ものを創作する楽しさを知ることができる。

(2) 一つのものを作る作業プロセスにおいて，思考力・判断力，創造力・表現力，集中力・忍耐力を養える。

(3) 自分の力で作り上げることで，達成感や満足感を味わうことができる。やり遂げることの喜びを実感し，積極性を育てる。

(4) 手先の器用さや巧緻性を高める。

(5) 作品に対する愛着心が生まれ，ものを大切にする気持ちが育まれる。

④ 生活に役立つ物を作ること

(1) 日常生活をあたらめて見つめる。

家庭でどのような布製品が使われているのか，このようなものがあれば便利だ，など生活を見つめ工夫しようとする姿勢を育てる。

(2) 生活の中で製作品が役立つ。

生活が便利になったり楽しくなったりする。また自分の製作品の有用性を感じることにより喜びや満足感が得られる。

(3) 家族とのコミュニケーションを促す。

計画や製作過程で家族と相談したり，製作品を使うことで会話が生まれる。喜んでもらえたり，ほめてもらえることで自信が得られ，意欲につながる。

以上のように，製作の学習は子どもたちに多くのことを感じさせたり考えさせたり学びを与えてくれたりするのである。家庭の中で縫ってものを作るとい

う行為が少なくなった今日だからこそ,子どもたちに授業の中で体験させることは意義がある。製作の体験的学習を通して,よりよい生活を作り出す力を育てたいのである。

しかし知識や技能を軽視して,「体験した」だけで終わってはいけない。何時間もかけて使い物にならないような作品を作っても,学習の意義を見出すことができないからである。作る楽しさや達成感,活用することの喜びを充分感じることができるような製作の学習になるように,指導したい。

2 生活に役立つ物の製作

(1) 製作するもの

小学校家庭科では,布を用いて「生活に役立つ物」を製作する。製作にあたり,まず初めに,何を作るのかを子どもたちに考えさせたい。「生活に役立つ物」とは,生活をより便利にしたり,楽しくしたりするようなものである。授業で取り上げる教材としては,家庭や学校で,児童自身や家族が使っている布製品の中から,児童でも作れるような小物を選ぶ。よく取り上げられる製作物としては表6-1のようなものがある。

表6-1　小学校家庭科の製作教材例

袋 物	ナップザック　手さげ袋　給食袋　体操服入れ　ペットボトルカバー　お弁当袋　はし袋
カバー類	枕カバー　ティッシュボックスカバー　裁縫箱入れ　ブックカバー　ポケットティッシュカバー　笛入れ
台所用品	鍋つかみ　ランチョンマット　ポットカバー　鍋敷き
身につけるもの	エプロン　三角巾　アームカバー
インテリア用品	ウォールポケット　クッション
装飾品	フェルトのマスコット　タペストリー
遊びに使うもの 仕事に使うもの	お手玉　布のボール　ぬいぐるみ 針さし　ぞうきん

(2) 製作に必要な用具

小学校では5年生になると,裁縫セットを教材として購入することが多いが,

第6章 快適な衣服と住まい（3）製作

各家庭で用具をそろえて空き缶などを裁縫箱として利用してもよい。自分用の裁縫箱にまとめておき，必要な時にすぐ使えるようにしておくことが望ましい。製作に必要な用具には以下のようなものがある。

児童の裁縫セットに入れる用具
①縫う道具……………縫い針（長針・短針）　まち針　縫い糸　指さし　指ぬき
②切る道具……………糸切りばさみ　裁ちばさみ（学校の備品としてもよい）
③印をつける道具……チャコペンシル　へら
④測る道具……………ものさし　巻尺
⑤その他………………ひも通し

あれば便利な用具
・ピンキングはさみ（ジグザグに切れるはさみ，布端がほつれにくくなる）
・リッパー（ミシンの縫い目を切り解くもの）
・ルレット（チャコペーパーをはさみ，印をつけるもの）

学校で用意する用具
・折れ針入れ
・ミシン　ミシン針　ミシン糸
・アイロン　アイロン台　霧吹き

（3）布・針・糸

縫製に慣れていない人や，児童に指導する場合は，扱いやすい布やそれに適した針や糸を選ぶことが大切である。

① 布について

　繊維の種類や，織り方，厚さ，色柄など実に多種の布地があるが，教材用には，綿の中程度の厚さの織物（ブロード，ギンガム，シーチングソフトデニムなど）が適している（表6-2）。化繊のものはすべりやすく，編物は伸縮性があるため縫いにくい。キルティングも教材用によく使われるが，裁断したところからステッチしてある糸がほつれやすい。厚地の布は縫いにくく，ごく薄地の布も扱いにくいことが多い。フェルトは布端の処理がいらないので初期段階

に小物の教材としてよく用いられる。フェルト以外の布地は裁ち目の処理をすることが大切である。ジグザグミシンやロックミシンによる縁かがり，端ミシン，三つ折縫い，かがり縫い（後掲図6-11）などがある。

> **布目の方向**：織物の織り端を"みみ"と呼ぶが，みみに平行なのが「たて（経）の布目」（たて方向），直角に交わるのが「よこ（緯）の布目」（よこ方向）である。たて方向はよこ方向より伸びにくいので，作るものの用途から布目を考えることが必要である。斜め方向はもっとも伸びやすく，"バイアス"という（図6-1）。
>
> **地直し**：織物は本来たて糸とよこ糸が直交しているが，ゆがみを生じていることがある。裁断する前に，ゆがんだ地の目（たて糸とよこ糸の交わり方）を直角に戻す作業を地直しという。布の角を持って，斜めに引っ張り布目を正したり（図6-2），水に1～2時間つけてから乾燥させた後，アイロンで布目を整えるなどの方法がある。ゆがんだ布で製作した場合，洗濯等で地の目が正常に戻り，変形を生じる。
>
> 図6-1 布の図
>
> 図6-2 地の目を戻す

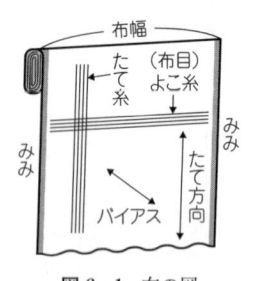

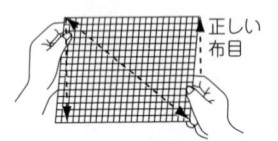

② 縫い針について

　和裁用（和針）と洋裁用（洋針，メリケン針）があり，それぞれ用途別に太さ・長さがJISで定められている。メリケン針には1号から12号があり，1号が最も長く太く，数字が大きくなるほど細く短くなる。最近では，普通地用・厚地用といった表示がされているものもある。一般的な縫製には3～4cmくらいの短針，しつけなど大きな縫い目の時には5～5.5cmくらいの長針を使うことが多い。児童の教材裁縫セットの中の短針は約3cm，（「みじかばり」ともいう）長針は約5cm（「ながばり」ともいう）である。ミシン針は番号が大きいほど太い（表6-2）。

③ 縫い糸について

　縫い糸には，主に綿，絹，ポリエステルが使われている。布地の繊維に合わせて選ぶのが一般的であるが，ミシン糸はどの布にも縫いやすく改良されたポ

リエステルスパン糸が主流である。糸に表示されている数字（番手）は太さを表しており，小さい方が太い。布地の厚さに合わせて使うが，ボタン付けや，小学生の手縫い用では太い目のもの（30～40番程度）を使うとよい。

手縫い糸とミシン糸では，それぞれ縫いやすいように，撚りの方向が反対になっている（図6-3）。用途にあったものを使わないと，糸が割れたりもつれたりしやすい。

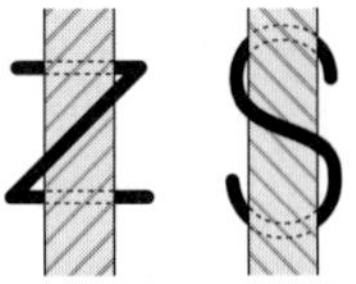

Z撚り（左撚り）ミシン糸　　S撚り（右撚り）手縫い糸

図6-3　糸の撚り方

しつけ糸は手縫い糸より撚り方が弱く，強度がないため本縫いには適さない。

綿の布地の厚さに対して，適している針と糸を表6-2で示す。

表6-2　綿の布の厚さと針，糸の関係

布の厚さ	布の種類	縫い糸*		ミシン針	手縫い針（メリケン針）
薄	ローン，ボイルなど	カタン糸**	80番	9番	8，9番
		ポリエステル糸	80番		
中	ブロード，ギンガム，シーチングなど	カタン糸	60番	11番	7，8番
		ポリエステル糸	60番		
厚	デニム，ピケ，キルティング布など	カタン糸	50番	14，16番	6，7番
		ポリエステル糸	60番		

＊ミシン糸やまつり糸　＊＊カタン糸；綿のミシン糸のこと（cottonからきている）

（4）手縫いの基礎

小学校の家庭科で習得させたい基礎的な技能を中心に説明する。

① 糸の準備
- 手縫いには手縫い糸を使う。ミシン糸を手縫いに使うと，からまりやすい。
- 糸の長さは，指先から肩（50～60cm）くらいにする。長すぎるとからまりやすく，糸くりも長くなり，かえって作業がしにくくなる。
- 斜めになるように切ると針に通しやすくなる。
- 糸を切ったら（あるいは針に通してから玉結びの前に），左右にピンと張って，糸を指先ではじくとからまりにくくなる。

- 基本は1本取りで縫うが，丈夫にしたいときやボタン付けなどは2本取りにする（図6-4）。

② 玉結び

玉結びは糸の端に玉を作って，布から糸が抜けないようにするためのものである。（ア）人差し指に糸の端を巻き，よりながら人差し指を抜く方法のほかに，（イ）針に糸を巻きつけて作る方法もある（図6-5）。

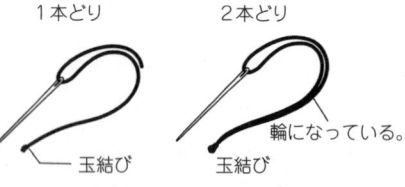

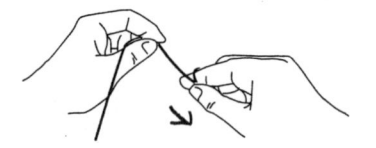

図6-4 糸の使い方

(ア)人さし指の先に糸を1回巻いて撚り合わせ，中指と親指ではさみ，糸を引く。

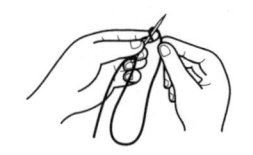

(イ)糸端に針をのせ，糸を針に3回くらい巻いて針を引き抜く。

図6-5 玉結び

③ 玉どめ

玉どめは縫い終わりに糸が抜けないようにするためのもので，針に糸を2，3回巻いて引き抜く（図6-6）。

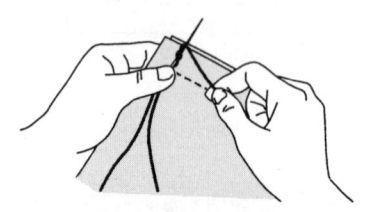

縫い終わりの糸を針先に2回くらい巻き，指で押えながら針を引き抜く

図6-6 玉どめ

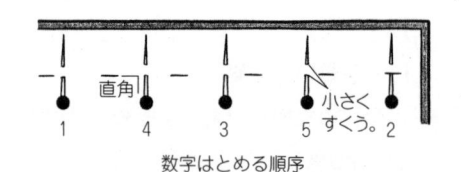

図6-7 まち針のとめ方
数字はとめる順序

④ まち針の打ち方

2枚の布を縫い合わせるときは，布と布の印を合わせて，印の上をまち針でとめる。まち針は手に刺さらないように，縫う方向に対して直角にさす。両端を最初に打ち，中をとめていく（図6-7）。布がずれないために，布をすくう量を少しにするとよい。

⑤ しつけ縫い

　ミシン縫いの時に2枚の布がずれないように，あらかじめ荒い目で縫っておくこと。しつけ糸を使う。手の力で簡単に引きちぎれるようにできている。布の表側は縫い目を大きく（1.5〜2.5cmくらい），裏側は小さく（0.5cmくらい）縫うことで，ある程度早くしっかりととめることができる。でき上がり線から少々（1〜3mm程度）外側に縫うと，ミシン縫いの後，取り除くのが楽である（図6-8）。

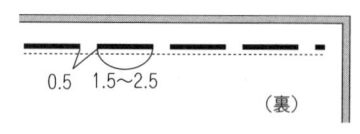

図6-8　しつけ縫い

⑥ なみ縫い（並縫い）

　表と裏に同じ長さの縫い目が出るように一直線に縫う方法。最も基本的な縫い方。普通4mmくらいの針目である（図6-10）。運針をすると能率よく縫うことができるが，現在，小学校では運針は求められていない。4〜5針を続けて縫うことができればよいことになっている。

◎手縫いのときの姿勢

　肩の力をぬいて楽な姿勢をとり，両腕はひじを曲げ，縫い目が水平になるように布を両手で軽く持つ。

◎運針（並縫いで続けて縫う方法）

　左右の手を10cm〜15cmくらい離して布を持ち，右ききの場合，右手の親指と人差し指で布と針をはさみ，指ぬきに針の頭を直角にあてて，左手に持った布を上下に動かしながら，両手首を使いながら続けて縫う。1（または2）区間縫ったら針を抜く。

◎糸こき

　親指先と人差し指で縫い目をしごき，縫い縮みのないようにすること。

◎指ぬきの使い方

　中指にはめて使う。縫う時に，縫い針を押し進めるために用いる。運針をする時に特に必要であるが，厚い布など針が通りにくい時にも役に立つ。短針用と長針用がある（図6-9）。

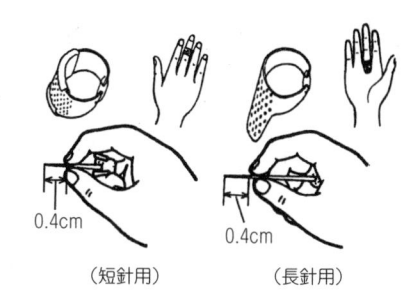

図6-9　指ぬきの種類と使い方

出所：田部井，2006，77頁。

⑦ 返し縫い

　一針ずつ返りながら縫う方法で，丈夫さを必要とする時に用いられる。前の針目まで全部戻る本返し縫いと半分ずつ戻る半返し縫いがある（図6-10）。

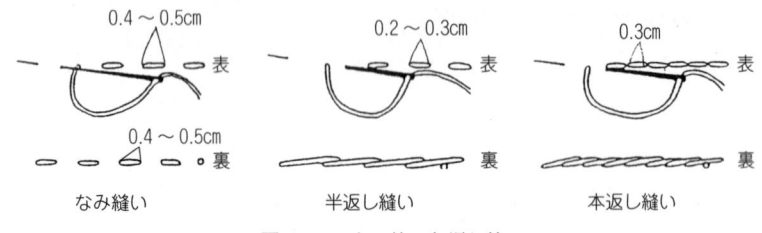

図6-10　なみ縫いと返し縫い

⑧ かがり縫い

　布の端（5mm位）を巻きこみながら縫う方法。布の裏側から表側に針をさす。布端の処理や，フェルトなどを縫い合わせる時に用いられる。糸を引きすぎて，布が縮まないように注意する。右手で縫う時は，右から左方向へ進むのが一般的である（図6-11）。

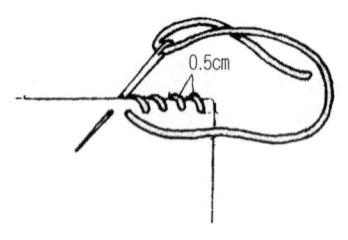

図6-11　かがり縫い

⑨ ボタン付け

　ボタンには，2つ穴，4つ穴，足つきボタンなどがある。飾りボタン・足つきボタン以外は，服地の厚み分の糸足をつける。糸は縫い糸より太いものを使う。（普通地で40，50番，厚地で20，30番）。衣服の補修の中で頻度が高いボタン付けは，是非身に付けたい技能である（図6-12）。

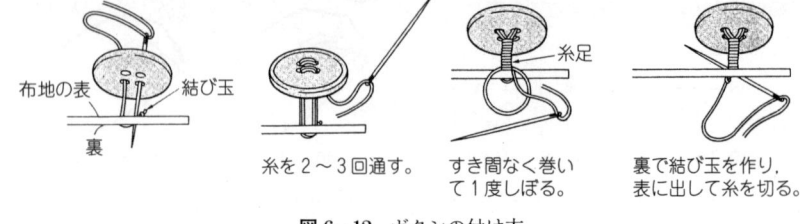

図6-12　ボタンの付け方

(5) ミシンの使い方

かつては，ほとんどの家庭にあったミシンも，今では使われていないことが多い。速く丈夫に縫えるミシンは，製作にはたいへん有効な道具（機械）である。小学校では家庭用ミシンを用いた直線縫いにより製作する。

① ミシンの種類

家庭用ミシン，職業用ミシン，工業用ミシンなどがある。また布端を切り落としながら処理をするロックミシンもある。家庭用ミシンとして，以前は足踏み式が多く使われ，直線縫いしかできなかったが，現代では電動ミシン，電子ミシン，コンピュータミシンが主流で，直線縫いの他にジグザグ縫いや多種類の模様縫いができるものが多い。フットコントローラーが付いているものと，手元のスタートボタンで作動させるものがある（一部，両方使用できるものもある）。フットコントローラーの場合は，踏み込み具合でスピードの調節ができ，手も使えて便利である。また最近のものは，水平釜や自動糸調子機能がついているものが多く，誰でも簡単に使えるようになってきたが，電子回路の採用による構造の複雑化や，軽量化により耐用年数が短くなっている。

② ミシンの仕組みと各部の名称

ミシンは，針棒の上下運動・送り歯の往復運動・中釜の回転運動・てんびんの上下運動の４つが連動して縫合を行う。

針の上下運動に伴って針板の下に入った上糸が輪を作り，中釜の回転運動により輪がボビンの周囲を回りながら下糸を巻き上げる。てんびんが上がって上糸が引っぱられ，布が送り歯により後に送られ，上糸が引き締められる。これらの運動を繰り返して，縫い目が形成される。上糸がどのように下糸を引き上げるか，すべり板を取り，プーリー（はずみ車）をゆっくり回して観察するとよい。

電子ミシンの各部の名称を図6-13で示す。

③ ミシンの使い方

ミシンの主な操作を表6-3に示す。

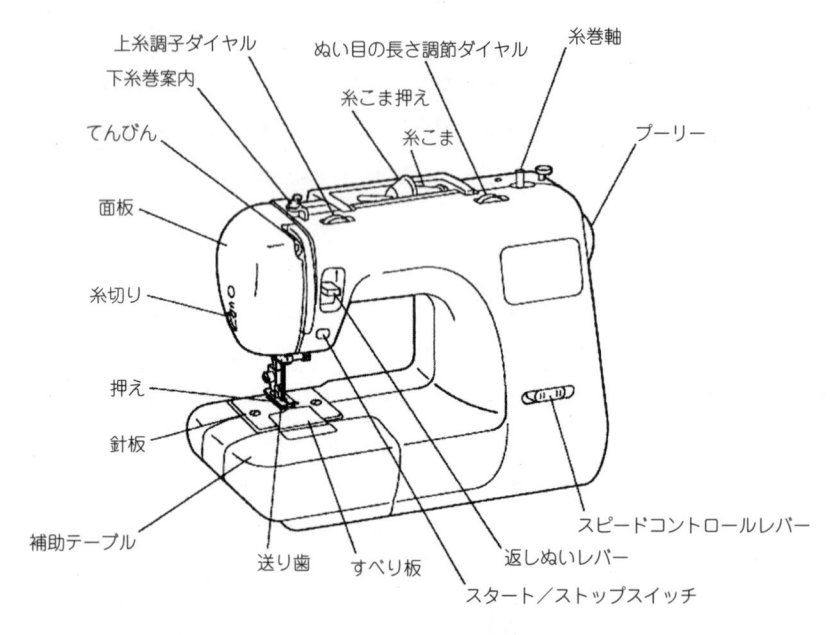

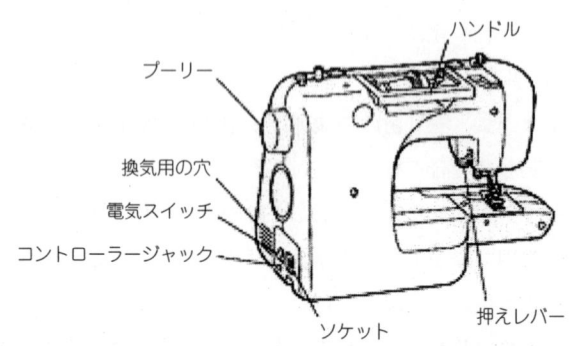

図 6-13 ミシンの各部の名称

④ ミシン縫いのポイント

(1) 縫い目を見て，糸調子が悪い時は，上糸の強さを調節する（表6-4）。他にもボビンの糸の巻き方や入れ方が悪いこともあるので，確認する。

(2) 縫い目の大きさは布の厚さで調節する。通常2.2～2.5mmくらいが適当であるが，厚い布やキルティングなどは大きくする（4mmくらいまで調節できる）。

(3) 縫いはじめと縫い終わりは1～2cmくらい返し縫をすると，ほどけてこない。

第6章 快適な衣服と住まい（3）製作

表6-3 ミシンの使い方

下糸（ボビン）を巻く	①下糸案内を経由して，糸先をボビンの穴に内側から通す。 ②ボビンを糸巻き軸に差し込み，ボビン押さえへ押し付ける。 ③手で糸はしを持って，ミシンをスタートさせ，5，6回巻いたら，止めて糸はしを切る。 ④適量巻けたら止まる（止める）。糸を切る。糸巻き軸を元に位置に戻す。	② ボビン 切りかけ 糸巻き軸ばね ③
下糸を入れる（水平釜の場合）	◎ボビンの糸が左にたれるように持って入れる。 糸を手前の切り溝に引っ掛け，さらに左の切り溝にかけるように向こう側に出す。	切りみぞ
上糸をかける	◎形状や名称などに違いはあるが基本的にどのミシンも同じである。（天秤を上げた状態でする）糸をたてる→上糸かけ→上糸調節装置（溝）→天びん→糸かけ→針棒糸かけ→針に通す	
下糸を出す	左手で上糸の端を軽く引っ張りながら，右手ではずみ車を手前に一回転させ，上糸をゆっくり引く。上糸と下糸をそろえて向こう側へ引き出しておく。	
針のつけ方（取替え）	針棒を上げた状態で，右手でねじをゆるめ，左手で針の平らな面を後ろ側にして，いっぱい差し込み，ねじをしめる。	針を差しこむ　ねじをきちんと締める
縫い方	直線縫い	縫いはじめの位置に針を落として，押さえをおろして，作動させる。送り調節ダイヤルで縫い目の長さを調節する。
	返し縫い	返し縫いレバーを押して，二重になるように縫う。もしくは，布を回して反対向きに重ねて縫う。
	角を縫う	針を布に刺した状態で，押さえをあげて，布をまわす
試し縫い		本縫いの前に余り布で縫い，糸調子を確認する。

173

表6-4 縫い目の状態と調整

上糸と下糸の状態	糸調子ダイヤル
●ちょうどよい	そのまま
●上糸が強い	数字の小さい方へ
●上糸が弱い	数字の大きい方へ

(4) 布を縫い合わせる時は，まち針またはしつけ縫いで布をとめてからミシンをかける。まち針の場合は，ミシン針が当たらないように，縫う手前ではずす。

(5) 布や布目の方向によっては（縫い合わせる時は特に上側の布）伸びやすいので，なるべく伸びないように，手で軽く布を送るようにする。

(6) 針が左右に振るのをジグザグ縫いといい，断ち目のかがり縫いやボタン穴かがりなどに使える。針が振らずにまっすぐ縫うのを直線縫いといい，曲線を縫うことも含まれている。曲線を縫う場合は，ゆっくりと縫うようにする。

(7) 不調な場合は，原因を考え対応するようにする（表6-5）。

表6-5 ミシンの不調と考えられる原因（水平釜の場合）

不調の内容	原因として考えられること
上糸が切れる	①上糸のかけ方がまちがっている　②上糸調子が強すぎる ③針のつけ方が正しくない，曲がっている
下糸が切れる	①下糸の通し方がまちがっている ②内がまの中に，ほこりや糸くずがたまっている ③下糸の巻き方が悪い
針が折れる	①針が正しくついていない　②針が曲がっている ③布に対して針が細すぎる
縫い目がとぶ	①針が正しくついていない　②針が曲がっている ③布に対して針と糸の太さが適当でない
縫い目がつれる	①上糸調子があっていない　②上糸のかけ方がまちがっている ③布に対して針が太すぎる

（6）製作手順

袋作りの製作手順の例を表6-6で示す。授業で指導する際は，完成品を見せてイメージをもたせたり，段階見本を用意したりすると理解させやすい。ま

第6章　快適な衣服と住まい（3）製作

表6-6　袋作りの製作手順

|計画と準備|
①製作するもの（袋の用途）を決める。
②できあがりの形と大きさを決める。
③用途に適した布を考える。
④材料と用具をそろえる。
⑤作り方を考える。
|裁　断|
⑥型紙を作る。
⑦型紙を布の裏面に針でとめ，縫い代分を加え印をつける。
⑧布を裁断する。
⑨できあがり線の印をつける。
|縫　製|
⑩フェルトや縫い取りでかざりをつける。
⑪布を中表に合わせてできあがり線にまち針を打ち，しつけをする。
⑫脇を縫う。
⑬布の端（縫い代）を処理する。
⑭あきを整えて，縫う。
⑮ひも通しを三つ折にしてアイロンをかける。（布を2回折る）
⑯ひも通しを縫う。
|仕上げ|
⑰表に返す。アイロンをかける。
⑱（ボタンなどのかざりをつける。）
⑲ひもを通す。
|活用と振り返り|
生活で活用する。
でき上がりや使いやすさを反省する。

た一つの製作品の中にいろいろな縫い方を取り入れたり，フェルトやボタンで装飾をつけるなど，基本的な縫製の技能が学べるように工夫したい。教材セットを使用する場合は，製作計画の段階がほとんどなく，考える場面が乏しい。

（7）　製作におけるアイロンの活用

　製作過程で縫い目を整えたり，縫い代をわったり，アイロンをこまめにかけるときれいに仕上がる。また三つ折など縫う前にアイロンで折り目を固定しておくと縫いやすい。素材による適温を確認する。高温のためこげて変色したり，

表 6-7 繊維の種類とアイロンの温度

布の材質 （繊維名）	アイロンの 適正温度	取り扱い絵表示	
麻 綿	180～200℃	高	アイロンは210℃を限度とし，高い温度（180℃～210℃まで）でかけるのがよい。
毛 レーヨン ポリエステル	120～150℃	中	アイロンは160℃を限度とし，中程度の温度（140℃～160℃まで）でかけるのがよい。
絹 アセテート ナイロン	110～130℃		
アクリル ポリウレタン	80～110℃	低	アイロンは120℃を限度とし，低い温度（80℃～120℃まで）でかけるのがよい。

化繊地では縮れたり溶けたりするので注意が必要である（表6-7）。

（8）簡単な作品例

　最近では生地を購入することが減り，製作に使える布地を持ち合わせていない家庭も多いと思われる。そこでどこの家庭にもあるハンカチやバンダナ，タオルなどを用いて，手軽に製作できる作品例をあげる。ハンカチやタオルは布端の処理がしてあるので，裁断しなければ特に簡単に作ることができる。

　　※縫い始めと縫い終わりは，すべて返し縫いすること。

【作品例1　ハンドタオルをつかったペットボトルカバー】
〈材料〉　ハンドタオル1枚　ひもまたはリボン　約40cm
☆タオルの吸水性を生かした製作品である。小さいハンドタオル（25cm四方くらいのサイズ）を使うと，500ml用が裁断せずに作れる。
〈作り方〉（手縫いまたはミシン縫い）
① （出し入れ口）一辺を裏側に，2cm位折り返し，端を縫う。タオルの縁を利用してひもが通る場合は，それを利用してもよい。
② （脇）中表に半分に折って，ひも通し分＋2cmを残

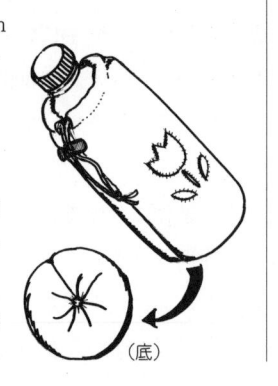

（底）

③（底）タオルの端から1cm位を，太目の糸2本取りで，荒めの並縫いをして，引っ張り，縫い縮める。（何度か糸をさし補強しておくとよい）。
④ 袋を表に返し，ひもを通す。
　ループエンドなどの付属品をつけるとよい。
〈応用〉底を縫い合わせれば，巾着袋になる。
いろいろなサイズのタオルで作ると，いろいろなものを入れる袋ができる。

【作品例2　タオルを使ったウォールポケット】

〈材料〉　フェイスタオル1枚　ひもまたはリボン　棒（菜ばしなど）1本
☆折り方や仕切りの縫い目の入れ方で，ポケットの数や大きさを好きなように設定できるので，中に入れるものを考えながら製作する。
〈作り方〉（ミシン縫い）
① タオルの縁を利用して棒が通る場合は，それを利用してもよい。通らない場合や縁を見せたくない場合は，一辺を裏側に2cm位折り返し，端を縫う。
② タオルを折りたたみ，1段や2段などポケットを考える。
③ 決まったら，まち針で両側を固定して，しつけ縫いをしてミシンで縫う。
④ ポケットのサイズを考えて，仕切りを縫う。
⑤ つるすためのひもを縫い付ける。
〈工夫〉フェルトやボタン，縫い取りなどで飾りをつけると楽しい作品になる。飾りつけによっては，ポケットの位置を決めた②の後，縫い付ける③前の方が作業しやすい。

【作品例3　ハンカチやバンダナを使った巾着袋】

〈材料〉　ハンカチやバンダナ1枚　ひも　約1.5m
☆入れるところが3ヵ所ある不思議な構造の巾着袋である。思考力が養われる。
◎対角線の1/6の長さを★cmとして示す。バンダナ（1辺53cmのもの）を使用した時のサイズを（　）内に示す。

〈作り方〉（手縫い） 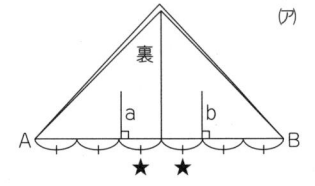
① 中表にして半分に折る。
② （裏面）中心から★（13）cm のところに，垂直に★＋1〜2（15）cm の線 a, b を引く。（図ア）
③ まち針を打って a, b を縫う。（本返し縫い） 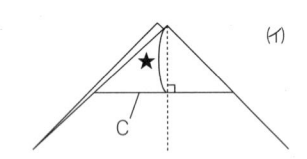
④ A，B の角を広げて，A，B の角を中表にきっちり合わせて，A または B の角から★（13）cm のところに，対角線に垂直な線 c を引く。（図イ）
⑤ c にまち針を打ち，縫い合わせる（半返し縫い）。
⑥ すべての布地が表になるようにひっくり返して，形を整える。（両外側にポケットがあれば OK）
⑧ アイロンで形を整え，外のポケットに深めにかぶさるように布を折り曲げ，アイロンで押さえる。 
⑨ ひもを通せるように 2 cm くらいのところを並縫いで縫う。
⑩ かぶさっている布の真ん中にボタンをつける。
　ひもを 2 等分し，左右からおのおの通し，結ぶ。
　両方のひもを引っ張ると口が閉まればできあがり！（図ウ）

〈留意点〉ハンカチやバンダナが正方形でない場合や，②と④で，線が対角線に対して垂直に引けていない場合もいびつになる。縫い初めと縫い終わりは，ゆるまないようにしっかりと縫い合わせるようにする。縫い方は，すべて並縫いでもよい。ミシンで作ることもできる。

学習課題

1. 子どもたちが，縫うこと，縫って製作することを学習する意義について，考えてみよう。
2. 生活の中で布製品がどのように役立っているのか，使用用途を分類してみよう。
3. 基礎的な手縫いの技能を復習しよう。
4. 手縫いやミシンを使って，簡単なものを作ってみよう。

第6章　快適な衣服と住まい（3）製作

参考文献

『新編新しい家庭5・6　教師用指導書研究編』東京書籍，2005年
加地芳子「2章　衣生活」貴田康乃編『教科専門家庭』佛教大学通信教育部，2003年
櫻井純子他『わたしたちの家庭科5・6』開隆堂，2010年
田部井恵美子他『小学校家庭科の研究』学芸図書，2006年
鈴木明子『家庭科教育における「布を用いた製作」の教育的意義の検討』広島大学教育学研究科紀要，2009年
多々納道子・竹吉昭人「家庭科教員の指導実態からみた製作活動の教育的意義」島根大学教育学部紀要，第39巻，2006年
文化女子大学被服構成学教室編『被服構成学　技術編Ⅰ』2005年
渡邊彩子他『新しい家庭5・6』東京書籍，2010年

（大塚眞理子）

第7章

消費生活と環境

1 消費生活の現状と課題

　本章では，私たちが日常生活において欠かすことのできない「消費生活」と，消費生活から関連する「環境」について取りあげる。

　消費生活とは，生活に必要な物やサービスを入手（現在では主に購入）・使用・廃棄するという一連の営みのことである。その一連の営みの中で，消費者として商品やサービスを購入し，それを提供する側である事業者との間の力の不均衡において，消費者に生じる不平等な被害を消費者問題として扱っている。

　現在，消費生活における問題は，購入にかかわるいわゆる消費者問題だけではなく，消費者が消費生活を営んでいくうえでの購入・使用・廃棄の一連の営みに対する考え方や対応の仕方が重要な課題となっている。個々人の消費生活によって生じる資源の消費・環境への負荷が，地球環境の破壊などへ影響するだけでなく，経済の在り方にも影響を与えている。本来は，このように経済的要素が強い消費者問題と環境問題を別々の問題としてとらえるのではなく，相互に有機的に関連したものとしてとらえる必要がある。

　みずからの消費生活の中で物・サービス・金銭や環境に対してどのようなかかわり方をするべきであるかを，単なる個々の現象への対応を論じることにとどまらず，ライフスタイルの在り方にまでつなげて考え，実行することが最終目標になる。このようなレベルは実際には，中等教育で行うことになるので，小学校教育においては，その基本的な考え方をどのように育てていくかが問われることになる。

(1) 子どもたちの消費生活の課題

　本来，金銭は家族が働くことにより得られたものであり，その金銭を使って

自分と家族の生活が支えられている。しかし，子どもたちはこのことを自覚できていないために，無駄な買い物をしてしまったり，金銭やモノの大切さを感じることができなかったりして，計画的な使い方の必要性に気づけていない。

　また，学用品や玩具などを際限なく欲しがって，必要以上の買い物をしたり，管理不能になったりしている。何がいま自分に必要で，何を手に入れたいと思っているのかという，必要と欲望の整理ができていない。手に入れたいと思っているそのモノが，本当に今，自分にとって必要なのかを見極める判断力を身に付けることが大切である。

　しかし残念ながら，子どもたちは，何を基準にして選ぶべきかを判断する力が十分に備わっていないことが多い。まず，その欲しいものが「本当に必要かどうか」，そして「どのように手に入れれば良いか」の判断。「欲しかったら，すぐに買う」ではなく，買う以外にも確保する方法がある。たとえば，すでにあるものを活用したり，リサイクル品を手に入れたり，他の人から譲り受けたり……。「欲しいから買う」という単純な流れだけでなく，いろいろな手段や方法があることや，手に入れる必要性について考えさせる習慣を身に付けさせたい。

　同時に，水や電気，ガスのように目に見えにくいエネルギーの無駄遣いについても考える機会をもたせたい。これらのエネルギーは，自宅にいれば何も考えずに使用することができる。日本にいれば自宅外でも，たとえば公共のトイレで蛇口をひねれば水が出てくる。そこに費用がかかっていると意識することは難しく，それらのエネルギーの無駄遣いが環境にどのように影響し，これらのエネルギー資源にも限りがあるということを考えるのはさらに難しい。

　給食の食べ残しについても同様である。食べられない，嫌いという理由で給食を残したり，量が多くて食べきれなかったりした給食が大量に廃棄されていたりする。家庭でも大量に食べ残しなどが廃棄処分されているのが現状である。これらの食べ残しが多くの食料廃棄となり，食料の過剰購入や環境負荷へつながっている。これらの「無駄」は，子どもたちが使っているノートや鉛筆などの学用品の使い残し，乱雑な扱い，使い捨てという状況にも見られる。文具品は低価格で手に入るものが増え，「また買えばよい」という考えによって物を

大切にできないことも多い。

　そしてまた子どもたちの生活環境は、急速に変化している。特に情報環境の変化は大きく、子ども自身が消費者として直接事業者とやり取りをする機会も多い。たとえば、お店で物を購入することはもちろんのこと、インターネットや携帯電話のゲームの中で、さまざまなアイテムを子どもが直接購入するということが可能である。特にインターネットは、親からの監視の目が行き届きにくく、子どもがさまざまなサイトを見たり、無断で契約をしたりして、トラブルに巻き込まれるケースも増えている。子どもたちが有害情報に触れる危険性だけでなく、無料オンラインゲームだと思って登録していたら、いつの間にか有料アイテムを購入するボタンを押していたというケースもあり、保護者の監視のもと、契約や購入を行うことが難しくなっている。

　保護者や周囲の大人が自分の子どもがこのような問題に巻き込まれないように、普段から子どもの様子をうかがっておくことはもちろんのこと、子ども自身が加害者にならないように気をつけなければならない。

　また、商品の使用中の事故についてもさまざまな知識を身に付けておく必要がある。誤った使い方や食べ方による死亡例も多い。これらの情報は適宜、消費者事故情報として公表されているが、これらの情報にアクセスできなければ情報を手に入れることもできない。

　さらに考えなければならないことは、地球環境への負荷についてである。私たちが快適な生活を送ることが、どのような負荷を環境へ与えているのか、常に考える必要がある。どのようなモノであれ、作る時や廃棄する時にはエネルギーがかかる。無駄に買い過ぎたり、せっかく購入したモノを十分に使わずに捨てたり、まだ食べられるものを廃棄したりすれば、そのモノにかかるエネルギーは無駄に大きくなっている。エネルギーでいえば、エアコンのきいた部屋の中でテレビを観ていることは快適であるが、同時に多くのCO_2を排出し環境に負荷を与えている。その負荷を減らしながら、持続可能な生活を送ることが、最終的には私たちの生活や地球、子孫へつなげられていく。

（2） 学校における消費者教育の必要性

　消費者教育は，1800年代末からホーム・エコノミクスを母体としてアメリカで進展してきたが，当初は「賢い買い物」（バイマンシップ）ができるように経済的な消費活動を中心にしていたものが，現在では，環境に配慮した消費者（グリーン・コンシューマー）の育成や「消費者市民」の教育を目指すものへと発展している。

　このように，消費者教育の目的は，消費者としての人間形成を促すことであるので，消費者教育を学ぶことによって，わたしたち消費者は社会的役割を担い，主体的に行動することができるようになる。学校，地域，家庭，職域，その他さまざまな場を通じて，そして生涯学習としての消費者教育が行われていくべきである。それぞれの場で学ぶ消費者教育が相互に関連，補完しあいながら学習できることが理想である。

　本来は，消費者と事業者との関係は，対等でなければならない。しかし，その商品やサービスについて知識を多くもっている事業者側が有利になりがちである。対等ではない取引，つまり消費者にとって不平等な取引によって引き起こされるさまざまな問題を消費者問題という。多くの情報をもっている事業者側に情報提供をゆだねるだけでなく，消費者自身が学び，判断力をもって行動することが重要であり，消費者教育はその育成を担っている。

　消費生活に関して，自ら進んで必要な知識を修得し，収集した情報を批判的思考で価値判断・意思決定できる等自主的かつ合理的に行動できる消費者の育成や，消費生活に関して環境の保全及び知的財産権等の適正な保護に配慮する消費者の育成，いわゆる「自立した消費者」を育成するために，消費者教育は重要な役割を果たす。この消費者教育は，生活を主体的に営み，環境問題なども含めて持続可能な生活を送る消費者を育成するために大変重要な教育であるといえる。

　わが国で導入されたのは第二次世界大戦後であった。1958年にアメリカにならって（財）日本生産性本部に「消費者教育委員会」が設置され，これが（財）日本消費者協会へと発展し，消費者教育の普及や商品テスト等を担う機関となった。

消費者教育の推進や賢い消費者の育成，学校における消費者教育の必要性が重視されはじめ，1968年に制定された「消費者保護基本法」の中で，消費者教育推進に関する国の責任が明らかになった。

　1989年改訂学習指導要領において消費者教育が，社会科，家庭科などに組み入れられることとなったが，2008年改訂では，消費者教育の重要性が一層強調され，中でも家庭科への期待が大きくなった。また，1990年2月には（財）消費者教育支援センターが設立され，消費者教育の普及・啓発，教材開発などが行われている。

　2004年には，「消費者保護基本法」が改正され，「消費者基本法」が制定された。この中では，消費者教育は消費者の権利の一つに位置づけられている。また，消費者教育は学校教育の中だけでなく，生涯を通じて消費者教育を受けられる機会が確保されなければならない。消費者被害は低年齢化してきており，さらに環境に配慮したライフスタイルを身に付けさせるという意味でも，早期から学校において消費者教育が体系的に行われることが重要である。しかし一方で，授業時間の削減による時間的余裕が不足していることや，教員の消費者教育に対する意識や研修機会の不足などが指摘されており，学校における消費者教育を充実させるために，体系的なカリキュラム構築が求められている。また，分かりやすく使いやすい教材作成や，それらの情報を教員が積極的に入手する姿勢も大切である。

2　ものや金銭の使い方と買い物

(1)　ものや金銭の使い方

　私たちの周りには，多くのものであふれている。片付けが苦手であるとか，片づけられないことが話題になるほど，多くのものに囲まれている。これらのすべてが生活に必要なものであるかといえば，見直してみるとそうでないものもあるだろう。なんでも簡単に手に入れられてしまうことから，安易にものやサービスを購入していないだろうか。

　たいていの場合，私たちは金銭を支払って欲しいものを手に入れる。その際，

どんな商品（もの）が良いかを考えて比較することはあっても，その前段階として，「そのものが本当に今，必要なものなのか」を考えているだろうか。「欲しいから買う」という単純な流れで購入していないだろうか。まず，その段階から考える必要がある。そして，必要だから買うものについては，しっかりと比較検討し，さまざまな種類の中から自分に必要なものを購入しなければならない。高価，高機能だから良いというのではなく，本当に自分に必要なものを手に入れるようにするべきである。今あるものを活かすことを考えたり，無駄に買い過ぎたりしないことも大切なことである。じっくり考え，必要だと判断して購入したものは，いうまでもなく大切に扱い，長い間使えるようにしなければならない。

　あなたはこれまで，お金の使い方についてどのように学んできただろうか。「なんとなく身に付いていた」「いろいろと失敗を通して学んだ」等，さまざまな方法で身に付いたと感じているかもしれない。金銭の使い方は，家庭教育として学ぶこともあるだろうが，さまざまな経験を通じて得られるものである。金銭の使い方は，消費者として「無駄な買い物をしない」という支出の行為についてのみ考えさせるのではなく，収入（たとえば小遣い）や使い方の振り分けや管理，ものを大切に使おうというモノの管理にもつなげて考えることができた方がよい。新しい物が手に入りさえすればよいというのであれば，すぐにモノを買い換えたり，大切に使わなくなったりする。金銭の使い方を考えることは，物を大切に扱い，環境のことにも配慮した消費者になることにもつながる。

　学校教育では，子どもの小遣いの管理や具体的な支出について金額を書かせて公表させることは難しい。やはり家庭教育と連携しながら，お金の使い方について学ばせることは可能である。たとえば，「その買い物は，今本当に必要なのか」について，子ども同士で話し合わせたり，子どもたちが欲しいと感じている流行のモノについて，「必要か」と「どのようにすれば購入できるか」をシミュレーションさせたりする方法も可能だろう。貯金や記録の大切さを学ばせて，目の前の買い物ばかりに気をとられず，長期的な購入計画を考えさせることも金銭の使い方のきっかけになる。きっかけを家庭科教育の中で与え，

子どもたちがお金や物の大切さを実感できるような見守りと保護者との情報交換も有効であろう。

　小学校の消費者教育では，「まさととめぐみのおこづかいを考えよう」という映像教材（DVD/年社団法人全国消費生活相談員協会・消費者情報研究所2007）を使ったり，ACAP（消費者関連専門家会議）やNACS（社団法人日本消費生活アドバイザー・コンサルタント協会）などが行っている出前講座を活用したりすれば，より分かりやすい消費者教育が行なえる。また，金銭教育については，金融広報中央委員会（知るぽると）のホームページや資料も参考にできる。

（2）　情報社会と買い物

　私たちの生活は，情報活用によって大きく変化する。情報を活用する力を「情報リテラシー」というが，この情報リテラシーをどのように活用するかによって，私たちの生活が豊かになったりトラブルに巻き込まれたりする。商品購入の際の広告・表示の確認をするという受信者としてだけでなく，自分の個人情報をどのように守るかや，情報モラルの問題を含めた発信者としての立場を含めて考えていかなければならない。

　近年では小，中学生が携帯にかかわるまたは携帯を使ったトラブルに巻き込まれることも増えた。情報をどのように活用するかを考えながら行動する必要がある。

① ネットショッピング　トラブル

　インターネットで気軽に商品が購入できるインターネットショッピングが急成長するなか，「代金を支払ったのに，商品が届かない」，「業者と連絡が取れなくなった」，「無料サービスだと書いていたのに，料金が請求された」などのトラブルが増えている。電子消費者契約法（2001年12月施行）では，電子商取引などにおける消費者の操作ミスの救済，契約の成立時期の転換などを定めているが，消費者自身が気を付けなければいけないケースも多い。

　手軽にネットオークションが始められるようになり，ゲーム感覚で楽しく利用する人が増えている。ネットオークションは，掘り出し物を見つけたり，不

要品を気軽に売ったりすることができるので参加しやすいが，熱中しやすいことや，個人対個人の取引のために通信販売とは異なることに注意が必要である。また，誰でも参加できることが匿名性を高め，トラブルに発展しやすい。

図7-1　オンラインマーク

ネットオークションでは，特定商取引法は適用されない。オークションサイトの規約をよく読むこと，出品物の説明は詳細に書き，購入希望者はよく読むこと等の注意が必要である。当然の事ながら，偽ブランド商品や自分で録画・録音したビデオやDVDなどの出品は違法である。購入しないことはもちろんのこと，海外サイト等での買い物にも気をつけなければならない。オンラインマーク制度を参考にすることも有効である（図7-1）。

オンラインマークとは，消費者がインターネット通販を利用する場合に，適正な販売業者かを判断する目安として，ホームページ上にマークが表示されるものである。このマークをクリックすると，その事業者の情報が表示される。審査運営は，日本通信販売協会である。ただし，このマークによって事業者が販売する商品・サービス等の品質や内容，消費者と事業者の売買契約内容，事業者の経営内容を保証するものではない。

② 個人情報を守る

個人情報とは，名前や生年月日，家族構成，住所，電話番号，メールアドレス，勤務先，進学先，買い物や通院履歴など，特定の個人を識別できる情報のことである。このような個人情報が，悪意のある人に伝わると，迷惑メールやワンクリック詐欺（携帯電話等で色々なサイトを見ているうちに，突然出会い系やアダルトサイトにつながり，料金を請求される），振り込め詐欺，クレジットカード詐欺，ストーカー，誹謗中傷等に利用される危険がある。個人情報保護法（2005年施行）によって個人情報は守られているように思えるが，悪意のある事業者の手に一旦渡れば，流出した個人情報を削除することは難しい。

アンケートや懸賞応募・サイトの会員登録の機会に，個人情報記入を求めら

れることがあるが，情報収集だけを目的にしていることもある。相手の信用性を確認することと，必要最低限の情報提供だけにするほうがよい。また，自分のブログ，ネット掲示板，チャット等で自分や友人の個人情報を不用意にのせてはいけない。

③ 知的財産を守る

　私たちの個人情報を守ることは大切であるが，事業者の利益を守ることも消費者としての責任である。偽ブランドのバッグを購入したり，音楽CDのデータをコピーして友達にあげたりしていないだろうか。犯罪にあたるから偽商品を購入しないというだけではなく，偽商品の購入は事業者の知的財産を侵害しているという意識をもつことが大切である。

　音楽データのやり取りも，その曲の制作者や歌手，販売者などの利益を損害する事にもなるのである。その損害額は100億円ともいわれ，損害が大きくなれば，創作者も創作意欲が減少し，良い作品が輩出されなくなる。知的財産を守ることは，事業者の利益を守ることにつながることはもちろんのこと，知的財産の侵害は私たち消費者にとっても不利益となることを意識してほしい。

（3）消費生活と契約

　私たちの日常生活は，至る所でさまざまな契約とかかわっている。日常の何気ない消費生活における行為（衣服や食料品を購入する，電車に乗る，CDをレンタルするなど）も契約である。契約とは，法律で保護するに値する約束のことで，当事者の自由な意思によって行われることが原則である。

　契約をするかどうか（契約締結の自由），だれと契約するか（相手方選択の自由），どのような方式で契約するか（契約方式の自由），どんな内容にするか（内容決定の自由）はすべて自由だが，いったん契約すればそれを守る義務と責任が生じる。契約は，当事者間の合意によって成立する。たとえば，売買契約は「〇〇をいくらで売ります」との申込に対して，「その物をその値段で買います」との承諾があり，その内容が一致すれば，この二つの意思表示だけで契約は成立する。つまり，たとえ書面になった契約書がなく，口約束であっても契約は成立している。

① 契約取引をめぐる消費者問題

あなたは人から強く勧められて，あまりよく考えずにモノやサービスを購入してしまった経験はないだろうか。消費者自身が，しっかりとその契約内容を確認することは必要ではあるが，不適切な勧誘で消費者が誤認・困惑して契約した場合，契約の取り消しができる（消費者契約法）。

また，消費者の利益を不当に害する契約条項は無効になることも消費者契約法で定められており，消費者の利益を一方的に害する条項が約款等に記載されていたとしても無効になる。（「約款」とは，契約条項のことである。一般的には，約款はサインすれば，その内容に拘束されるので，よく読んで内容を確認し，「よく分からないものは，契約しない」という姿勢が大切である。）

しかし，これだけ問題になっても悪質商法は減少せず，近年では高齢者をターゲットにしたような悪質商法も増加している（表7-1）。

表7-1 悪質商法の具体例

架空請求	郵便，携帯電話，電子メール等により，全く身に覚えのない有料アダルトサイト，出会い系サイト等の情報料金（利用料金）を請求する。
資格商法	行政書士や社労士などの資格取得の講座を市場価格よりかなり高い価格で契約させるもの。また，2次被害，3次被害に遭うことが多く継続的被害が多い。
ネガティブオプション	一方的に業者から商品が送りつけられ，消費者が支払わなければいけないものだと思い込ませて支払わせるもの。支払い義務はない。
SF（催眠）商法	無料や格安の生活用品などを目玉に人を集め，閉め切った会場でたくみに消費者をあおって熱狂的な雰囲気を作り，高いものを安く見せかけて売りつけるというもの。
アポイントメントセールス	「当選しました」，「無料のサービス」などと勧誘し，事務所等に誘い出し，強引に契約させるもの。
キャッチセールス	街角で「簡単なアンケートにご協力下さい」などと事務所や喫茶店へ連れて行き，強引に契約させてしまうもの。
点検商法	「水質点検です」「消火器の点検です」などと点検業者を装い，「水質が悪い」「フィルター交換が必要」と代替品を買わせるもの。
開運商法	「たたりがあります」などと言って，人の弱みにつけ込み，つぼや数珠，印鑑などの商品を高額で売りつけるもの。マルチ商法と併せて被害が増えることが多い。
内職商法	「自宅で月20万円の副収入」，「この技術を身につけて収入アップ」などとうたい，DMや広告，メール等で勧誘する。高い初期投資をさせて講習を受けさせた後，仕事を紹介しない，または2～3件紹介して終わりなどの被害が多い。

表7-2 6つの取引形態

訪問販売	自宅へ訪問して行う取引，キャッチセールス（路上等で呼び止めた後，営業所等に同行させて行う取引），アポイントメントセールス（電話等で販売目的を告げずに事務所等に呼び出して行う取引）等のこと。	〈行政規制〉 氏名等の明示の義務づけ 不当な勧誘行為の禁止 広告規制 書面交付義務
通信販売	新聞，雑誌，インターネット等で広告し，郵便，電話等の通信手段により申し込みを受ける取引のこと。 「インターネット・オークション」を含むが，「電話勧誘販売」に該当するものを除く。	
電話勧誘販売	電話で勧誘し，申し込みを受ける取引のこと。電話をいったん切った後，消費者が郵便や電話等によって申し込みを行う場合にも該当する。	〈民事ルール〉 クーリング・オフ 意思表示の取消 損害賠償等の額の制限
連鎖販売取引	個人を販売員として勧誘し，さらに次の販売員を勧誘させるというかたちで，販売組織を連鎖的に拡大して行う商品・役務（サービス）の取引のこと。	
特定継続的役務提供	長期・継続的な役務の提供と，これに対する高額の対価を約する取引のこと。現在，エステティックサロン，語学教室，家庭教師，学習塾，結婚相手紹介サービス，パソコン教室の6つの役務が対象とされている。	
業務提供誘引販売取引	「仕事を提供するので収入が得られる」という口実で消費者を誘引し，仕事に必要であるとして，商品等を売って金銭負担を負わせる取引のこと。	

2009年12月（2008年6月改正）に施行された特定商取引法及び割賦販売法（旧：訪問販売法）は，表7-2に示したような6つの取引形態およびネガティブオプションを規制している。この法律は，販売者から消費者に正確な情報を提供することと，消費者が冷静に判断する機会を確保することをねらいとしている。

② クーリング・オフ制度

訪問販売や，電話勧誘販売，マルチ商法など，法律で定められた特定の商取引では，一定期間に限り，無条件で契約の撤回や解除ができるクーリング・オフ制度がある。クーリング・オフは，決められた期間内に必ず書面で販売業者に通知する。葉書や市販の内容証明郵便用の用紙を使用して，内容証明郵便によって相手に送付するのがよい（図7-2）。

```
                    通知書

    私は，貴社と次の契約をしましたが，解除します。

        契約年月日    平成○年○月○日
        商品名       ○○○○
        契約金額     ○○○○○○円
        販売者      株式会社××　○○営業所
                   担当者　△△△△

    私が支払った代金○○円は返金してください。
    受け取った商品は引き取ってください。

        平成○年○月○日
        ××県×市×区×丁目×番×号
          株式会社××
          代表者殿

            ○○県○市○区○丁目○番○号
              氏名　○○　○○
```

図7-2　クーリング・オフの例

※ハガキに書く場合は，両面のコピーをとり，簡易書留など記録の残る方法で郵送すること。
※クレジット契約をした場合は，必ず信販会社へも郵送で連絡すること。
※書き方や送り方がわからない場合は，すぐに近隣の消費生活センターへ相談すること。

　撤回または解除の効果は，内容証明郵便を発信したときから生じるので，クーリング・オフ期間内に先方に郵便が届かなくても諦めなくてよい。また，通信販売は法律によるクーリング・オフ制度がないため，独自にクーリング・オフ制度や返品・交換制度を採用している業者を選択するとよい。

（4）消費者の権利と責任を守る仕組み

　わが国よりも先に消費者問題が発生していた国であるアメリカでは，1962年にケネディ大統領が消費者保護の必要性を訴え，「消費者の4つの権利」を提

表7-3　8つの責任と5つの責務

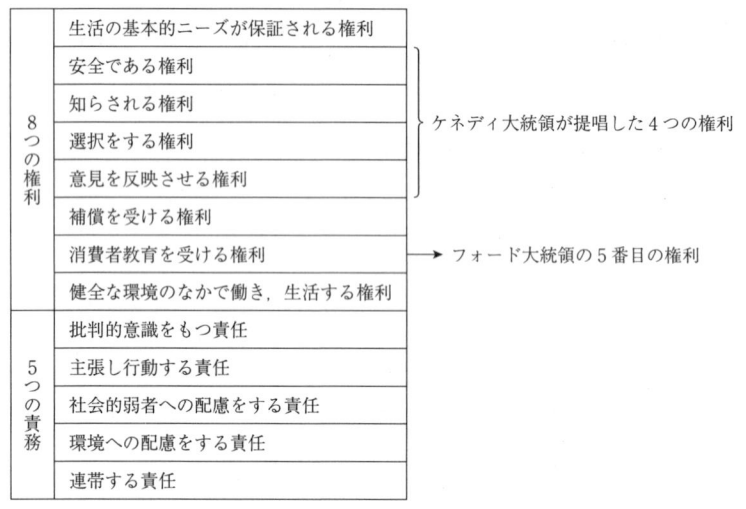

8つの権利	生活の基本的ニーズが保証される権利	
	安全である権利	ケネディ大統領が提唱した4つの権利
	知らされる権利	
	選択をする権利	
	意見を反映させる権利	
	補償を受ける権利	
	消費者教育を受ける権利	→フォード大統領の5番目の権利
	健全な環境のなかで働き，生活する権利	
5つの責務	批判的意識をもつ責任	
	主張し行動する責任	
	社会的弱者への配慮をする責任	
	環境への配慮をする責任	
	連帯する責任	

唱した。その後1975年には，フォード大統領が5番目の権利として「消費者教育を受ける権利」を追加した。その後，国際的な消費者団体である CI (Consumers International：国際消費者機構) は，消費者には権利と同時に責務もあるとして，8つの権利と5つの責務を提唱している（1983年）（表7-3）。

　前項でも取りあげたクーリング・オフ制度のように，私たち消費者を取り巻く法律や制度は，他にもいろいろある。たとえば，消費者契約法や消費者基本法，製造物責任法（PL法：Product Liability, 1995年施行)，少額訴訟制度（民事訴訟法が改正され，1998年施行），などである。しかし結局は，私たち消費者がその制度や法律を知り，活用しなければ効力はない。みずから情報を収集する力も必要なのである。以下に主なものとして，「消費者契約法」と「消費者基本法」を，また消費者を守る行政の仕組みとして「消費庁」についても取り上げておく。

① 消費者契約法

　2001年に施行された消費者契約法は，消費者と事業者との間に情報力や交渉力の格差があることを前提にされた，消費者を守るための法律である。しかしこの法律は，行政が事業者を処罰するための法律ではないため，消費者自身が

事業者に契約の取り消しや意思を伝えなければならない。そのためには，契約書を保管しておく，分からないことは曖昧にしないで事業者にたずねる，問題解決が難しい場合は，消費生活センター等に相談するなど，消費者が主体的に行動する力が求められている。

② 消費者基本法

2004年に消費者保護基本法が改正され，消費者を保護するだけでなく権利をもつ存在として位置づけ，消費者行政は消費者の自立支援が責務であることを定めた消費者基本法が成立した。具体的には，消費者の安全の確保，商品及び役務について消費者の自主的かつ合理的な選択の機会の確保，消費者に対する必要な情報の提供及び教育の機会の提供，消費者の意見を消費者政策へ反映させ，迅速な救済を消費者の権利として尊重しなければならないとしている。また，消費者自身が自主的かつ合理的に行動することができるように，消費者の自立を支援しなければならないとし，消費者自らも自立した消費者となるように求めている。

③ 消費者庁

これまで，私たちの身近で起こるさまざまな消費者問題は，従来のいわゆる縦割り行政では対応の遅れなどによって被害が拡大するケースも見受けられた。そこで消費者行政一元化にむけて，2009年9月に消費者庁が創設された。消費者庁の創設で，「すき間被害への対応」「すばやい対応」が期待される。「すき間被害」とは，従来の各省庁が対応せずに，すき間に落ちていた事故や被害のことである。縦割り行政のすき間に落ちてしまい，どの省庁も対応してこなかった問題等についても，今後は早急に情報共有をしながら対応されることが期待されている。

3　環境に配慮した生活の工夫

（1）環境への配慮

消費者として生活するうえで忘れてはならないことが，環境への配慮である。私たちは，快適な消費生活をおくりながら，環境に負荷を与えていることが多

い。私たちの生活は，直接的にも間接的にも環境と深くかかわっており，自分たちの周辺の問題だけでなく，地球規模で私たちの生活を考えることが大切である。

現在進行している地球環境悪化問題の原因は，限りある自然環境の中で増大する私たち人間の社会経済活動にある。自然の修復限度をこえた速さで自然を使い，バランスを崩している。地球資源の有効利用は，私たちの生活に必要不可欠である。私たちは地球への負担を最小限にくいとめ，次世代へ引き継いでいかなければならない。

我が国においても，国全体として取り組む必要があると考えられている。そこで，「循環型社会形成推進基本法」が2000年に公布・施行された。これは，廃棄物とリサイクル対策を総合的・計画的に推進し，ゴミの処理やリサイクルの取り組みの優先順位を初めて法律で定めたものである。消費者として，循環型社会の形成に向け実行していくことが責務である。この法律では，資源消費や環境負荷の少ない「循環型社会」の構築を促すことが目的で，循環型社会形成を進めるための基本法であり，政策の基本的方向を示すものである。

(2) ゴミ問題の現状と循環型社会

循環型社会とは，天然資源の消費を抑制し，使い終わったものを資源として繰り返し利用することによって，環境への負荷をできるだけ低減していこうとする社会のことである。循環型社会を目指すには，身近なところで私たちが使用した後のいわゆる「ゴミ」をどのように処理するのか，どのような商品を購入するのか，といった消費生活者としての行動が重要となる。循環型社会であるためには，図7－3のように，廃棄物等の発生抑制から再使用，再生利用へとつなげなければならない。環境にかかわる法律は，図7－4に示したようにリサイクルなどを主としたものが多くみられるが，法律に頼るだけでなく，一人一人の消費者が環境のことを考えたものの使い方を心がけることが大切である。

① ゴミ問題の現状

私たちが出すゴミは，2008年度においては国民一人あたり1日1.03kgであ

第 7 章　消費生活と環境

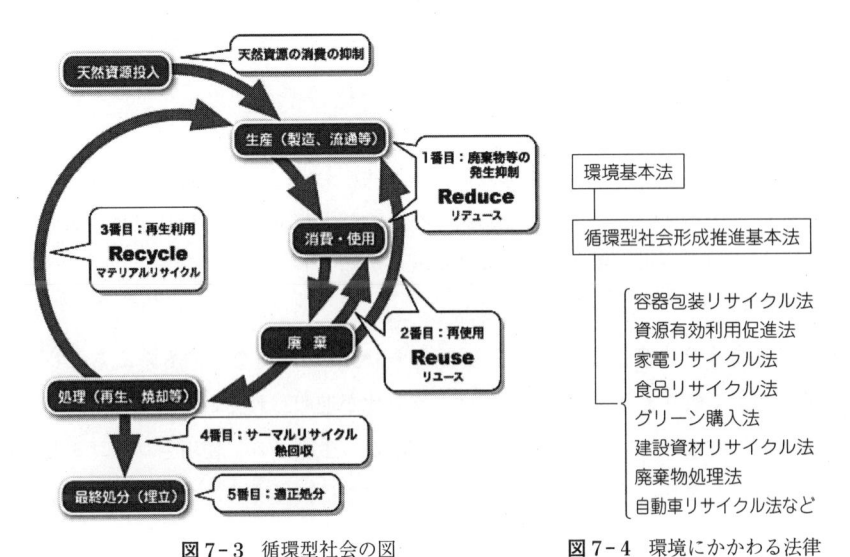

図 7-3　循環型社会の図
出所：環境省ホームページより。

図 7-4　環境にかかわる法律

る。これらのゴミを処理する費用は税金となるが，その費用も国民一人あたり年間 1 万4200円かかっている（環境省，2010）。そして，そのゴミの内容の 6 割が容器や包装材で占められている。これらの包装材は，昔なら木や紙，竹の皮といった天然素材で作られていたので，自然にかえるものがほとんどであったが，現在はプラスチック製品などが使用されており，ダイオキシン類などが発生する要因ともなっている。

② 3 R から 5 R へ

循環型社会を考えるうえで，環境負荷の点から考えて次の 3 つの R があげられる。① Reduce（リデュース：資源消費を抑える）できるだけ物を買わず，買う時には包装が簡易なものや資源使用の少ないものを選ぶ。② Reuse（リユース：再使用する）再利用可能な容器や部品の商品を選ぶこと。缶やペットボトルの飲料よりも，リターナブル瓶の商品を購入したり，詰め替え用商品を購入したりする。③ Recycle（リサイクル：再資源化）原材料として再生利用すること。しかし，再資源化には大量のエネルギーを消費することを忘れてはいけない。リサイクルをすれば良いのではない。

最近では，上記の3Rに④Refuse（リフューズ：断る）過剰包装などを断る，⑤Repair（リペア：修理する）壊れた商品を修理する，を加えて5Rとする考え方も増えてきている。

また，先述した循環型社会形成推進基本法において，廃棄物処理やリサイクル順位を定めている。3Rすなわち①発生抑制②再使用③再生利用に加えて④熱回収（サーマルリサイクル）⑤適正処分の順としている。

③レジ袋

3Rや5Rの身近な例として，スーパーやコンビニなどでもらえる「レジ袋」がよく取り上げられる。近年は，有料化が進められている地域もあるが，まだ無料のイメージが強い。レジ袋が石油から生産され，使用されてゴミとして廃棄されたり，リサイクルされたりする中では，多くのエネルギーが使用されている。もちろんCO_2も多く排出されている。

また，レジ袋10枚を生産するのに，200ccの石油が必要であり，レジ袋は生

図7-5　レジ袋の一生
出所：環境省『3Rまなびあいブック』2008年，8頁。

産時も運搬時も，廃棄やリサイクル時にも石油が使われている。1人あたり年間300枚ものレジ袋を使用しているとされており，多くの石油が使われていることがわかる（図7-5）。

④ グリーンコンシューマーを目指して

　環境のことを考えて生活を送る消費者のことを「グリーンコンシューマー」という。私たち一人一人が環境のことや地球の将来のことを考え，グリーンコンシューマーとして行動できるようになれば，その行動は地球環境を守る行動へとつながる。商品やサービスを購入する際には，まず自分で，その商品が本当に必要かを考え，本当に必要なものだけを選択して購入し，できるだけ長期間活用できるような行動が求められている。また，購入する際は環境に優しい商品や環境に優しい取り組みを推進している企業の商品を選択したい。広告に惑わされ，気になった商品を迷わず購入してしまうというような行動にならないよう，しっかりと考えて購入できる消費者になって欲しい。

(3) 地球環境の悪化と消費生活

　私たちが生活する地球環境が現在どのような状況にあるか，考えたことはあるだろうか。私たちが豊かで快適な生活を送ることで，地球の多くのエネルギーを消費し，ゴミや汚れを出すことで，地球環境に大きな負荷を与えている。豊かで快適な生活を求めることが，地球や自然にどのような影響を与えているのかを知らなければならない。私たちは地球の資源を自分だけのものであるかのように消費し，地球環境汚染を引き起こしている。私たちの暮らし方次第で，これらの地球環境は，今後ますます悪化するのか，改善されていくのかが決まる。地球の資源には限りがあり，本来ならば図7-6に示すように，地球資源は自然において循環し，自ら元の状態に戻る力をもっている。しかし，私たち人間が，地球の資源が循環される以上に大量消費しようとしたため，地球環境が悪化しているのである。

　図7-7に見られるように，私たち人間が環境循環に負荷を与えているため，地球温暖化や化学物質問題，資源エネルギー不足，大気汚染，オゾン層の破壊，水質汚濁，土壌汚染などが起こっている。

図7-6 自然における物質循環
出所：『平成13年版　図で見る環境白書』。

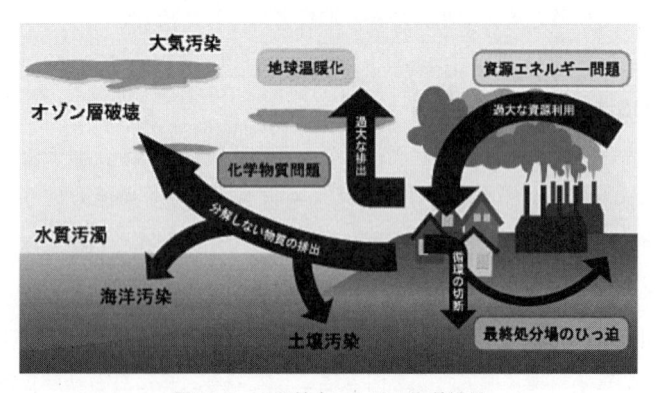

図7-7 人間社会における物質循環
出所：『平成13年版　図で見る環境白書』。

これらの問題を通して，私たち消費者が，今後どのような消費生活を送るべきかを考えてほしい。

① 地球温暖化問題

地球の表面には窒素や酸素などの大気が取り巻いている。地球に届いた太陽光は地表での反射や輻射熱として最終的に宇宙に放出されるが，大気が存在するので，急激な気温の変化が緩和されている。こうした気体を温室効果ガスと

第7章 消費生活と環境

呼ぶ。

　18世紀後半頃から，産業の発展に伴い人類は石炭や石油などを大量に消費するようになり，大気中の二酸化炭素の量は200年前と比べ35％程増加した。これからも人類が同じような活動を続けるとすれば，21世紀末には二酸化炭素濃度は現在の2倍以上になり，この結果，地球の平均気温は今より最大6.4度，海面も最大59cm上昇すると予測されている（IPCC予測）。地球の温暖化は二酸化炭素やフロンなどが原因であり，これは私たち人間の消費活動が原因だといわれている。

　温暖化が進み，平均気温が上昇すると，私たちがこれまで食べてきた作物などが採れなくなったり，病害虫が増加したり，漁獲量や種類にも変化が表れる。これまで日本で見られなかった病気が流行することも考えられる。日本であれば，都市部ではヒートアイランド現象に拍車がかかり，海岸地域では砂浜が減少し，高潮や津波による危険地帯が著しく増大するだろう。

　地球規模で考えてみれば，海面が上昇して数多くの島々が海に沈む。また，温暖化は異常気象を招き，地球上の各地で水の循環が影響を受ける。その結果，洪水が多発する地域がある一方，渇水や干ばつに見舞われる地域も出てくる。こうした気候変動は世界的な農産物の収穫にも大きな影響を与え，国際相場が大きく変動し安定しない。特に日本は，食糧の輸入依存度が高いため，大きな影響を受けるだろう。

【地球温暖化の原因と対策】

　日本における温室効果ガスの排出は，大半が産業活動に起因している。特に二酸化炭素の排出はエネルギー需要に左右される面が大きく，産業界では省エネルギー化やエネルギー転換などが進められている。しかしその一方，日本経済を根底で支えているのは私たち消費者であり，温暖化を防止するためには，私たちのライフスタイルを変革することが不可欠となる。できるだけ不要なものを買わず，大切にモノを使い，再利用やリサイクルを心がけることは大変重要なことである。また，節電や外出時の車利用を自転車や公共機関に切り替えるなどの努力も必要である。つまり生活の中で，できるかぎり資源・エネルギーの無駄使いを排除し，再利用やリサイクルを推進していくことが，循環型

社会を構築し地球温暖化を防止する基本となる。

② 化学物質問題

　私たちの身のまわりには、プラスチック、塗料、合成洗剤、殺虫剤、医薬品、化粧品、農薬、ハイテク材料等数多くの製品があふれている。これらはすべてさまざまな化学物質を利用して作られており、化学物質は私たちの生活になくてはならないものになっている。

　このように有用である化学物質も、その製造、流通、使用、廃棄の各段階で適切な管理が行われなかったり、事故が起きたりすれば、深刻な環境汚染を引き起こし、人の健康や生態系に有害な影響をもたらすおそれがある。

　たとえば、ダイオキシン等の環境汚染の問題、環境ホルモンなどによる問題などのさまざまなタイプの環境問題が人々の関心を集めている。また、長期間にわたって保管されているPCBの処理の推進も緊急課題となっている。

(1)環境ホルモン（内分泌かく乱物質）

　いわゆる環境ホルモンは、正確には内分泌かく乱物質といい、ホルモン類似作用をもち、人及び生物の生殖と発育という基本的な生物の生存条件に影響を与える可能性が懸念されている化学物質のことである。具体的な種類では、ダイオキシンやPCB（ポリ塩化ビフェニル）などがある。

(2)ダイオキシン類

　ダイオキシン類は強い発癌物質であり、体内に残留しやすい。ごみ焼却炉の焼却灰の中からダイオキシン類が検出され、社会問題になっています。また、製紙・パルプ工場で紙を漂白するときに塩素を用いると、紙の原料中の有機物と反応してダイオキシン類が発生するといわれている。

(3)PCB（ポリ塩化ビフェニル）

　PCBは環境中で分解しにくく、生物の脂肪組織に蓄積しやすい性質をもっている。1968年に発生したカネミ油症事件によって、PCBによる人の皮膚や肝臓への障害が分かり、全国的な環境調査の結果、琵琶湖や東京湾などでPCB汚染が明らかになったほか、母乳からもPCBが検出された。PCBを使った電気製品などは回収されることになったが、廃棄処分できずに保管されたままになっているものも多くある。

（4） 行動のできる消費者を目指して

　これまでみてきたように，私たち消費者の行動やライフスタイルが，地球の環境に大きな影響を与えている。消費者として，どのようなモノをどのように購入するのか，本当にそのモノは今必要なものなのかなどを考えてから購入することはもちろん，限られた資源を大切に使うことのできる消費者でなければならない。知識をもっているだけの消費者ではなく，これからは行動できる消費者が求められ，学校教育においても行動のできる消費者の育成を目指さなければならない。ここでは，具体的な環境への取り組みの例を紹介したい。

① 衣食住の生活における工夫

　環境への取り組みは，私たち一人ひとりの心がけが大切である。私たちの生活を見直すことが，環境への配慮につながる。たとえば，家庭科で取りあげられる内容でいえば，衣生活，食生活，住居生活である。どのような領域からも環境に結び付けて考えることは可能である。

　たとえば，夏にエアコンをずっと使用するのではなく，ヘチマやゴーヤなどのグリーンカーテンで直射日光を遮断し，室温上昇を防ぐ工夫や，屋上での緑化活動なども有効な取り組みといえるだろう。打ち水もエネルギーを使わず気温を下げる効果があるといわれており，風通しを工夫して良くする方法もある。

　衣生活でいえば，要らなくなった服をリフォームしたり，破れたりした時にはリペアという方法もある。紙の包装紙の代わりに風呂敷を使った包み方の工夫を考えることも楽しみながら学ぶことができる。また，一時的にしか使わないような商品は購入ではなく，レンタルするなどの無駄を出さない工夫も必要である。

　食生活では地元産の野菜を購入する地産地消を心がけたり，適切な分量の買い物を心がけたりして，調理の際には作り過ぎず，そして残さず食べるようにしなければならない。毎日の買い物にはエコバックを持参するなど，環境のことを考えながら態度に示すことができる。特に食品ロスについては，家庭内での取り組みが重要である。

② 食品ロス

　日本では，年間約1,900万トンの食品廃棄物が出されている。この中には，

本来ならば食べられるにもかかわらず廃棄されているもの，いわゆる「食品ロス」が約500〜900万トン含まれていると推計されている（農林水産省，2009年）。特に家庭では，食品廃棄物が1,100万トンあるといわれ，全体の半分以上は家庭内での廃棄である。家庭内での食品廃棄のうち，約200〜400万トンは食品ロスと推定されており，これらの食品ロスを減らすことが環境だけでなく，私たちが安定した食生活を送るためにも重要となる。日本の食料自給率は低く，多くの食料を輸入に頼っている。一方，世界の食糧需給は人口増加や経済発展などによって不安定な状況にある。日本はもちろんのこと，世界規模でみた場合でも，食品や食材を無駄なく大切に使っていくことが必要である。

　家庭内での食品ロスは，過剰除去（皮を厚くむきすぎたり，脂っこい部分などを調理せずに取り除いたりした部分）が55.2％，食べ残しが27％，直接廃棄（期限切れになってしまった食品等）が17.8％の割合である。また，レストラン等での飲食店の食品ロスについても，客の食べ残しが58％を占めるなど，私たち消費者の行動が食品ロスを生んでいる（図7-8）。

③ 環境・安全に関する表示

　環境や安全に配慮した行動をとる際に，参考になるものが図7-9に示すようなラベルである。これらのラベルを目安にして，どのような商品を購入するかを考えてほしい。

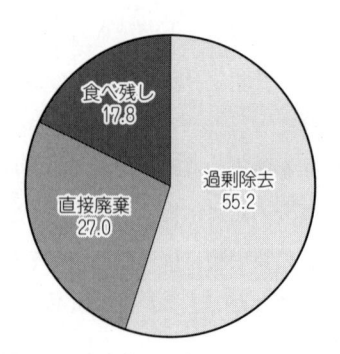

図7-8　家庭内での食品ロス割合（％）
出所：農林水産省「平成21年度食品統計調査」より作図。

第7章　消費生活と環境

エコマーク	古紙再生紙を示すマーク	再生紙 古紙含有率100%マーク		統一美化マーク
ペット樹脂を使用した石油製品マーク	紙製容器包装のマーク	アルミニウム製容器包装のマーク	スチール製容器包装のマーク	プラスチック製容器包装のマーク

図7-9　環境ラベル

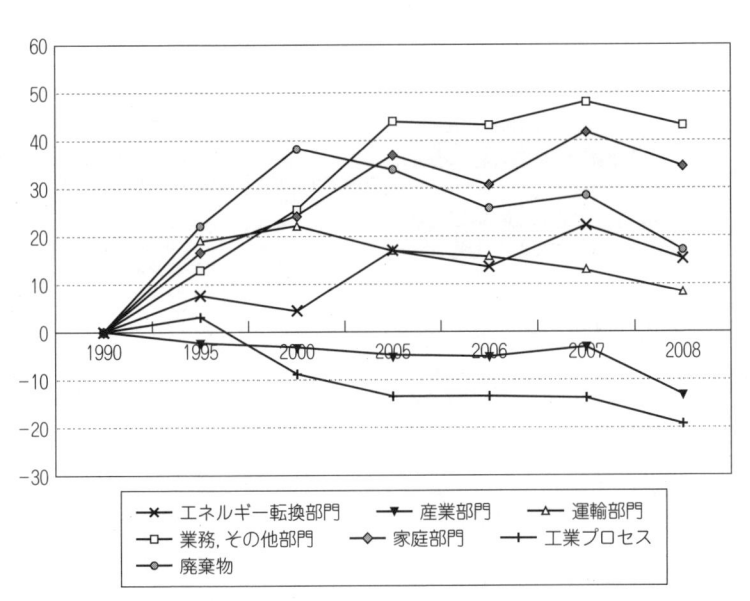

図7-10　部門別 CO_2 排出量の推移（1990年比，日本）

※各部門の間接排出量。
出所：温室効果ガスインベントリオフィス「日本の1990～2008年度の温室効果ガス排出量データ」（2010.4.15発表）より作図。

④ 消費者に求められる環境保護行動

　地球環境汚染はかなり進んでいるといわれ，地球温暖化やオゾン層の破壊，大気汚染，水質汚染の問題等，環境にかかわる諸問題が山積している。これらの地球環境汚染には，消費生活を中心とした家庭生活からの影響が大きい。

　たとえば，地球温暖化を例にとってみても，CO_2排出量について，業界別に削減目標があてられ，産業（工場など）では努力がなされているにもかかわらず，家庭におけるCO_2排出量が減っていないのが現状である（図7-10）。

⑤ チャレンジ25キャンペーン

　わが国の政策として，地球温暖化対策に関する基本的な計画（基本計画）を定め，CO_2の2020年25％，2050年80％排出削減の実現を目指している。これを

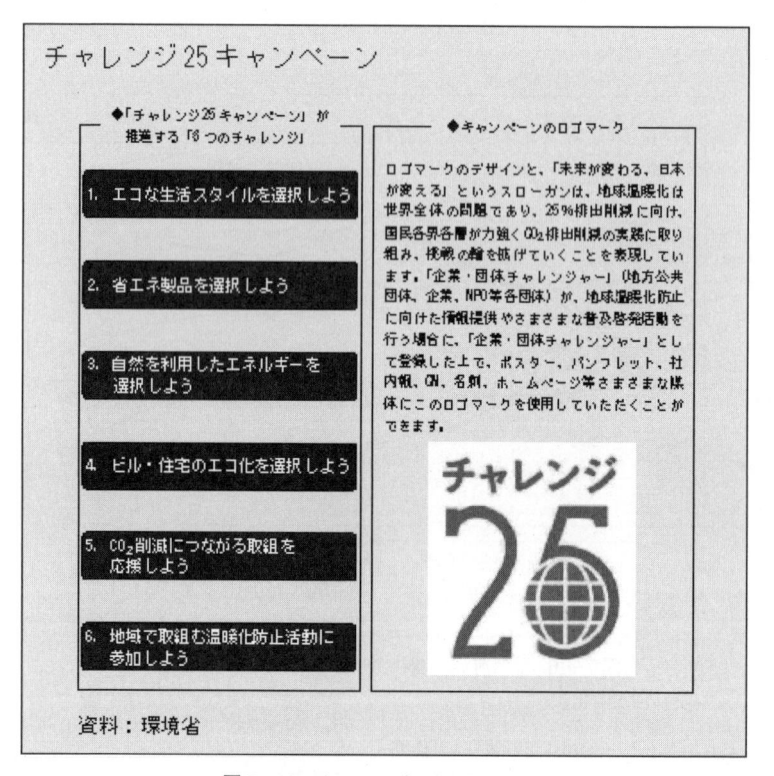

図7-11　チャレンジ25キャンペーン

実現するための具体的な対策・施策や経済効果を提示するため，環境省は2010年3月に「地球温暖化対策に係る中長期ロードマップ（環境大臣試案）」を発表した。今後は国民の意見等を取り入れつつ，修正され目標達成を目指す。また，国民として，地球で生活する地球市民として，環境問題に積極的に取り組めるように2010年1月からはチャレンジ25キャンペーンも推進している（図7-11）。身近なところから，私たちは主体的に環境問題に取り組み，より良い環境を未来へ引き継いでいかなければならない。

学習課題

1. 消費者教育の意義について説明しなさい。
2. 消費者を守る仕組みと，権利と責任について説明しなさい。
3. 個人情報保護，知的財産とのかかわりについて，あなたの考えを述べなさい。
4. ネットショッピングのトラブルについて，調べて説明しなさい。
5. あなたの生活の中で，環境における「R」のつく取り組みの例をあげて，具体的に説明しなさい。
6. 自分の消費生活と環境とのかかわりについて，あなたの考えを述べなさい。

〈発展〉
1. 現代の子どもたちをとりまく生活と消費者問題について調べてみよう。
2. 地球環境の悪化について，世界や日本の現状を調べてみよう。

参考文献

IPCC（文部科学省・気象庁・環境省・経済産業省訳）『気候変動に関する政府間パネル（IPCC）第4次評価報告書統合報告書政策決定者向け要約』2007年

環境省 website http://www.env.go.jp/

環境省「一般廃棄物の排出及び処理状況等（平成20年度）について」2010年

環境省「3Rまなびあいブック」2008年

環境省編『平成19年版環境・循環型社会白書』環境省，2007年

環境省編『図で見る環境白書 平成22年版』日経印刷（株），2010年

経済産業省「消費生活安心ガイド」http://www.no-trouble.jp/

（財）消費者教育支援センター『消費者教育体系化のための調査研究報告書』内閣府，2000年

日本消費者教育学会編『新消費者教育Q&A』中部日本教育文化会，2007年

農林水産省『食品ロスの削減に向けて』2009年
前中康志「消費者庁創設と今後の課題」社団法人経済企画協会，電子版 ESP，2009年秋号

（吉井美奈子）

資料編

小学校学習指導要領　第1章　総則
小学校学習指導要領　第2章　各教科 第8節 家庭

小学校学習指導要領　総則
(平成20年3月28日文部科学省告示第27号)

第1章　総　則

第1　教育課程編成の一般方針

　各学校においては，教育基本法及び学校教育法その他の法令並びにこの章以下に示すところに従い，児童の人間として調和のとれた育成を目指し，地域や学校の実態及び児童の心身の発達の段階や特性を十分考慮して，適切な教育課程を編成するものとし，これらに掲げる目標を達成するよう教育を行うものとする。

　学校の教育活動を進めるに当たっては，各学校において，児童に生きる力をはぐくむことを目指し，創意工夫を生かした特色ある教育活動を展開する中で，基礎的・基本的な知識及び技能を確実に習得させ，これらを活用して課題を解決するために必要な思考力，判断力，表現力その他の能力をはぐくむとともに，主体的に学習に取り組む態度を養い，個性を生かす教育の充実に努めなければならない。その際，児童の発達の段階を考慮して，児童の言語活動を充実するとともに，家庭との連携を図りながら，児童の学習習慣が確立するよう配慮しなければならない。

　学校における道徳教育は，道徳の時間を要として学校の教育活動全体を通じて行うものであり，道徳の時間はもとより，各教科，外国語活動，総合的な学習の時間及び特別活動のそれぞれの特質に応じて，児童の発達の段階を考慮して，適切な指導を行わなければならない。

　道徳教育は，教育基本法及び学校教育法に定められた教育の根本精神に基づき，人間尊重の精神と生命に対する畏（い）敬の念を家庭，学校，その他社会における具体的な生活の中に生かし，豊かな心をもち，伝統と文化を尊重し，それらをはぐんできた我が国と郷土を愛し，個性豊かな文化の創造を図るとともに，公共の精神を尊び，民主的な社会及び国家の発展に努め，他国を尊重し，国際社会の平和と発展や環境の保全に貢献し未来を拓く主体性のある日本人を育成するため，その基盤としての道徳性を養うことを目標とする。

　道徳教育を進めるに当たっては，教師と児童及び児童相互の人間関係を深めるとともに，児童が自己の生き方についての考えを深め，家庭や地域社会との連携を図りながら，集団宿泊活動やボランティア活動，自然体験活動などの豊かな体験を通して児童の内面に根ざした道徳性の育成が図られるよう配慮しなければならない。その際，特に児童が基本的な生活習慣，社会生活上のきまりを身に付け，善悪を判断し，人間としてしてはならないことをしないようにすることなどに配慮しなければならない。

　学校における体育・健康に関する指導は，児童の発達の段階を考慮して，学校の教育活動全体を通じて適切に行うものとする。特に，学校における食育の推進並びに体力の向上に関する指導，安全に関する指導及び心身の健康の保持増進に関する指導については，体育科の時間はもとより，家庭科，特別活動などにおいてもそれぞれの特質に応じて適切に行うよう努めることとする。また，それらの指導を通して，家庭や地域社会との連携を図りながら，日常生活において適切な体育・健康に関する活動の実践を促し，生涯を通じて健康・安全で活力ある生活を送るための基礎が培われるよう配慮しなければならない。

第2　内容等の取扱いに関する共通的事項

　第2章以下に示す各教科，道徳，外国語活動及び特別活動の内容に関する事項は，特に示す場合を除き，いずれの学校においても取り扱わなければならない。

　学校において特に必要がある場合には，第2章以下に示していない内容を加えて指

導することができる。また，第2章以下に示す内容の取扱いのうち内容の範囲や程度等を示す事項は，すべての児童に対して指導するものとする内容の範囲や程度等を示したものであり，学校において特に必要がある場合には，この事項にかかわらず指導することができる。ただし，これらの場合には，第2章以下に示す各教科，道徳，外国語活動及び特別活動並びに各学年の目標や内容の趣旨を逸脱したり，児童の負担過重となったりすることのないようにしなければならない。

第2章以下に示す各教科，道徳，外国語活動及び特別活動及び各学年の内容に掲げる事項の順序は，特に示す場合を除き，指導の順序を示すものではないので，学校においては，その取扱いについて適切な工夫を加えるものとする。

学年の目標及び内容を2学年まとめて示した教科及び外国語活動の内容は，2学年間かけて指導する事項を示したものである。各学校においては，これらの事項を地域や学校及び児童の実態に応じ，2学年間を見通して計画的に指導することとし，特に示す場合を除き，いずれかの学年に分けて，又はいずれの学年においても指導するものとする。

学校において2以上の学年の児童で編制する学級について特に必要がある場合には，各教科，道徳，外国語活動及び特別活動の目標の達成に支障のない範囲内で，各教科，道徳，外国語活動及び特別活動の目標及び内容について学年別の順序によらないことができる。

第3　授業時数等の取扱い

各教科，道徳，外国語活動，総合的な学習の時間及び特別活動（以下「各教科等」という。ただし，1及び3において，特別活動については学級活動（学校給食に係るものを除く。）に限る。）の授業は，年間35週（第1学年については34週）以上にわたって行うよう計画し，週当たりの授業時数が児童の負担過重にならないようにするものとする。ただし，各教科等や学習活動の特質に応じ効果的な場合には，夏季，冬季，学期末等の休業日の期間に授業日を設定する場合を含め，これらの授業を特定の期間に行うことができる。なお，給食，休憩などの時間については，学校において工夫を加え，適切に定めるものとする。

特別活動の授業のうち，児童会活動，クラブ活動及び学校行事については，それらの内容に応じ，年間，学期ごと，月ごとなどに適切な授業時数を充てるものとする。

各教科等のそれぞれの授業の1単位時間は，各学校において，各教科等の年間授業時数を確保しつつ，児童の発達の段階及び各教科等や学習活動の特質を考慮して適切に定めるものとする。

各学校においては，地域や学校及び児童の実態，各教科等や学習活動の特質等に応じて，創意工夫を生かし時間割を弾力的に編成することができる。

総合的な学習の時間における学習活動により，特別活動の学校行事に掲げる各行事の実施と同様の成果が期待できる場合においては，総合的な学習の時間における学習活動をもって相当する特別活動の学校行事に掲げる各行事の実施に替えることができる。

第4　指導計画の作成等に当たって配慮すべき事項

各学校においては，次の事項に配慮しながら，学校の創意工夫を生かし，全体として，調和のとれた具体的な指導計画を作成するものとする。

(1)　各教科等及び各学年相互間の関連を図り，系統的，発展的な指導ができるようにすること。

(2)　学年の目標及び内容を2学年まとめて示した教科及び外国語活動については，当該学年間を見通して，地域や学校及び児

童の実態に応じ，児童の発達の段階を考慮しつつ，効果的，段階的に指導するようにすること。
(3) 各教科の各学年の指導内容については，そのまとめ方や重点の置き方に適切な工夫を加え，効果的な指導ができるようにすること。
(4) 児童の実態等を考慮し，指導の効果を高めるため，合科的・関連的な指導を進めること。

　以上のほか，次の事項に配慮するものとする。
(1) 各教科等の指導に当たっては，児童の思考力，判断力，表現力等をはぐくむ観点から，基礎的・基本的な知識及び技能の活用を図る学習活動を重視するとともに，言語に対する関心や理解を深め，言語に関する能力の育成を図る上で必要な言語環境を整え，児童の言語活動を充実すること。
(2) 各教科等の指導に当たっては，体験的な学習や基礎的・基本的な知識及び技能を活用した問題解決的な学習を重視するとともに，児童の興味・関心を生かし，自主的，自発的な学習が促されるよう工夫すること。
(3) 日ごろから学級経営の充実を図り，教師と児童の信頼関係及び児童相互の好ましい人間関係を育てるとともに児童理解を深め，生徒指導の充実を図ること。
(4) 各教科等の指導に当たっては，児童が学習の見通しを立てたり学習したことを振り返ったりする活動を計画的に取り入れるよう工夫すること。
(5) 各教科等の指導に当たっては，児童が学習課題や活動を選択したり，自らの将来について考えたりする機会を設けるなど工夫すること。
(6) 各教科等の指導に当たっては，児童が学習内容を確実に身に付けることができるよう，学校や児童の実態に応じ，個別指導やグループ別指導，繰り返し指導，学習内容の習熟の程度に応じた指導，児童の興味・関心等に応じた課題学習，補充的な学習や発展的な学習などの学習活動を取り入れた指導，教師間の協力的な指導など指導方法や指導体制を工夫改善し，個に応じた指導の充実を図ること。
(7) 障害のある児童などについては，特別支援学校等の助言又は援助を活用しつつ，例えば指導についての計画又は家庭や医療，福祉等の業務を行う関係機関と連携した支援のための計画を個別に作成することなどにより，個々の児童の障害の状態等に応じた指導内容や指導方法の工夫を計画的，組織的に行うこと。特に，特別支援学級又は通級による指導については，教師間の連携に努め，効果的な指導を行うこと。
(8) 海外から帰国した児童などについては，学校生活への適応を図るとともに，外国における生活経験を生かすなどの適切な指導を行うこと。
(9) 各教科等の指導に当たっては，児童がコンピュータや情報通信ネットワークなどの情報手段に慣れ親しみ，コンピュータで文字を入力するなどの基本的な操作や情報モラルを身に付け，適切に活用できるようにするための学習活動を充実するとともに，これらの情報手段に加え視聴覚教材や教育機器などの教材・教具の適切な活用を図ること。
(10) 学校図書館を計画的に利用しその機能の活用を図り，児童の主体的，意欲的な学習活動や読書活動を充実すること。
(11) 児童のよい点や進歩の状況などを積極的に評価するとともに，指導の過程や成果を評価し，指導の改善を行い学習意欲の向上に生かすようにすること。
(12) 学校がその目的を達成するため，地域や学校の実態等に応じ，家庭や地域の人々の協力を得るなど家庭や地域社会との連携を深めること。また，小学校間，幼稚園や保育所，中学校及び特別支援学校などとの間の連携や交流を図るとともに，障害のある幼児児童生徒との交流及び共同学習

や高齢者などとの交流の機会を設けること。

小学校学習指導要領（平成20年3月20日告示）
第2章　各教科　第8節　家庭

第1　目　標
　衣食住などに関する実践的・体験的な活動を通して，日常生活に必要な基礎的・基本的な知識及び技能を身に付けるとともに，家庭生活を大切にする心情をはぐくみ，家族の一員として生活をよりよくしようとする実践的な態度を育てる。

第2　各学年の目標及び内容
〔第5学年及び第6学年〕
1　目　標
(1)　衣食住や家族の生活などに関する実践的・体験的な活動を通して，自分の成長を自覚するとともに，家庭生活への関心を高め，その大切さに気付くようにする。
(2)　日常生活に必要な基礎的・基本的な知識及び技能を身に付け，身近な生活に活用できるようにする。
(3)　自分と家族などとのかかわりを考えて実践する喜びを味わい，家庭生活をよりよくしようとする実践的な態度を育てる。

2　内　容
A　家庭生活と家族
(1)　自分の成長と家族について，次の事項を指導する。
ア　自分の成長を自覚することを通して，家庭生活と家族の大切さに気付くこと。
(2)　家庭生活と仕事について，次の事項を指導する。
ア　家庭には自分や家族の生活を支える仕事があることが分かり，自分の分担する仕事ができること。
イ　生活時間の有効な使い方を工夫し，家族に協力すること。
(3)　家族や近隣の人々とのかかわりについて，次の事項を指導する。
ア　家族との触れ合いや団らんを楽しくする工夫をすること。
イ　近隣の人々とのかかわりを考え，自分の家庭生活を工夫すること。
B　日常の食事と調理の基礎
(1)　食事の役割について，次の事項を指導する。
ア　食事の役割を知り，日常の食事の大切さに気付くこと。
イ　楽しく食事をするための工夫をすること。
(2)　栄養を考えた食事について，次の事項を指導する。
ア　体に必要な栄養素の種類と働きについて知ること。
イ　食品の栄養的な特徴を知り，食品を組み合わせてとる必要があることが分かること。
ウ　1食分の献立を考えること。
(3)　調理の基礎について，次の事項を指導する。
ア　調理に関心をもち，必要な材料の分量や手順を考えて，調理計画を立てること。
イ　材料の洗い方，切り方，味の付け方，盛り付け，配膳（ぜん）及び後片付けが適切にできること。
ウ　ゆでたり，いためたりして調理ができること。
エ　米飯及びみそ汁の調理ができること。
オ　調理に必要な用具や食器の安全で衛生的な取扱い及びこんろの安全な取扱いができること。
C　快適な衣服と住まい
(1)　衣服の着用と手入れについて，次の事項を指導する。
ア　衣服の働きが分かり，衣服に関心をもって日常着の快適な着方を工夫できること。
イ　日常着の手入れが必要であることが分かり，ボタン付けや洗濯ができること。
(2)　快適な住まい方について，次の事項を指導する。

ア　住まい方に関心をもって，整理・整頓（せいとん）や清掃の仕方が分かり工夫できること。
イ　季節の変化に合わせた生活の大切さが分かり，快適な住まい方を工夫できること。
(3)　生活に役立つ物の製作について，次の事項を指導する。
ア　布を用いて製作する物を考え，形などを工夫し，製作計画を立てること。
イ　手縫いや，ミシンを用いた直線縫いにより目的に応じた縫い方を考えて製作し，活用できること。
ウ　製作に必要な用具の安全な取扱いができること。
D　身近な消費生活と環境
(1)　物や金銭の使い方と買物について，次の事項を指導する。
ア　物や金銭の大切さに気付き，計画的な使い方を考えること。
イ　身近な物の選び方，買い方を考え，適切に購入できること。
(2)　環境に配慮した生活の工夫について，次の事項を指導する。
ア　自分の生活と身近な環境とのかかわりに気付き，物の使い方などを工夫できること。

第3　指導計画の作成と内容の取扱い
1　指導計画の作成に当たっては，次の事項に配慮するものとする。
(1)　題材の構成に当たっては，児童の実態を的確にとらえるとともに，内容相互の関連を図り，指導の効果を高めるようにすること。
(2)　「A家庭生活と家族」の(1)のアについては，第4学年までの学習を踏まえ2学年間の学習の見通しを立てさせるために，第5学年の最初に履修させるとともに，「A家庭生活と家族」から「D身近な消費生活と環境」までの学習と関連させるようにすること。
(3)　「B日常の食事と調理の基礎」の(3)及び「C快適な衣服と住まい」の(3)については，学習の効果を高めるため，2学年にわたって取り扱い，平易なものから段階的に学習できるよう計画すること。
(4)　第1章総則の第1の2及び第3章道徳の第1に示す道徳教育の目標に基づき，道徳の時間などとの関連を考慮しながら，第3章道徳の第2に示す内容について，家庭科の特質に応じて適切な指導をすること。
2　第2の内容の取扱いについては，次の事項に配慮するものとする。
(1)　「B日常の食事と調理の基礎」については，次のとおり取り扱うこと。
ア　(2)のア及びイについては，五大栄養素と食品の体内での主な働きを中心に扱うこと。
イ　(3)のエについては，米飯やみそ汁が我が国の伝統的な日常食であることにも触れること。
ウ　食に関する指導については，家庭科の特質に応じて，食育の充実に資するよう配慮すること。
(2)　「C快適な衣服と住まい」の(2)のイについては，主として暑さ・寒さ，通風・換気及び採光を取り上げること。
(3)　「D身近な消費生活と環境」については，次のとおり取り扱うこと。
ア　(1)のイについては，「A家庭生活と家族」の(3)，「B日常の食事と調理の基礎」の(3)並びに「C快適な衣服と住まい」の(2)及び(3)で扱う用具や実習材料などの身近な物を取り上げること。
イ　(2)については，「B日常の食事と調理の基礎」又は「C快適な衣服と住まい」との関連を図り，実践的に学習できるようにすること。
3　実習の指導については，次の事項に配慮するものとする。
(1)　服装を整え，用具の手入れや保管を適切に行うこと。
(2)　事故の防止に留意して，熱源や用具，機械などを取り扱うこと。

(3) 調理に用いる食品については,生の魚や肉は扱わないなど,安全・衛生に留意すること。
4　家庭との連携を図り,児童が身に付けた知識及び技能などを日常生活に活用するよう配慮するものとする。
5　各内容の指導に当たっては,衣食住など生活の中の様々な言葉を実感を伴って理解する学習活動や,自分の生活における課題を解決するために言葉や図表などを用いて生活をよりよくする方法を考えたり,説明したりするなどの学習活動が充実するよう配慮するものとする。

索　引

ア行

アイロン　175
空き家率　136
新しい学力観　6
暑さ　152
家づくり　156
生きる力　1,6
育児休業　21
衣服内気候　116
栄養素　56
　　——の代謝　78
　　三大——　57,76

カ行

快適　148
快適な衣服と住まい　11
快適な室内環境　145
界面活性剤　122
化学繊維　110
化学物質問題　200
家事労働　29
家庭生活と家族　9
家庭の機能　29
換気　154
環境ホルモン　201
環境ラベル　203
共食　51
クーリング・オフ　190
グリーン・コンシューマー　183,197
契約　188
欠食　46
検定教科書　8
高齢化率　135
高齢単身世帯　135
個食　47
孤食　47
個人情報保護法　187

子どもの食習慣　46
コレクティブハウス　39

サ行

採光　155
裁縫　161
サプリメント　64
寒さ　152
シェアハウス　40
脂質　59
住生活の工夫・改善　156
住宅・土地統計調査　133
循環型社会　194
　　——形成推進基本法　112,194
生涯未婚率　17
消費者基本法　184,192
消費者教育　183
消費者教育支援センター　184
消費者教育の目的　183
消費者契約法　192
消費者庁　193
消費者の権利と責任　191
消費者保護基本法　184
消費者問題　183,189
照明　155
食育　48
食育基本法　48
食事摂取基準　69
食事バランスガイド　75
食生活指針　73
食の安全性　82
食品群　71
　　3色——　73
　　6つの——　73
　　4つの——　73
食品添加物　85
食品ロス　202
植物繊維　109

食物繊維　59
食料自給率　44
新健康フロンティア戦略　50
人口減少社会　15
人体の構成　56
住まい方　150
3R　195
スローフード　51
生活技能　162
生活時間　34
生活に役立つ物　164
製作　160
世代間交流　39
繊維の分類　114
洗濯　121
専用住宅　138

タ行

太陽熱　153
男女共同参画社会　23
炭水化物　57
たんぱく質　61
地域コミュニティー　40
地球温暖化　198
地球環境　194
知的財産　188
朝食摂取　50

通風　153　154
天然繊維　109
糖質　57
動物繊維　110
特定の課題に関する調査　144
ドライクリーニング　127
取り扱い絵表示　131

ナ行

内容のまとまり　4
中食　43
日常の食事と調理の基礎　10
日本型食生活　43
縫い糸　166
縫い針　166

ハ・マ行

晩婚化　19
ビタミン　64
被服　161
ファーストフード　51
ファミリー・アイデンティティー　30
平均初婚年齢　19
偏食　46
身近な消費生活と環境　13
無機質　66

執筆者紹介（執筆担当，執筆順）

加地 芳子（かじ・よしこ，編者，京都教育大学名誉教授）　第1章

大本久美子（おおもと・くみこ，大阪教育大学）　第2章

加藤佐千子（かとう・さちこ，京都ノートルダム女子大学）　第3章

井上 真理（いのうえ・まり，神戸大学発達科学部）　第4章

黒光 貴峰（くろみつ・たかみね，鹿児島大学教育学部）　第5章

大塚眞理子（おおつか・まりこ，編者，佛教大学教育学部）　第6章

吉井美奈子（よしい・みなこ，樟蔭東女子短期大学）　第7章

小学校家庭科概論
――生活の学びを深めるために――

2011年4月30日　初版第1刷発行　　　　〈検印廃止〉

定価はカバーに
表示しています

編著者	加　地　芳　子
	大　塚　眞理子
発行者	杉　田　啓　三
印刷者	中　村　知　史

発行所　株式会社　ミネルヴァ書房
607-8494 京都市山科区日ノ岡堤谷町1
電話075-581-5191／振替01020-0-8076

© 加地，大塚ほか，2011　　　中村印刷・藤沢製本
ISBN978-4-623-05994-2
Printed in Japan

教職論［第 2 版］──教員を志すすべてのひとへ

教職問題研究会編　A5判240頁　定価2520円

「教職の意義等に関する科目」の教科書。教職と教職をめぐる組織・制度・環境を体系立ててわかりやすく解説した，教職志望者および現場教員にも必読の一冊。近年の法改正，学習指導要領改訂をふまえて全面改訂した。

初等家庭科教育法──新しい家庭科の授業をつくる

加地芳子・大塚眞理子編著　A5判220頁　定価2730円

教職「家庭科（小）」の教科指導法テキスト。家庭科教育の意義とねらい，小学校家庭科の授業の展開と指導および評価について，わかりやすく解説する。

初等算数科教育法──新しい算数科の授業をつくる

黒田恭史編著　A5判228頁　定価2520円

新しい学習指導要領（平成20年告示）に対応した小学校算数科の指導法入門書。算数科の目標，内容，指導，評価と，これからの算数科授業の構成・展開をわかりやすく解説する。

新しい学びを拓く 英語科授業の理論と実践

三浦省五・深澤清治編著　A5判280頁　定価2625円

実践的コミュニケーション能力を養成する──。これからの英語科授業の構成と展開，授業方法，英語科教師に求められる力をわかりやすく解説。

── ミネルヴァ書房 ──
http://www.minervashobo.co.jp/